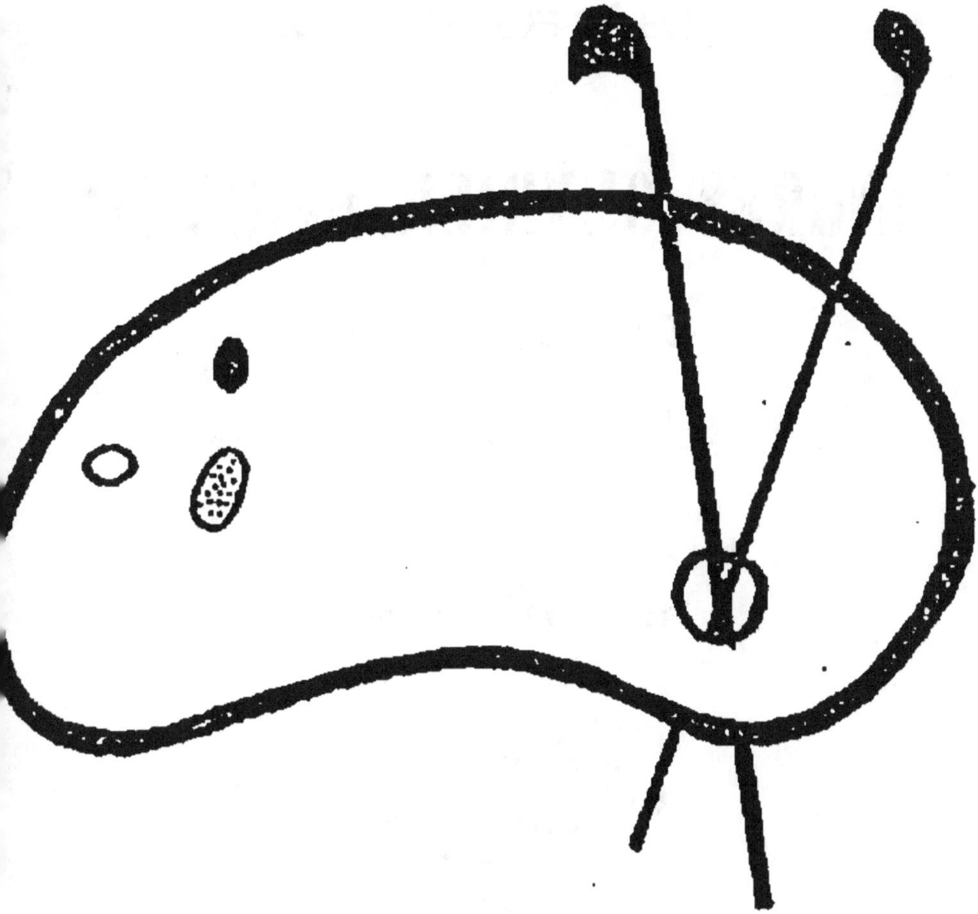

DEBUT D'UNE SERIE DE DOCUMENTS
EN COULEUR

COMPTE - RENDU

DES TRAVAUX

DU

CONGRÈS OUVRIER RÉGIONAL

Tenu à Reims

LES 20, 21 & 22 MAI 1893

Prix : **50** Centimes

REIMS

DUBOIS-POPLIMONT, IMPRIMEUR-ÉDITEUR

220, Rue de Vesle, 220

1893

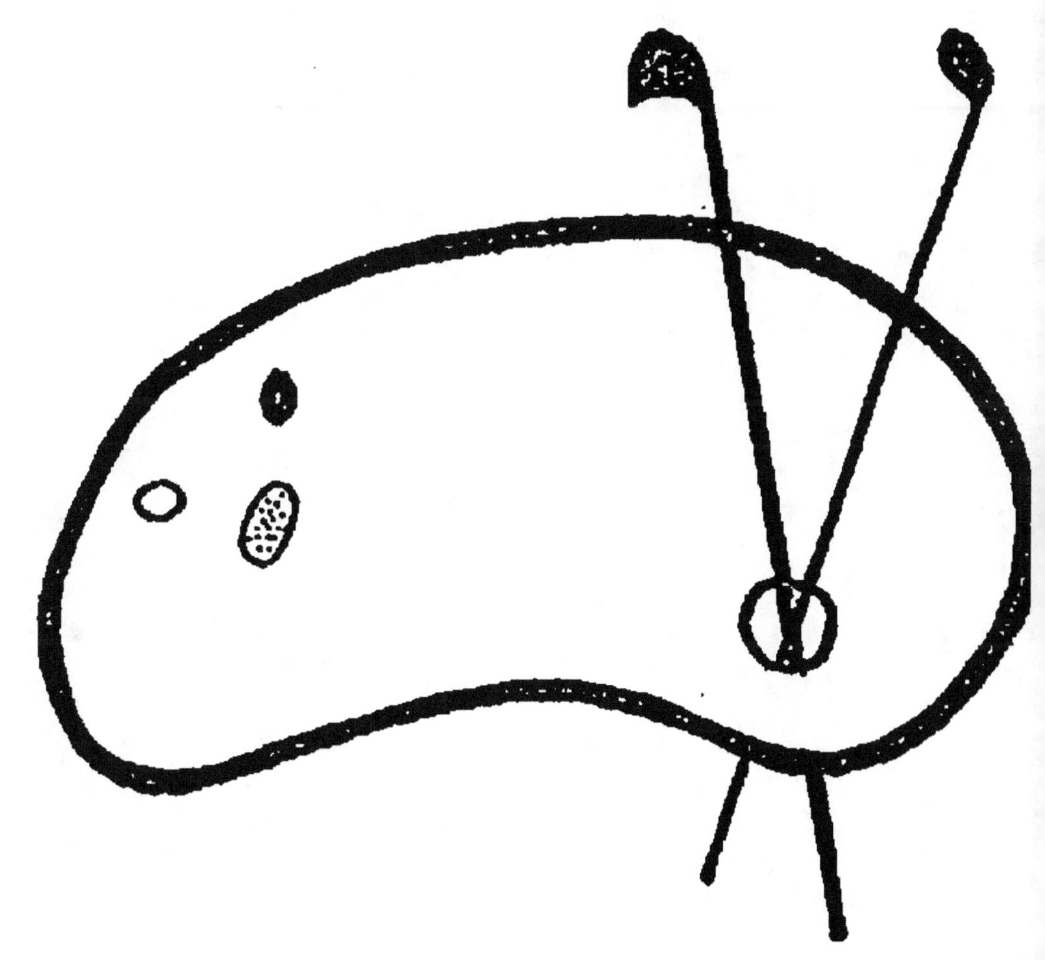

FIN D'UNE SERIE DE DOCUMENTS
EN COULEUR

COMPTE-RENDU

DES

TRAVAUX DU CONGRÈS OUVRIER RÉGIONAL

Tenu a Reims

Les 20, 21 & 22 Mai 1893

COMPTE-RENDU

DES

Travaux du Congrès Ouvrier Régional

TENU A REIMS

Les 20, 21 & 22 Mai 1893

En commençant le compte-rendu des discussions si intéressantes qui ont eu lieu au Congrès, il nous semble indispensable de rappeler que ce sont les *Cercles chrétiens d'études sociales* qui l'ont rendu possible (I).

Pour quiconque n'a pas vu fonctionner ces Cercles, un projet de ce genre pourrait paraître téméraire et réserver de cruelles déceptions, un avortement ridicule.

Après le succès du Congrès, il est facile de voir que la confiance des ouvriers qui l'ont organisé n'avait rien d'excessif.

Leurs travaux mutuels dans les cercles d'études depuis deux ans, leurs entretiens réguliers avec quelques prêtres de la ville, leur assiduité à suivre les *Conférences Populaires* et la lecture habituelle de la *Croix de Reims* les avaient préparés

---

(I) Pour avoir une idée juste des *Cercles chrétiens d'études sociales* de Reims, il faut lire la brochure qui vient de paraître aux bureaux de la *Croix de Reims*, 220, rue de Vesle. Prix : 0 fr. 15, *franco*.

à devenir de sérieux congressistes. Quand s'est ouvert le Congrès, les ouvriers organisateurs de cette assemblée, recrutés en partie jusque dans les rangs du socialisme et de l'anarchie, étaient en possession d'une moralité et d'un commencement d'éducation économique constituant l'appoint le plus précieux pour une réunion de ce genre.

C'est ainsi que se sont préparées ces assises pacifiques du travail dont le succès a dépassé toutes les espérances.

Gloire à Dieu !

Nous publions dans cette brochure les documents et les rapports qui ont été jugés les meilleurs par la commission. Le temps n'a pas permis de les lire tous dans les différentes sections auxquelles ils étaient destinées, mais les idées exprimées par les rapporteurs ont servi à éclairer les discussions et ainsi ces travaux n'ont rien perdu de leur utilité.

Cette brochure, écrite à la hâte au lendemain du Congrès, sera bien imparfaite et contiendra probablement des erreurs par suite de quelques procès-verbaux que nous avons trouvés incomplets, mais nos lecteurs fermeront les yeux sur ces petits défauts pour ne voir que notre désir de leur être agréables en leur envoyant sans retard les échos du Congrès.

Dès que la date du Congrès a été arrêtée, la Commission d'initiative a envoyé aux ouvriers de Reims et de la région, la lettre suivante :

Cercles Chrétiens d'Études Sociales
DE REIMS

Reims, 25 Mars 1893.

Messieurs et chers camarades,

Les ouvriers de Reims ont formé trois Cercles d'études qui fonctionnent depuis plus d'une année. Leurs réunions ont pour but de se mettre au courant des questions sociales ; de fonder des institutions pour le bien des travailleurs et d'échapper ainsi au joug des meneurs, qui, sous prétexte de s'occuper de nos affaires, ne font que les embrouiller.

Nous avons pensé qu'il serait utile de réunir à Reims les représentants des groupes ouvriers de la région, afin de nous entendre sur nos intérêts et de reprendre la direction de nos propres affaires.

Nous faisons appel à tous les groupes qui cherchent loyalement la vérité et qui comprennent que ce n'est pas en détruisant la religion, la famille et la propriété qu'on peut faire le bonheur des travailleurs. Nous voulons nous efforcer de donner pleine et entière satisfaction à toutes les revendications légitimes des ouvriers, nous voulons leur constituer un foyer aussi heureux que possible en accommodant les conditions du travail aux nécessités qui s'imposent.

Nous vous envoyons sous ce pli notre règlement et notre programme. Nous vous demandons tout d'abord de faire étudier les questions par votre groupe et d'organiser dans ce but des réunions d'études. Ensuite, vous établirez des rapports sommaires qui donneront le fruit de vos travaux. Enfin, vous enverrez des délégués.

Si vous adhérez en principe au Congrès, veuillez nous le dire et désigner celui d'entre vous avec qui nous pourrons correspondre.

Vous avez parmi vous des compétences qui vous permettent d'aborder avec fruit les diverses questions du programme. Il est à désirer que pas une d'entre elles ne soit oubliée. Cependant, s'il vous paraissait impossible de faire des rapports sur chacune, veuillez choisir et indiquer votre choix. Nous ne saurions trop insister pour que vous vous mettiez à l'œuvre au plus tôt. Le temps passe vite, surtout pour les ouvriers, dont la journée est absorbée par le travail professionnel. Vos rapports devront être rendus avant le 3 mai, à Reims, à M. le secrétaire du Congrès, place St-Remy, 6. C'est à cette adresse que vous enverrez vos correspondances.

Veuillez bien, Messieurs et chers camarades, nous répondre et agréer nos fraternelles salutations.

Pour la Commission d'initiative,

ROBERT, ouvrier serrurier.

———————————————

A l'appui de l'appel adressé par la Commission ouvrière, une seconde lettre a été envoyée par le président d'honneur, M. Léon Harmel.

Val-des-Bois, 26 Mars 1893

Monsieur,

Depuis quelque temps des Cercles chrétiens d'études sociales ont été établis à Reims sur l'initiative même de quelques ouvriers intelligents, frappés des erreurs nombreuses dont leurs camarades sont les victimes.

Avec ce grand bon sens qui est si naturel aux travailleurs, ils ont voulu avoir le prêtre au milieu d'eux, afin de posséder la vérité vivante et de pouvoir ainsi produire des institutions fécondes. Ils avaient raison, car les faits sont engendrés par les idées et l'erreur ne peut produire que des organisations funestes. Nous le voyons par le libéralisme, qui a amoncelé tant de ruines et sanctionné tant de tyrannies au nom de la liberté; nous le voyons par le socialisme impie qui veut s'emparer des masses populaires. Il excelle à exposer les maux dont souffrent les travailleurs, mais quels remèdes offre-t-il ? Cette importation allemande, qui veut la destruction de la religion, de la famille et de la propriété, n'offre en panacée universelle qu'un communisme qui déguise un esclavage pire que l'esclavage antique.

Les membres de nos Cercles se sont affermis dans la vérité qu'ils continuent à étudier, ils ont entrepris plusieurs institutions excellentes, et ils forment, dans les masses rémoises, une élite intelligente, active, et qui tend à ramener autour d'elle la paix et la concorde.

N'est-ce pas la voie féconde de l'avenir ?

Pour donner une impulsion dans toute la région à ces organismes populaires, si nécessaires aujourd'hui, ils ont pensé à un Congrès ouvrier régional.

Après plusieurs réunions à Reims et au Val-des-Bois,

nous sommes tombés d'accord sur le règlement et le programme que nous vous remettons.

Nous pensons que vous voudrez bien vous associer à ce dessein et nous aider de tout votre pouvoir, dans cette entreprise éminemment utile aux ouvriers. Nous voulons appeler à nous non seulement les Associations catholiques, mais tous les groupements honnêtes, ceux qui ne sont ennemis ni de la religion ni de la famille.

Auriez-vous la bonté de nous mettre en relation avec les groupes ouvriers de votre contrée : Sociétés de secours mutuels, Syndicats, Cercles, Sociétés coopératives, etc.

Nous avons peu de temps et il faut nous hâter.

Veuillez agréer, Monsieur, l'assurance de mon affectueux dévouement.

Léon HARMEL.

RÈGLEMENT

Article 1er. — Congrès

Un Congrès ouvrier régional aura lieu à Reims, les 20, 21 et 22 Mai 1893.

Article 2. — Membres du Congrès

Membres actifs. — Le Congrès est essentiellement ouvrier. Pour être membre actif, il faut travailler pour le compte d'un patron comme ouvrier, contremaître ou employé, et appartenir à un groupe accepté par la Commission d'initiative. Ceux qui sont munis d'une lettre de leur président peuvent voter au nom de leur société, à raison d'une voix par section, soit quatre voix par groupe ou société.

Les *Membres consultatifs* sont désignés parmi les membres non ouvriers des associations ouvrières, soit par la Commission d'initiative, soit par les groupements représentés. Ces membres n'ont pas voix délibérative, mais seulement consultative. Ils peuvent siéger au bureau dans les diverses séances, sur la décision du bureau du Congrès.

Sont *Membres honoraires*, ceux qui ont versé une souscription de dix francs et qui sont acceptés par la Commission d'initiative. Ils ont des places réservées dans les diverses réunions.

Des *Invités* sont admis aux réunions.

Les cartes sont nominatives et de diverses couleurs, suivant la qualité des membres, elles sont rigoureusement exigées à l'entrée des salles.

Article 3. — Commission d'initiative

Une Commission d'initiative est formée pour préparer le Congrès; elle comprend quatre Secrétariats.

1° Le *Secrétariat d'admission*, pour solliciter les adhésions, admettre les groupes et délivrer les cartes.

2° Le *Secrétariat d'organisation*, pour les installations, les séances des assemblées. Ce Secrétariat est également chargé de recevoir les adhérents du dehors, de les guider durant leur séjour et de pourvoir à leur logement et à leur nourriture. Enfin il choisit les commissaires d'ordre qui devront être présents à chaque réunion avec leurs insignes.·

3° Le *Secrétariat des travaux*, chargé d'assurer la rentrée des rapports faits par les différents groupes. Les rapports doivent parvenir avant le trois Mai au président de la Commission, faute de quoi il sera impossible d'en tenir compte dans les réunions du Congrès.

4° Le *Secrétariat des finances*, chargé des souscriptions et de leur emploi.

ARTICLE 4. — **Délégués du dehors**

Les délégués du dehors sont invités à prévenir de l'heure exacte de leur arrivée en gare. Autant que possible, il sera utile d'arriver samedi soir, 20 Mai, ou au moins dimanche dès le matin. Un commissaire sera à la gare pour leur indiquer leur logement. Le coucher sera gratuit et fourni pour une part chez des camarades. Pour la nourriture, les prix seront fixés ultérieurement. Tous pourront partir Lundi 22 Mai, par les trains du soir ou de nuit.

ARTICLE 5. — **Sections**

Afin d'arriver à traiter plus de questions durant les deux jours du Congrès, les travaux sont divisés en quatre sections :

1° **Intérêts généraux des ouvriers** : Éducation, octrois, salaire, repos dominical.

2° **Usine** : Organisation et réglementation des usines, conseils professionnels, etc.

3ᵉ **Syndicats et Corporations** : Syndicats de résistance, grèves, syndicats d'union, etc.

4° **Institutions économiques et de prévoyance** : Mutualité, coopération.

Ces sections ont leurs réunions simultanées, chacune dans leur salle spéciale. Elles sont composées des délégués qui ont une mission spéciale de leur groupe et des membres consultatifs de la section.

Le résumé des travaux est donné chaque jour dans l'assemblée générale du soir.

ARTICLE 6. — **Séances**

Les séances de sections ont lieu dans les salles séparées. Outre leur personnel désigné en l'article précédent, elles admettent les membres actifs, les membres honoraires et les invités qui le désirent.

Les Assemblées générales réunissent les membres du Congrès et les invités.

ARTICLE 7. — **Horaires**

Les réunions auront lieu comme suit :

Assemblée plénière le Samedi 20 Mai, à 8 heures du soir. Ouverture du Congrès et vérification des pouvoirs.

Séances de sections le Dimanche 21 Mai, de 10 heures du matin à 11 heures 1/2, de 3 heures 1/2 à 6 heures 1/2, et le Lundi 22 Mai de 9 heures à 11 heures 1/2, et de 1 heure 1/2 à 3 heures.

Assemblées générales, Dimanche à 8 heures 1/2 du soir et le Lundi à 3 heures 1/2 du soir.

Toutes ces réunions ont la forme et le caractère privés.

Article 8. — **Région**

La région comprend les départements suivants : Aisne, Ardennes, Aube, Marne, Haute-Marne et Meuse.

Les Congrès pourront se tenir successivement dans l'une ou l'autre des villes les plus importantes de ces six départements.

Cette délimitation n'est pas faite pour exclure du Congrès les associations ouvrières qui existent en dehors de la circonscription régionale ; notre appel s'adresse à tous les groupements ouvriers du Nord, de l'Est, de l'Ouest, du Centre et du Midi, et nous les invitons instamment à envoyer plusieurs représentants.

PROGRAMME

Les ouvriers étant seuls membres actifs du Congrès (Voir le Règlement) sont seuls appelés à émettre des vœux.

Trop souvent, dans les assemblées populaires, se sont introduits deux éléments de discorde qui ont tout paralysé : les politiciens et les sectaires. Les uns ramènent tout à des questions de parti, les autres ne cherchent qu'à satisfaire leur haine contre la religion, la famille, la propriété et la patrie. Les uns et les autres n'ont déterminé aucun soulagement aux misères populaires. Ils n'ont fait qu'aggraver la situation, en semant la haine dans les cœurs et en suscitant des luttes fratricides désastreuses pour tout le monde. Nous déclarons donc à l'avance que nous écarterons toute motion qui rentrera dans ces deux ordres d'idées.

Ces réserves faites, nous tenons à déclarer que notre Congrès est organisé dans les vues les plus larges ; nous appelons à nous tous les travailleurs honnêtes, quelles que soient leurs croyances et leurs opinions. Respectueux des sentiments de chacun, nous désirons marcher la main dans la main, tous ensemble à la conquête de notre liberté, si souvent escamotée par les gouvernements qui se succèdent.

En allant au fait des revendications ouvrières légitimes, avec modération, vérité et justice, nous avancerons davantage notre cause que par les violences qui ont toujours retardé l'avénement de la liberté.

Observations : Notre programme comprend pour chaque question trois divisions : **A** Situation actuelle ; **B** Situation désirable ; **C** Moyens à employer.

PREMIÈRE SECTION

Intérêts généraux des ouvriers

PREMIÈRE QUESTION

ÉDUCATION POPULAIRE. — Jeunes Filles

A. Comment l'instruction des jeunes filles est-elle pratiquée? Ne semble-t-on pas viser davantage à préparer des institutrices qu'à former des femmes de ménage?

B. L'école ne devrait-elle pas être un apprentissage de la vie réelle? Une femme qui ne connaît ni la cuisine, ni le ménage, peut-elle avoir la paix et l'union à son foyer? L'économie n'est-elle pas de son ressort, aussi bien que l'aisance et la prospérité de la famille? Comment pourra-t-elle accomplir ses devoirs, si on ne les lui a pas enseignés? Le travail des jeunes filles à l'usine ne rend-il pas cet enseignement impossible, s'il n'a pas été donné à l'école primaire?

C. Quels moyens prendre? En Angleterre et en Belgique, on a commencé à organiser des écoles ménagères ; ne pourrions-nous demander que dans nos écoles on consacre plus de temps aux questions d'alimentation, de comptabilité de ménage, et à tout ce qui est nécessaire à la mère de famille.

Garçons

A. Pour les garçons, l'instruction n'a-t-elle pas les mêmes lacunes?

B. L'agriculture et le métier ne pourraient-ils pas être enseignés, au moins dans les éléments rudimentaires?

C. Ne pourrait-on étudier ce qui a été tenté à l'étranger, spécialement en Suède?

DEUXIÈME QUESTION

SALAIRE

A. Situation actuelle (Voir le questionnaire spécial). Relation entre le salaire et le coût de la vie.

B. Recherches des moyens propres à rendre les salaires suffisants pour la vie de la famille, comme le demande l'Encyclique du Souverain Pontife.

Les institutions qui multiplient le salaire, mutualité, coopération, prévoyance, cités ouvrières, seront étudiées dans la 4ᵉ section.

C. Moyens d'aider l'ouvrier chargé d'enfants. Exemple des chemins de fer, caisse de famille du Val-des-Bois, etc.

Pour les adjudications faites par les administrations, les départements et les communes, ne devrait-on pas spécifier dans le cahier des charges : 1° Où seront achetés les produits de manière à favoriser le travail national ? 2° Le minimum du salaire qui sera donné à chaque catégorie d'ouvriers ? Cette mesure, possible à prendre immédiatement n'est-elle pas propre à influencer l'industrie privée ? Le Congrès devra-t-il former un vœu à ce sujet ?

TROISIÈME QUESTION

REPOS DOMINICAL

A. La cessation du travail est-elle complète dans votre ville ? Étude des faits locaux dans les administrations, dans les chemins de fer, dans les industries diverses et dans le commerce.

B. Le repos du dimanche est-il désiré des ouvriers et des employés ? Est-il nécessaire à la santé des travailleurs et à la vie du foyer ? La loi du 2 novembre 1892, en ne fixant pas le jour du repos, ne livre-t-elle pas la conscience et la vie de famille des travailleurs à l'arbitraire des patrons ?

C. Moyens à prendre. Étudier ce qui s'est fait dans les nations étrangères et ce qui a été tenté en France.

QUATRIÈME QUESTION

OCTROIS

A. Situation : charges qui en résultent pour les agriculteurs et pour les travailleurs. Proportion des frais de perception.

B. Ces barrières intérieures ne sont-elles pas nuisibles à tous les intérêts ? Ne favorisent-elles pas le

gaspillage des municipalités? Ne pèsent-elles
pas plus lourdement sur les travailleurs que sur
la classe bourgeoise? Leur suppression ne doit-
elle pas être l'objet de nos revendications inces-
santes.

C. Pour les moyens à prendre, l'exemple des nations
qui ont accompli le progrès de la suppression
peut nous indiquer notre voie.

—

A propos des octrois, le Congrès ne pourrait-il
protester contre les frais de saisie judiciaire qui ruinent
l'ouvrier? contre les dépenses ruineuses de l'Etat qui
grandissent chaque jour? contre l'accroissement du
nombre des salariés de l'Etat, dont le chiffre actuel est
double de celui qui existait en 1870? Les charges publiques pèsent gravement sur l'industrie nationale et par
contre sur les salaires.

DEUXIÈME SECTION

Usine

CINQUIÈME QUESTION

ORGANISATION INTÉRIEURE

A. Heures de travail et de repos. Réglements. Précautions prises pour le respect de la femme et de l'enfant. Précautions contre les accidents. La paye se
fait-elle par famille pour favoriser l'autorité des
parents? Quand a-t-elle lieu? Y a-t-il des inconvénients sur ces points? Permanence des engagements.

B. Quelles sont les améliorations désirables dans cet
ordre d'idées?

C. Moyens à prendre.

SIXIÈME QUESTION

CONTRE-MAITRES

A. Rapports du contre-maître avec le patron, avec les
ouvriers, son autorité. Est-il obligé de venir à l'u-

sine le Dimanche ? Comment se fait le recrutement des ouvriers ? Qui prononce le renvoi ? Délai de prévenance. Amendes.

B. Importance du choix des contre-maîtres. Insuffisance du savoir professionnel, sans la science du commandement. Impartialité. Surveillance. Bon esprit. Bon exemple, etc. Recrutement des contre-maîtres. Le patron ne doit-il pas se réserver le droit de renvoi, le contrôle des amendes et le recours constant des ouvriers à son autorité supérieure ? les entendre avant de se prononcer ?

C. Moyens à prendre. Concours pour la capacité professionnelle. Ecole de contre-maîtres. Comment la justice est inséparable des sentiments d'humanité qui doivent présider aux rapports des hommes entre eux.

SEPTIÈME QUESTION

CONSEILS D'USINE

A. Un conseil d'usine est une réunion de délégués ouvriers, souvent désignés parmi les plus anciens de chaque salle, qui sont chargés d'être auprès du patron les interprètes de leurs camarades, dans des réunions périodiques et rapprochées (de huitaine ou de quinzaine). Ce conseil existe-t-il dans les usines de votre ville ? Sinon quelle institution le remplace ? S'il n'y a entre le patron et l'ouvrier aucun intermédiaire officiel, comment l'ouvrier peut-il faire valoir ses réclamations ou ses désirs ?

B. N'est-il pas désirable qu'un conseil professionnel (ou conseil d'usine) existe dans chaque établissement ? Comment cette organisation rend à l'ouvrier sa véritable indépendance, en lui permettant de faire connaître son sentiment à son patron, sans passer par les meneurs qui, trop souvent, ne cherchent que leur propre intérêt dans la défense des intérêts des autres.

C. Moyens. Exemples des Chambres de conciliation en Belgique, des tentatives faites en France.

TROISIÈME SECTION
Syndicats ou Corporations

HUITIÈME QUESTION

SYNDICATS DIVERS

A. Situation. Syndicats ouvriers. Syndicat de patrons. Syndicats mixtes. Chambre syndicale mixte de patrons et d'ouvriers. Rapports des syndicats avec les patrons ou directeurs ; avec les non syndiqués de la même profession ; avec les syndicats de la même profession ; avec les syndicats des autres professions ; avec les pouvoirs publics ; avec la clientèle et les administrations qui font des adjudications. Imperfection de la loi du 21 mars 1884, qui interdit la possession des immeubles et la participation aux adjudications publiques. Combien ces défiances à l'égard des ouvriers sont anti-démocratiques et injustes. Représentation des intérêts professionnels.

B. Situation désirable sur ces divers points.

C. Moyens d'y parvenir. Modèles de statuts pour les divers syndicats industriels, professionnels et agricoles.

NEUVIÈME QUESTION

CONFRÉRIES, ASSOCIATIONS D'AIDE MUTUELLE

A. Avez-vous une confrérie ? Est-elle prospère ? Quelles institutions a-t-elle fondées ? Est-elle affiliée à N.-D. de l'Usine ? La confrérie de N.-D. de l'Usine a pour but d'unir librement les ouvriers dans un sentiment d'affection mutuelle et de venir en aide aux déshérités.

B. L'union chrétienne des travailleurs n'est-elle pas propre à établir la paix, à éloigner les dissensions et les rigueurs qui désolent trop souvent les sociétés?

C. Moyens de propagande.

QUATRIÈME SECTION

Institutions économiques et de prévoyance

COOPÉRATION — MUTUALITÉ — CITÉS OUVRIÈRES ÉPARGNE

Comment ces institutions sont de véritables adjuvants du salaire, soit en permettant des achats de meilleure qualité à un moindre prix, soit en mettant en commun les *aléas* de la vie économique, soit en diminuant les loyers, soit enfin en parant, par une sage prévoyance, aux chances malheureuses de la vie.

DIXIÈME QUESTION

COOPÉRATION DE CONSOMMATION

A. Quelles sociétés avez-vous ? Quelle est leur situation ? Causes de prospérité et de décadence. Avantages économiques, avantages moraux.

B. Vaut-il mieux vendre au prix de revient, ou vendre au prix courant et remettre le boni chaque année ?

C. Moyens de propager les sociétés coopératives.

ONZIÈME QUESTION

MUTUALITÉ

A. Indiquer ce qui existe : Sociétés de secours mutuels. Caisse de prévoyance. Assurances sur la vie, contre les accidents. Caisse de retraites.

B. Examen des lois désirables.

C. Loi en discussion contre la mutualité, ses dangers, pétition à ce sujet notamment pour la liberté de posséder des immeubles. Comment multiplier les institutions fécondes de mutualité.

DOUZIÈME QUESTION

CITÉS OUVRIÈRES

A. Quelle organisation avez-vous pour les logements ouvriers ? Sont-ils sains, aérés et favorables à la famille? Un jardin y est-il adjoint dans la mesure possible ? Les prix sont-ils élevés ?

B. L'influence des logements n'est-elle pas à la fois économique, morale et familiale ? N'est-il pas dès lors nécessaire de s'en préoccuper sérieusement ?

C. Une association de garantie ferait baisser les prix. Des sociétés de logements, où l'épargne des mutualistes serait heureusement employée, permettraient de réunir tous les avantages avec des loyers modérés.

TREIZIÈME QUESTION

ÉPARGNE

A. Taux de la Caisse d'épargne. Organisation dans les usines pour faciliter les dépôts. Caisse scolaire. Quelle moyenne par rapport au salaire ?

B. Qu'y a-t-il à désirer ?

C. Quels moyens d'y arriver ?

Quelques jours avant l'ouverture du Congrès, tous les ouvriers dont les membres des Cercles chrétiens d'études sociales connaissaient l'adresse, reçurent avec une carte d'invitation personnelle, la lettre suivante :

Reims, le 8 mai 1893.

Mon cher camarade,

Nous tenons du 20 au 22 mai courant, notre premier Congrès ouvrier régional de Reims.

Les séances ont lieu, **20, rue des Orphelins, 20.**

Nous vous remettons inclus le règlement et le programme. Nous avons supprimé le meeting et le remplaçons par des séances de sections. Nous faisons un appel pressant à tous les ouvriers de Reims qui ne veulent pas la destruction de la religion, de la famille et de la patrie. Ils sont très nombreux, nous le savons, ceux qui pensent avec nous que c'est en nous unissant, en organisant des institutions utiles que nous travaillerons d'une manière efficace à l'amélioration du sort des ouvriers.

Les Cercles chrétiens d'études sociales ont pour principe de laisser toutes les opinions se produire librement et de les discuter courtoisement. Il en sera de même au Congrès.

Chacun pourra porter l'insigne de la Société, quelle qu'elle soit, à laquelle il appartient. Nous voulons la liberté pour tous, sans aucune distinction.

Nous vous remettons une carte d'invité.

Nous vous serons reconnaissants de nous la retourner si vous ne pouvez pas en user vous-même.

Recevez nos fraternelles salutations.

<table>
<tr><td align="center">Le Secrétaire,
RENAUT.</td><td align="center">Le Président
ROBERT.</td></tr>
</table>

Une lettre spéciale fut également envoyée à tous les membres des sociétés de secours mutuels.

Reims, le 8 Mai 1893.

Cher camarade,

Nous vous remettons ci-inclus le règlement et le programme de notre Congrès.

*Il tiendra ses séances, **20, rue des Orphelins, 20.** Les questions de mutualité et de coopération y auront une place prépondérante.*

M. Vermont, de Rouen, et M. Fougerousse, de Paris, assisteront aux séances de la 4ᵐᵉ section. Il n'est pas nécessaire de vous dire quelles utiles leçons nous pouvons tirer de leur conférence. Nous avons besoin de tous les concours: Apportez-nous celui de votre expérience. Nos intérêts sont les vôtres : venez les discuter fraternellement avec nous.

Il est temps que nous prenions en mains, nos propres affaires.

Les Cercles chrétiens d'études sociales ont pour principe de laisser toutes les opinions se produire librement et de les discuter courtoisement. Il en sera de même au Congrès.

Chacun pourra porter l'insigne de la Société, quelle qu'elle soit, à laquelle il appartient. Nous voulons la liberté pour tous, sans aucune distinction.

Veuillez agréer nos fraternelles salutations.

<table>
<tr><td align="center">Le Secrétaire,
RENAUT.</td><td align="center">Le Président,
ROBERT.</td></tr>
</table>

P. S. — Messieurs les Présidents de Sociétés Mutuelles qui voudraient présenter une courte notice sur le but, les conditions et les avantages de leur société sont priés d'en informer M. le Secrétaire du Congrès, place Saint-Remy, 6, avant le 14 mai.

OUVERTURE DU CONGRÈS
Samedi 20 Mai

Grâce à l'obligeance d'une personne amie des œuvres, de vastes locaux situés au centre de la ville, 20, rue des Orphelins, et parfaitement aménagés avaient été mis à la disposition des Congressistes.

Au rez-de-chaussée, on avait installé le Secrétariat du Congrès où se tenaient trois employés qui avaient été chargés de ce service. Sur des tables couvertes d'imprimés, les congressistes trouvaient tous les documents qui pouvaient leur être utiles.

A la porte d'entrée, des commissaires, portant à la boutonnière des cocardes tricolores de diverses grandeurs, recevaient les invités et leur donnaient tous les renseignements qu'ils pouvaient désirer. Près du secrétariat, se trouvait la salle réservée à la première section. Il y avait place pour cinq cents personnes. Le Bureau était composé — il en était ainsi dans toutes les autres sections — d'un ouvrier rémois président, assisté d'un délégué étranger comme vice-président, et d'un secrétaire-rapporteur.

Un prêtre avait été désigné à l'avance comme membre consultatif. Au second étage, une immense salle pouvant contenir quinze cents personnes, servait à la fois pour les assemblées générales et pour les travaux de la deuxième section. Au-dessus de la tribune, ornée de drapeaux tricolores, le crucifix et l'image du Sacré-Cœur disaient bien haut que le Congrès, qui était ouvert à toutes les opinions, était dû à l'initiative d'ouvriers franchement chrétiens. Enfin, au second étage, deux salles immenses servaient aux travaux de la 3ᵉ et de la 4ᵉ section.

La séance d'ouverture du Congrès eut lieu le samedi 20 mai, à huit heures du soir, dans le magnifique local que nous venons de décrire.

Plus de cinq cents personnes assistaient à cette réunion.

Le bureau est ainsi constitué, aux applaudissements de l'assemblée : M. Léon· Harmel, président d'honneur, M. Robert, ouvrier serrurier, président actif, souffrant depuis deux jours, est suppléé par M. Cotty, vice-président. M. l'abbé Baye, curé de St-Remy, est appelé au Bureau à titre de membre consultatif, et M. Faidherbe, secrétaire des syndicats de Roubaix, vice-président d'honneur.

M. Cotty prend la parole pour exprimer les regrets de tous de l'absence momentanée de M. Robert et lit le discours que celui-ci devait prononcer et qui est fréquemment interrompu par les applaudissements.

Voici ce discours :

Messieurs et chers camarades

C'est à moi qu'est dévolu l'honneur de vous souhaiter la bienvenue ; c'est avec joie, et non sans fierté, que je vous adresse à tous un salut fraternel.

Le Congrès qui s'ouvre en ce moment, Messieurs et chers camarades, inaugure pour nous une voie nouvelle, et l'on a le droit de nous demander qui nous sommes et ce que nous voulons.

Qui nous sommes ? Nous répondrons d'un seul mot : nous sommes des ouvriers, et les membres actifs du Congrès sont exclusivement des ouvriers !

Nous n'appartenons à aucun parti, à aucune secte ; nous sommes libres d'engagements envers qui que ce soit, et nous ne dépendens que de nous-mêmes.

Nous appelons à nous tous les ouvriers, nos frères, quelles que soient leurs opinions, notre tolérance est sans bornes ; et comme chacun peut ici exprimer librement sa pensée, chacun aussi peut porter ostensiblement ses insignes, depuis le catholique jusqu'au libre-penseur.

Nous ne demandons qu'une seule chose, mais nous l'exigeons dans l'intérêt de notre dignité, c'est la sincérité dans les opinions et le respect de tous les uns pour les autres. La bienveillance réciproque sera la règle du Congrès, et nous saurons la faire respecter. D'ailleurs, j'en suis convaincu, la tâche sera facile avec d'honnêtes ouvriers, comme nous sommes tous, qui cherchent l'amélioration de leur sort, non dans la révolte et le désordre, mais dans l'étude pacifique et dans des revendications raisonnables.

Sans doute, nos souffrances sont grandes et nos privations parfois bien dures ; mais jamais nous ne consentirons à acquérir le bien-être ou simplement le soulagement de nos maux, par des moyens injustes ou criminels. Plutôt souffrir que de nous flétrir !

Voilà qui nous sommes ; maintenant que voulons-nous ?

Je le répète, Messieurs et chers camarades, nous voulons étudier pacifiquement les redoutables problèmes qui agitent le monde du travail et les questions qui intéressent la classe ouvrière. L'énumération en est longue ; elle forme tout un programme qui vous a été communiqué ; et nous pouvons dire que ce programme a été de votre part, l'objet de profondes réflexions et de savants rapports. Nous cherchons sincèrement la vérité et nous l'acceptons avec reconnaissance d'où qu'elle vienne. Toutes les solutions des problèmes sociaux qui nous seront soumises, seront par nous approfondies avec tout le soin que réclame un aussi important sujet ; en conséquence, nous tenons à le déclarer, nous ne serons pas assez légers pour ne pas faire une sérieuse étude des enseignements de l'Église catholique et spécialement des Encycliques du Pape Léon XIII.

Quand on cherche la lumière, l'on ne doit pas être exclusif, autrement l'on s'expose à ne voir qu'une partie de la vérité ou à tomber complètement dans l'erreur, et nous ne voulons pas que notre Congrès aboutisse à ce triste résultat.

Messieurs et chers camarades, notre conviction profonde c'est qu'il y aurait péril et présomption pour les ouvriers, de prétendre arriver seuls à la solution de toutes les questions proposées. Nous avons donc fait appel au concours bienveillant d'hommes compétents, membres du clergé et patrons qui sont venus en qualité de membres consultatifs, mettre à notre disposition leur intelligence, leur savoir et leur expérience. C'est ainsi que notre Congrès se trouve rehaussé par la présence de nobles représentants des classes aisées et instruites et je vous demande de vous unir à moi pour les acclamer et leur adresser nos vifs remerciements ! Je crois aussi être votre interprète à tous, Messieurs et chers camarades, en offrant l'expression de notre unanime reconnaissance à notre Président d'honneur, M. Léon Harmel. C'est à lui que revient l'initiative de notre Congrès, pour la réussite duquel il n'a ménagé ni sa personne, ni son temps, ni sa bourse.

Je pense, Messieurs et chers camarades, vous

avoir révélé la nature et esquissé la vraie physionomie de nos Cercles et de notre Congrès. Nous y travaillons en toute liberté, sans subir aucune tutelle, comme des frères qui ont des communs intérêts. Notre groupe n'est pas exclusivement catholique, comme d'autres groupes similaires ; mais nous attachons la plus haute importance aux solutions sociales que donne l'Eglise. Je l'ai dit, notre tolérance est sans limites, et par cette porte toute large ouverte, beaucoup sont entrés, et, nous l'espérons, beaucoup entreront encore.

Et maintenant, Messieurs et chers camarades, mettons-nous à l'œuvre et montrons à ceux qui nous observent, qu'une Assemblée ouvrière sait délibérer avec discipline et conclure avec sagesse !

M. F. Champion, de la section du Val-des-Bois, donne ensuite lecture du programme que nous avons publié ainsi que l'horaire des séances du lendemain.

Tout à l'heure, ajoute-t-il, vous avez applaudi le nom vénéré de Léon XIII le Pape des ouvriers. C'est bien notre chef et puisque nous sommes un congrès chrétien je vous demande de voter l'envoi de la dépêche suivante au cardinal Rampolla

Cardinal Rampolla,

Rome.

Ouvriers réunis en Congrès à Reims déposent aux pieds du Pape des ouvriers respectueuse reconnaissance pour mémorable Encyclique devenue la charte des travailleurs et sollicitent Bénédiction apostolique.

ROBERT. RENAUT.

Il est une autre personne, poursuit M. Champion, qui est absente de Reims et qui aurait été heureuse de se trouver parmi nous. C'est notre bien-aimé Cardinal Mgr Langénieux, qui représente le pape en qualité de légat aux assemblées eucharistiques de Jérusalem, à Lui aussi nous vous proposons d'adresser une dépêche ainsi conçue :

Cardinal Langénieux,

Jérusalem.

Membres Congrès ouvrier envoient témoignage filial respect au Cardinal des ouvriers.

ROBERT. RENAUT.

La vérification des pouvoirs a eu lieu ensuite. Quatre-vingt-dix délégués sont présents.

Ils appartiennent aux villes suivantes :

Aiglemont, Angers, Arras, Belair, Besançon, Bienville, Boulogne-sur-Mer, Boulzicourt, Brévilly, Châlons-sur-Marne, Charleville, Cons-la-

Grandville, Dijon, Douzy, Eurville, Fourmies, Francheval, La Francheville, Gespunsart. Guignicourt, Langres, Liège, Lille, Louvemont, Mohon, Montreuil, Noyelles-sur-Escaut, Paris, Roubaix, Rouen, Saint-Dizier, Saint-Quentin, Soissons, Toulon, Tourcoing, Troyes, Turin, Vailly-sur-Aisne, Val-des-Bois, Wignehies.

La parole est ensuite donnée à M. Devertus.

M. Devertus, autrefois rédacteur du *Cri du Peuple*, un des chefs du parti anarchiste à Paris, est un ouvrier qui ayant eu le bonheur de revenir à la vérité, met son talent et son expérience au service de la bonne cause. Il a compris, comme beaucoup d'autres, qu'on ne sauve pas une société en détruisant la religion, la famille et la propriété, et il s'efforce de faire partager ses convictions à ses anciens camarades.

Comme préface du Congrès, l'éloquent conférencier a pris pour sujet : Les théories du socialisme révolutionnaire, sa propagande et ses moyens d'action, et, en regard, la solution de la question sociale contenue dans la magistrale encyclique du St-Père sur la condition des ouvriers.

Voici son discours :

Messieurs et chers camarades,

Comme préface à nos travaux, peut-être ne trouverez-vous pas inutile que nous examinions pendant quelques instants les principales revendications politiques et économiques que les socialistes inscrivent dans leurs programmes, ainsi que les moyens révolutionnaires qu'ils se proposent d'employer pour arriver à leurs fins. Cela nous permettra de mettre en parallèle les *desiderata* que nous nous proposons de formuler, ainsi que les moyens pacifiques que nous comptons employer pour obtenir gain de cause.

Mais avant de vous donner le résumé des revendications socialistes, voyons d'abord, à la hâte ce que sont et ce que valent leurs doctrines. Cela nous permettra de placer vis à vis l'une de l'autre, à la grande lumière du jour et pour l'édification du public, qui pourra juger ensuite quelle différence il y a entre la morale chrétienne et la morale socialiste.

Parlons d'abord de l'école collectiviste, dont les grands prêtres furent l'allemand Karl Marx et Lassale, son disciple.

Le but du collectivisme est d'arriver à ce que ses partisans nomment avec emphase « la socialisation des moyens de production », c'est-à-dire à la reprise (c'est le mot consacré), par les travailleurs, de la propriété foncière et des instruments de travail pour être remis à la collectivité représentée par un nouvel état qui, bien avant que les raisins soient cueillis, espérons-le, a déjà pris le nom de 4ᵉ état, cela en expropriant le propriétaire du sol et celui des instruments de travail. On voit que le moyen est simple et commode, du moins théoriquement.

Mais comme les collectivistes ne croient guère que leurs adversaires, les possédants se laissent tondre aussi-près sans protester, ils prêchent la révolution sociale, se réservant, en cas de réussite, de mettre la main sur la Banque de France et les grands services publics. Ils disent bien haut que la centralisation des capitaux, l'accaparement de la terre et des instruments de travail par quelques-uns, ne peut qu'aider à leurs desseins, car ils estiment qu'en période révolutionnaire la prise de possession des grands organismes de production, tels que grands magasins, usines, mines, etc., ne sera pas plus difficile que celle des services de l'État.

C'est donc la lutte de classe, c'est-à-dire le moyen le plus épouvantablement barbare qui ait pu germer dans l'esprit humain, que préconisent les collectivistes, comme toutes les autres sectes socialistes du reste.

Le « possibilisme » n'est qu'une variété du collectivisme, avec cette différence que, par malice, les possibilistes ne demandent, *pour l'instant*, que ce qui est « possible » et cela leur a valu certains succès électoraux, parce qu'on les a cru moins révolutionnaires que les précédents. C'est eux qui ont trouvé cette devise non moins emphatique que celle des marxistes, « l'émancipation des travailleurs doit être l'œuvre des travailleurs eux-mêmes », ce qui ne les a pas empêchés, ces émancipateurs, de laisser traîner un peu dans tous les coins de parlements ou de conseils leurs programmes économiques, pour ne s'occuper que de politique et de luttes électorales ; cela servait mieux leurs intérêts et leur vanité.

Les blanquistes se disent communistes. Blanqui, leur grand chef, écrivait en tête de son journal « Ni Dieu, ni maître ». Pas de Dieu ! n'insistons pas ; mais pas de maître, quelle inconséquence! où existe-t-il des gens plus autoritaires que les blanquistes ? Leur communisme n'est qu'un inepte plagiat de la vie en commun chez les religieux ; mais si dans leur communauté Dieu n'y était pas, l'autorité s'y ferait sentir jusqu'à la tyrannie. Mais passons.

Il y a encore les anarchistes qui, eux aussi, se disent communistes, mais d'une façon toute différente que les blanquistes. Ils n'acceptent aucune autorité, se groupent par affinités pour produire et consommer en commun.

Ils préconisent la *mise au tas* de toutes les denrées et produits fabriqués, la *prise au tas* de tout ce qui est en abondance, le rationnement de tout ce qui peut manquer, tout cela sans chefs, librement, *an-archie*, n'ayant pour guide que la seule raison humaine et ne voulant tenir aucun compte de la tare originelle.

Nous ne parlerons pas ici de leurs détestables moyens de propagande par le fait ; nous sommes venus pour nous occuper de questions intéressant la morale et le travail, et non pour faire la moindre réclame à une tactique de bataille sociale que réprouvent tous les honnêtes gens.

En résumé, collectivisme et communisme sont deux mots équivalents ; c'est la mise en commun des forces productives et des produits sous la gestion de l'Etat.

Maintenant il nous reste à examiner les revendications des socialistes, mais comme il serait long et oiseux d'indiquer celles particulières à chaque école, nous nous bornerons à celles formulées à peu près dans les mêmes termes par les différents camps socialistes.

Comme réformes politiques, ils veulent la liberté de la presse, de réunion, d'association ;

L'abolition du budget des cultes, la séparation de l'Eglise et de l'Etat ;

La gratuité de la justice, des garanties plus amples accordées à l'accusé, développement de la justice arbitrale, la réforme du système pénitentiaire, substitution aux prisons de colonies pénitentiaires, notamment agricoles ;

L'universalisation de l'instruction, etc.

Sur le terrain des réformes économiques, les *desiderata* du socialisme contemporain peuvent se résumer ainsi :

Reconnaissance du *droit au travail* pour les valides, du *droit à la suffisante vie* pour les invalides ;

Législation nationale et internationale du travail qui comprendrait en première ligne :

La réduction de la journée de travail à 8 heures, l'interdiction du travail au-dessous de 14 ans, interdiction du travail des femmes dans toutes les branches de l'industrie qui affectent l'organisme féminin, à tous les travailleurs un jour de repos chaque semaine, suppression de tous les monopoles concédés à des particuliers ;

L'abolition graduelle des dettes nationales et communales, le crédit aux corporations agricoles et industrielles, etc.

Faciliter la culture en commun ;

La suppression de l'intérêt perpétuel transformé en prime d'amortissement (1) ;

Enfin les états socialistes institueraient une sorte de grand conseil international, formé des délégués des nations fédérées et dont les attributions seraient à peu près celles-ci :

Arbitrage entre les États ;

Législation internationale du travail ;

Colonisation scientifique et civilisatrice ;

Les grands voyages scientifiques ;

L'unification des poids, mesures et monnaies ;

L'initiation pacifique, bienfaisante et graduelle des peuples moins avancés, aux bienfaits de la civilisation.

Cela ne fait pas l'ombre d'un doute, Messieurs et chers camarades, il y a dans ces revendications des *desiderata* très légitimes (il faut savoir rendre justice surtout à ses adversaires), auxquels pourraient s'associer, sans déroger, les ouvriers chrétiens, principalement dans la partie économique.

----

(1) MALON, *socialisme intégral*

Par exemple, nous aussi nous demandons le droit au travail et à l'existence pour tous les individus valides, et nous ajoutons que partout doivent être fondées des institutions de prévoyance, de secours mutuels, etc. capables, quand viennent les moments de crise et de disette de travail, de faire œuvre utile et secourable.

Il ne nous déplairait pas qu'il existât une législation internationale du travail, quand cela ne servirait qu'à éviter les concurrences effrénées que se font les peuples sur le marché du travail, concurrences qui tuent les industries nationales, ruinent les industriels et font périr de misère, à la lettre, des milliers de créatures du bon Dieu, le but serait presque atteint.

Nous la trouvons des plus légitimes, cette loi exigeant qu'un jour de repos chaque semaine soit accordé aux travailleurs, mais nous tenons absolument que ce jour soit le dimanche pour tous, et non pas fixé arbitrairement par les patrons. « Il ne faut pas que ce repos soit une plus large part faite à une stérile oisiveté, mais bien un repos sanctifié par la religion. Ainsi allié avec la religion, le repos retire l'homme des labeurs et des soucis de la vie quotidienne, l'élève aux grandes pensées du ciel et l'invite à rendre à son Dieu le tribut d'adoration qu'il lui doit. »(1)

Nous n'ignorons pas qu'il y a des réformes

____

(1) *Encyclique.*

urgentes à apporter dans les pénitenciers, surtout dans ceux des jeunes détenus, mais nous savons aussi que la première de ces réformes et la plus nécessaire, est de travailler au relèvement moral des enfants, et que cette morale, la religion seule peut l'enseigner aux pauvres petits déshérités, plutôt victimes que coupables, qui pâtissent dans de sombres prisons.

Nous verrions avec grand plaisir s'organiser de grands voyages scientifiques, de recherches géologiques, minéralogiques, zoologiques, d'observations météorologiques, etc. Nous trouverions utiles et justes les encouragements donnés aux inventeurs, aux explorateurs, mais nous demanderions qu'ils aient leur part aux libéralités de l'Etat, non pour eux qui ne demandent rien, mais pour leurs fondations, ces explorateurs admirables qui sont nos missionnaires apostoliques. (Applaudissements).

Nous ne nions pas l'utilité de procéder à l'unification des poids et mesures, et enfin nous acceptons de tout cœur qu'on tente l'initiation graduelle des peuples moins avancés aux bienfaits de la civilisation, à une condition cependant : c'est qu'on leur prodigue, à ces peuples neufs, les bienfaits d'une civilisation chrétienne et non athée, c'est-à-dire socialiste.

Oui, avec les quelques restrictions que nous avons indiquées, un certain nombre des *deside-rata* socialistes peuvent être revendiqués par les ouvriers chrétiens. Mais combien d'autres nous répudions de toutes nos forces ! Faut-il citer : l'abolition du budget des cultes ? cette faillite à la dette la plus sacrée.

L'universalisation de l'instruction à tous les degrés ? Que c'est enfantin, donnez donc le maximum d'instruction nécessaire à la condition que l'individu occupe, elle suffit à améliorer sa situation ; du reste, qui l'empêche, quand il lui plait de *sortir* de sa condition et que pour cela une somme plus grande de connaissances lui sont nécessaires, de les acquérir par son travail ou à ses frais ?

Mais surtout, ce que nous n'accepterons jamais, c'est qu'on chasse Dieu de l'école, des maisons de secours, de partout ; ce que nous combattrons de toutes nos forces, c'est l'œuvre de laïcisation, cette œuvre satanique, qui, si on n'y prend garde, fera du travailleur un athée, de ses fils des vauriens, et du riche un parfait égoïste. (Applaudissements.)

Ah ! Messieurs et chers camarades, n'oublions jamais que c'est en l'Eglise que résident les véritables qualités de l'altruisme, sa mission étant toute de charité.

Nous ne vivrons jamais dans la communauté de biens, car si nous le pouvons, nous voulons acquérir pour notre compte, la propriété individuelle étant de droit naturel ; les communistes sont des imposteurs quand ils disent que Dieu avait laissé tous les biens communs ; que leur appropriation est née de la violence et, pour employer la formule devenue célèbre, que *la propriété est le vol* et qu'il est temps de mettre fin à cet état de choses en mettant les biens en commun.

Ce sont ces sophismes et les pernicieuses conséquences où ils peuvent conduire, que le saint Père a voulu réfuter dans l'encyclique sur la condition des ouvriers, lorsqu'il dit : « Qu'on n'oppose pas à la légitimité de la propriété privée le fait que Dieu a donné la terre en jouissance au genre humain tout entier, car Dieu ne l'a pas livrée aux hommes pour qu'ils la dominassent tous ensemble. » Et puis encore : « Au reste, quoique divisée en propriétés privées, la terre ne laisse pas de servir à la commune utilité de tous, attendu qu'il n'est personne parmi les mortels qui ne se nourrisse du produit des champs. Qui en manque y supplée par le travail, de telle sorte que l'on peut affirmer, en toute vérité, que le travail est le moyen universel de pourvoir aux besoins de la vie, soit qu'on l'exerce dans un fonds propre, ou dans quelque art lucratif dont la rémunération ne se tire que des produits multiples de la terre avec lesquels elle est convertissable. » Nous ne nous étendrons point davantage sur ce sujet; du reste qu'ajouterions-nous à la parole du Saint-Père ?

Nous avons laissé sans les aborder, le temps ne nous le permettant pas, bien des points, secondaires pour la plupart, où nous nous rencontrons ou nous éloignons des socialistes.

Pour terminer, nous allons nous occuper de choses qui n'intéressent guère les révolutionnaires puisqu'ils en veulent le complet anéantissement, nous voulons parler des bons rapports qui devraient exister entre patrons et ouvriers, entre le capital et le travail. L'erreur capitale dans la question qui s'agite, dit le Saint-Père, est de croire que les deux classes sont ennemies nées l'une de l'autre, comme si la nature avait armé les riches et les pauvres pour qu'ils se combattent mutuellement dans un duel obstiné.

C'est là une aberration telle qu'il faut placer la vérité dans une doctrine contrairement opposée ; car de même que, dans le corps humain, les membres, malgré leur diversité, s'adaptent merveilleusement l'un à l'autre, de façon à former un tout exactement proportionné et qu'on pourrait appeler symétrique, ainsi, dans la société, les deux classes sont destinées par la nature à s'unir harmonieusement et à se tenir mutuellement dans un parfait équilibre. Elles ont un impérieux besoin l'une de l'autre : il ne peut y avoir de capital sans travail, ni de travail sans capital. La concorde engendre l'ordre et la beauté ; au contraire, d'un conflit perpétuel il ne peut résulter que la confusion des luttes sauvages.

Et d'abord toute l'économie des vérités religieuses, dont l'Eglise est la gardienne et l'interprète, est de nature à rapprocher et à réconcilier les riches et les pauvres, en rappelant aux deux classes leurs devoirs mutuels, et avant tous les autres ceux qui dérivent de la justice. Parmi ces devoirs, voici ceux qui regardent l'ouvrier : il doit fournir intégralement et fidèlement tout le travail auquel il s'est engagé par contrat libre et conforme à l'équité ; il ne doit point léser son patron, ni dans ses biens, ni dans sa personne ; ses revendications mêmes doivent être exemptes de violences et ne jamais revêtir la forme de séditions.

Quant aux riches et aux patrons, ils ne doivent point traiter l'ouvrier en esclave ; c'est juste qu'ils respectent en lui la dignité de l'homme relevée encore par celle du chrétien.

Mais, parmi les devoirs principaux du patron, il faut mettre au premier rang celui de donner à chacun le salaire qui lui convient, que le riche et le patron se souviennent qu'exploiter la pauvreté et la misère et spéculer sur l'indigence sont choses que réprouvent également les lois divines et humaines. Ce qui serait un crime à crier vengeance au ciel, serait de frustrer quelqu'un du prix de ses labeurs. *Voilà que le salaire que vous avez dérobé par fraude à vos ouvriers crie vers vous et que leur clameur est montée jusqu'aux oreilles du Dieu des armées.* Jac., v, 4,.

Voilà donc les devoirs entre patrons et ouvriers bien définis ; qui aurait pu mieux les définir que le grand pontife, qui si souvent a donné à ses enfants les plus humbles et les plus modestes tant de gages de sa haute et paternelle bienveillance ?

Nous répéterons donc après lui : Que chacun se mette à la part qui lui incombe, et cela sans délai, de peur qu'en différant le remède, on ne rende incurable un mal déjà si grave. Que les gouvernants fassent usage de l'autorité protectrice des lois et des institutions ; que les riches et les maîtres se rappellent leurs devoirs ; que les ouvriers dont le sort est en jeu poursuivent leurs intérêts par des voies légitimes, et puisque la religion seule, comme nous l'avons dit dès le début, est capable de détruire le mal dans sa racine, que tous se rappellent que la première condition à réaliser, c'est la restauration des mœurs chrétiennes, sans lesquelles même les moyens suggérés par la prudence humaine comme les plus efficaces seront peu aptes à produire de salutaires résultats, et ce sera notre conclusion. (Applaudissements prolongés.)

Après lui, M. l'abbé Pottier, de Liège, un apôtre au cœur ardent et d'une grande science, a dit tout le bien qu'il espérait de ces congrès ouvriers dont lui-même a été un des organisateurs en Belgique.

Nous aurions désiré reproduire cette admirable improvisation, mais comment rendre les accents si vibrants de sincérité de cette âme sacerdotale si dévouée aux classes laborieuses ?

« C'est le christianisme, s'est écrié l'orateur, qui, au moyen-âge, a fondé cette législation du travail qui garantissait à l'ouvrier l'assurance contre la maladie ou les accidents, la pension pour ses vieux jours, ou à sa veuve, s'il venait à mourir jeune encore, un salaire rémunérateur et un travail mesuré. Voilà ce que l'Eglise avait réalisé par ses corporations.

Mais la Libre-Pensée, infiltrée dans les esprits et les cœurs par la Renaissance, la révolte de Luther et le relâchement des mœurs, est venue amortir puis faire sombrer dans une révolution terrible toute cette économie chrétienne.

Dès lors, le travailleur a été considéré comme une marchandise qu'on exploite ; voilà ce qui a été fait en opposition avec le christianisme.

Eh bien ! de toutes nos forces, nous travaillerons à la reconstitution de cette économie du travail sur les données de l'Encyclique du St-Père. Et Vive Dieu ! nous la referons. »

Ces paroles ont été vivement applaudies.

Après la lecture du programme de la journée de dimanche, la séance est levée à 9 h. 40.

Dimanche 21 Mai

Il serait particulièrement intéressant et instructif de donner ici le compte-rendu de ces séances particulières et des discussions toujours calmes qui s'y sont produites.

Mais dans ces conditions, la brochure deviendrait vite un volume. Nous devons donc nous contenter de donner la physionomie générale des réunions.

Dans chaque section, le secrétaire donnait d'abord lecture des différents rapports présentés sur la question soumise à l'étude des congressistes.

Les ouvriers étaient appelés ensuite à la discussion du rapport. Tous ceux qui ont pu assister à l'échange d'observations entre le bureau et les membres des sections, ont constaté le merveilleux bon sens que les ouvriers apportaient dans l'exposé de leurs idées. Nous avons assisté particulièrement aux séances où l'on traitait les importantes et délicates questions de l'éducation, du salaire, du repos dominical, des syndicats, des confréries, et, partout, nous avons été émerveillé des idées justes, élevées et pratiques émises par les ouvriers sur ces graves sujets.

Puis, quand l'accord s'était établi sur les points du rapport en discussion, les vœux étaient formulés et soumis à l'approbation des membres de la section, et ces travaux résumés étaient lus chaque jour à l'assemblée générale.

On trouvera plus loin les documents qui ont servi de thème aux discussions des congressistes.

La moyenne des présences pour les séances de la journée variait entre 350 et 400 répartis dans les différentes sections.

Le dimanche, à l'assemblée générale, on ne comptait pas moins de onze cents personnes.

Cette réunion s'est ouverte par un intéressant discours sur les sociétés coopératives. M. Fougerousse demande leur extension et surtout le vote d'une loi en instance devant les Chambres et devant donner satisfaction aux desiderata de ces sociétés. Il passe en revue les différentes sociétés de production, de crédit et de consommation. Les deux premières sont restreintes, les sociétés de consommation sont seules en voie de prospérité.

M. Fougerousse donne sur quelques-unes d'entre elles, leur organisation et leurs résultats, des renseignements intéressants. Dans ces sociétés, chacun apporte son concours suivant ses aptitudes, afin de diminuer les frais généraux, et les sociétaires, tout en achetant au comptant toutes les denrées nécessaires à l'existence, touchent annuellement des remises de 6 à 30 0/0 sur le montant de leurs achats.

Le savant conférencier fait ressortir ensuite la moralité qui se dégage de ces institutions et formule les souhaits les plus ardents pour qu'elles prennent un nouvel essor à la suite de ce Congrès.

Puis a lieu la lecture des vœux émis dans les différentes sections sur l'ensemble des travaux de la journée.

Ensuite M. l'abbé Pottier est invité à prendre la parole.

Dans un langage élevé et tout vibrant d'amour pour les ouvriers, il résume par les grands principes les graves questions qui viennent d'être soumises à l'assemblée. « Organisez-vous, frères ouvriers, poursuit-il, formez des syndicats selon les vues de celui qui, parlant au nom de Jésus-Christ, dont il est le Vicaire, le représentant immédiat, ne se trompe jamais. »

Puis il encourage les ouvriers dans cette entreprise, malgré les difficultés qui se présenteront. Il cite le succès obtenu dans cette voie en Belgique, et, avec l'aide de Dieu, ce succès ne peut que grandir pour le plus grand bien des travailleurs.

Cette parole chaude et vibrante soulève à plusieurs reprises les applaudissements de l'assemblée.

Nous espérons pouvoir donner plus loin le texte de ce discours qui nous a été promis.

Le secrétaire donne ensuite lecture de l'ordre du jour du Lundi et, à 10 h. 1/4, la séance est levée.

A ce moment, les délégués ouvriers de Charleville proposent de faire une quête à la porte de la salle en faveur de plusieurs familles de Sedan, victimes d'une terrible catastrophe. L'explosion d'une chaudière vient de tuer dix ouvriers et en a blessé gravement plusieurs autres.

Cette idée, favorablement accueillie, est aussitôt mise à exécution.

Les collecteurs ont reçu 81 fr. qui ont été transmis à M. le maire de Sedan.

Voici le texte du discours prononcé par M. Fougerousse sur les *sociétés de coopération* :

Messieurs,

La coopération a fait en France de très nombreux et très grands progrès depuis 10 ans. Elle s'est développée dans des mesures très différentes suivant le genre. Elle est arrivée au point qu'on a fait une loi pour son usage particulier.

I. La *coopération de crédit* a organisé une dizaine de banques populaires seulement, mais elle a créé deux grandes sociétés dont l'une a pour but l'étude de son fonctionnement et l'autre la propagande. Ce sont deux hommes de bien qui en ont été les créateurs, deux hommes dont je recommande le nom à votre attention : M. Eug. Rastaud, de Marseille, et le Père Ludovic de Besse, supérieur du couvent des moines Franciscains de la rue de la Santé, à Paris.

II. La *coopération de production* est plus largement représentée en France. Elle offre six types très remarquables dans l'ordre industriel. C'est l'association du Familistère de Guise, la maison du Bon Marché, la société de peinture Leclaire, la société des Lunettiers, l'association des Charpentiers de la Villette et l'Association des Constructeurs de navires de Calais. Les trois premières sont des associations créées par les patrons ; les trois autres dérivent directement des ouvriers. Toutes les six sont dans un état de prospérité remarquable.

A côté de ces six types, il existe une soixantaine d'autres associations ouvrières dont le succès est encore modeste. Voilà pour le côté industriel. Mais il est un autre terrain sur lequel l'association a pris des proportions et a conquis une prospérité qui sont encore très peu connues. C'est l'association agricole. Je ne veux pas parler des syndicats agricoles qui ne sont encore en général que des associations de consommation. Je veux parler des associations de production.

Ces associations sont particulièrement créées pour la fabrication du fromage et du beurre. Tout le monde connait les fruiteries du Doubs et du Jura. Mais on connaît peu les associations pour la fabrication du beurre. Dans deux départements voisins de la Marne, dans l'Aisne et dans les Ardennes, vous avez deux sociétés remarquables de beurre. Dans la Charente, la Charente-Inférieure et la Vendée, elles sont très répandues. Le seul département de la Vendée en compte 50. Ces associations sont toutes fondées sur le concours de tous les agriculteurs riches ou pauvres, ceux qui possèdent un troupeau de 50 ou 100 vaches, comme ceux qui n'en ont qu'une seule. Toutes aboutissent à ce résultat que le plus petit paysan est aujourd'hui délivré de l'oppression des ramasseurs de beurre et de lait qui l'exploitaient indignement, qu'il est délivré de l'ignorance qui l'empêchait de bien fabriquer, et qu'il vend enfin son beurre au même prix que les meilleurs fabricants sur les Halles de Paris. Le jour n'est pas loin où ce petit paysan fera même de l'exportation et ira, par ses agents, jusque sur les marchés d'Angleterre, d'Espagne ou de l'Amérique du Sud, comme le font déjà depuis longtemps les petits paysans associés de l'Allemagne du Nord, du Danemark, de la Suède et de la Norwège.

À ces associations agricoles, il faut ajouter les sociétés de battage des grains.

Toutes ces associations ont pour effet principal d'améliorer la situation du petit paysan, de l'arracher à son ignorance et à l'exploitation dont il était victime ; elles réussiront ainsi à le sauver de la misère et à rattacher au sol la masse des paysans qui désertent nos campagnes et viennent, en se jetant eux-mêmes dans la misère, aggraver le sort des ouvriers industriels, augmenter la masse des mécontents et augmenter les troubles sociaux.

Nous devons encore citer à ce sujet les efforts qui se font dans certains départements pour fabriquer en commun les vins, les huiles, les cidres, etc., et les vendre en commun. — Exemples des Pyrénées Orientales.

III. Coopération de consommation

Nombre en France. — Chiffre d'affaires de quelques-unes. — Produits et dividendes. — Détail des avantages produits par la coopération de consommation.

1er avantage, c'est de créer l'hygiène pour le petit consommateur, pour celui à qui étaient réservés tous les produits inférieurs, les rossignols de magasin, les marchandises avariées et surtout les falsifications. L'ouvrier s'est affranchi de son exploiteur de tous les jours.

2ᵉ Avantage. La coopération supprime en principe la vente à crédit, elle délivre aussi l'ouvrier du crédit, de ses entraînements fatals, des dettes, des saisies-arrêts et des expulsions qui s'en suivent.

Combien de misères qui n'ont eu pour origine que le crédit que le commerçant est toujours le premier à offrir à l'ouvrier pour le pousser à la consommation et l'attacher à son magasin ? Combien de familles ont été détruites, dissoutes par le crime du crédit, le mari étant forcé de quitter l'atelier à cause des saisies, de quitter le pays pour aller travailler ailleurs, et le petit mobilier du malheureux étant saisi sera vendu et la famille jetée sur le pavé sans ressources.

Combien, Messieurs, serait longue la série des drames de famille engendrés par le crédit ? Les marchands n'ont pas le droit de se plaindre aujourd'hui si la coopération les tue. La coopération met un terme à leurs abus par le paiement au comptant.

Mais si la société de consommation appliquait trop rigoureusement ce crédit, elle serait cruelle. De là des accommodements.

1º Crédit ouvert au sociétaire jusqu'à concurrence d'une partie de son avoir. Caisse de crédit pour les sociétaires et pour les nouveaux venus ;

2º La coopération supprime les petites fraudes que le mari ou la femme font à la bourse commune ;

3º La coopération combat l'ivrognerie en supprimant la vente sur le comptoir et en la remplaçant par la vente à emporter ;

4º La coopération crée l'épargne automatique sans sacrifices, sans privations;

5º La coopération crée le secours mutuel en cas de maladie, l'assurance en cas de décès et la pension de retraite.

Pour que la société de consommation arrive à ces résultats, que faut-il ? Il faut qu'elle soit conformée suivant les règles normales.

1º Il faut qu'elle soit ouvrière dans son essence essentiellement ouvrière dans son fonctionnement.

Pour que la coopération produise les fruits que je viens

de vous dire, il faut qu'elle soit ouvrière dans son origine, dans sa direction, sa gestion et le recrutement de son personnel. Les sociétés coopératives fondées par la bourgeoisie réussissent généralement mal et même le plus souvent échouent. La raison en est très simple. Pour des gens de situation aisée, les avantages de la coopération sont relativement minimes : elle ne vaut pas la peine qu'on se dévoue personnellement pour elle ; les bourgeois ne la gèrent donc pas eux-mêmes ; en général, ils l'organisent administrativement, c'est-à-dire d'une manière coûteuse, et avec des frais généraux énormes qui mangent les bénéfices. Puis, la bourgeoisie a contre elle, au point de vue coopératif, la cuisinière qui est l'ennemie née de la coopération, vu qu'elle n'y trouve pas ses petits profits. Toute autre est la situation des ouvriers : la coopération a pour eux une valeur considérable ; ses bénéfices atteignent aisément 7, 8 et 10 0/0 de leur salaire. Elle vaut donc la peine qu'ils s'en occupent activement ; conséquemment, ils y apportent beaucoup plus de zèle. Comme le prix de leur temps est moins élevé, ils y sacrifient volontiers un plus grand nombre d'heures ; si, comme dans beaucoup de sociétés, ces heures de présence sont rétribuées, c'est à un taux peu élevé et la dépense est minime. Il suit de là que les ouvriers gèrent eux-mêmes la société, qu'ils se passent d'employés le plus longtemps possible, que dans la période de début ils sont eux-mêmes tout le personnel, font tous les travaux intérieurs de manutention. de vente et de comptabilité ; de plus, ils deviennent très compétents, beaucoup plus que ne le seraient des bourgeois, attendu qu'ils s'occupent de la chose avec passion et qu'ils ont constamment la main à la pâte. Aussi, les plus petites sociétés purement ouvrières sont-elles celles qui donnent les plus beaux bénéfices. La petite société du Pecq, près Paris, a 15 0/0 de boni. Quand, au contraire, les sociétés deviennent très considérables, leurs bonis diminuent très sensiblement. La Société des Employés de l'État, qui a 8.000 membres et fait 7 millions d'affaires, ne produit que 5,50 0/0 environ.

Pour que la coopération produise tous ses fruits, il faut qu'elle n'ait pas de succursales, mais qu'elle soit toute concentrée dans le même bâtiment et qu'elle ait une clientèle locale de quartier. Les succursales sont très onéreuses, elles sont mal surveillées et le coulage y est toujours très grand.

On comprend aisément que les sociétés coopératives à nombreuses succursales dirigées généralement par des personnes riches et dans un but absolument philanthropique, n'aboutissent à aucun résultat, qu'elles ont des frais généraux énormes, ne donnent pas de bénéfices et ne peuvent créer aucune institution de prévoyance. Elles ne font qu'apporter un peu d'amélioration dans la qualité de l'alimentation ouvrière. De plus, elles sont un obstacle à ce que de véritables sociétés coopératives ouvrières se fondent dans la ville.

Je ne suis donc nullement partisan de ces grandes administrations philanthropiques alimentaires, et, si vous voulez me permettre, j'énoncerai cette opinion que la grande administration coopérative, qui possède à Reims 32 succursales, doit faire tous ses efforts pour transformer ces 32 succursales en 32 petites sociétés coopératives locales autonomes, gérées chacune par un conseil d'administration indépendant, local, recruté dans le quartier même. Mais ces 32 sociétés indépendantes resteraient unies pour les achats en commun et même pour leur comptabilité.

Je conclus donc ainsi sur ce point : les sociétés coopératives ouvrières doivent être fondées par de petits noyaux d'ouvriers agissant dans un petit rayon, recrutant leurs membres tout auprès d'eux, dans la même maison, dans le même quartier, car il importe que les coopérateurs demeurent très près du siège social, afin que les femmes et les enfants qui vont aux provisions ne soient jamais arrêtés par la distance. Mais, va-t-on me dire, comment ces petits noyaux d'ouvriers vont-ils pouvoir acheter ? La réponse est simple. On a déjà créé en France des fédérations coopératives régionales ; cette institution peut être installée partout et partout elle mettra les plus petites sociétés naissantes à même d'acheter aussi bien que les plus prospères et les plus nombreuses.

Pour que la société coopérative porte tous ses fruits, il faut qu'elle vende aux prix du commerce local et qu'elle ne cherche jamais à lui faire concurrence par la baisse des prix, mais seulement par la supériorité de qualité des marchandises, par le bon poids, la bonne mesure et par les institutions annexes de prévoyance. La vente à prix coûtant est toujours un système déplorable, car elle engage une lutte avec le commerce qui, le plus souvent, est fatale à la société dont le capital est toujours faible et serait vite mangé ; d'autre part, si on vend à prix coûtant, il n'y a plus de bénéfices, plus de dividendes et plus moyen d'alimenter les institutions de prévoyance. Enfin, supposez que les dépenses journalières se trouvent diminuées de 4 ou 5 sous par jour, cette somme minime ne sera pas mise de côté, elle sera dépensée au jour le jour et à la fin de l'année le coopérateur ne sera pas plus avancé.

Pour que la société coopérative porte tous ses fruits, il faut qu'elle adopte tout de suite le principe du paiement au comptant. Toutefois, ce principe doit subir un adoucissement. Il faut que les associés momentanément gênés puissent avoir droit au crédit dans la mesure des 3/4 ou des 4/5 de leur avoir dans le capital social, et, de plus, qu'une caisse de prêts, créée dans la société elle-même ou à côté d'elle, fasse des avances aux ouvriers très malheureux que le dénûment empêcherait de payer le droit d'entrée ou de faire le premier versement et d'acheter au comptant. Ces avances ne sont pas faites au premier venu, mais à des hommes connus et présentés par des sociétaires. On peut encore dire que ces avances ne seront faites que si les sociétaires, en présentant les nouveaux venus, se portent garants des sommes prêtées. Ces avances peuvent n'être remboursées que par la retenue des bénéfices.

Pour que la coopération porte tous ses fruits, il faut qu'elle attribue ses bénéfices à la consommation au prorata des achats de chacun et que le capital n'ait qu'un intérêt fixe. Car c'est la consommation qui fait le bénéfice ; le capital ne joue qu'un rôle très secondaire si le paiement est au comptant ; il ne manque même pas de sociétés où le capital est insignifiant ; c'est le comptant qui le remplace.

Il faut encore que la société fasse des inventaires très fréquents, de manière à empêcher le coulage et arrêter les fausses manœuvres ou les vols dès le début. Il ne manque pas d'associations où l'inventaire est fait tous les trois mois et le bilan présenté aux associés.

Lorsque la société devient très importante, elle ne doit pas se mettre dans les mains d'un gérant qui peu à peu devient tout puissant et annihile le conseil d'administration. Le conseil ouvrier doit toujours garder l'affaire en mains et en être le véritable directeur, agissant et voyant tout par lui-même. Les gérants omnipotents sont dangereux à tous égards.

Il faut encore, pour le succès des sociétés coopératives, que les femmes des membres en deviennent partisans. Il y a là une éducation à faire. Les femmes sont généralement peu portées vers ces institutions qui dérangent leurs petites habitudes, qui les écartent de leurs fournisseurs habituels chez qui elles faisaient la causette et apprenaient les petits cancans du quartier. Le paiement au comptant les dérange aussi, les contrarie : il faut toujours avoir la main à la poche. Enfin, les femmes ont un autre grief contre les sociétés coopératives, c'est que celles-ci leur prennent leur mari pour les réunions du conseil ou de la commission de contrôle, les inventaires, les assemblées générales. Avec l'épicier ou le boulanger ordinaires, on n'a pas toutes ces corvées-là. Voilà les objections habituelles des femmes contre la coopération. Eh bien, il faut que les coopérateurs fassent tomber ces objections en démontrant aux femmes tous les avantages que la coopération présente en échange de ces petits désagréments, la sécurité qu'elle apporte dans le ménage par les secours de maladies, de veuvage, d'assurances, de retraite et de moralisation. Une fois convaincues, les femmes deviendront le plus solide appui des sociétés et assureront leur succès, car là, comme partout, ce que femme veut, Dieu le veut.

Il faut enfin, Mesdames et Messieurs, que les chefs d'industrie apportent à la coopération certain concours. Je vous ai bien dit qu'ils ne devaient pas se mêler intimement à l'organisation et à la gestion des sociétés ; mais ils peuvent les favoriser, par exemple en leur fournissant un local, en leur prêtant un comptable, en les faisant bénéficier de leurs marchés de charbons. Les gens riches qui ne sont pas des patrons peuvent faire des dons aux sociétés pour leurs caisses d'avance aux malheureux, de manière à augmenter le plus possible le recrutement des infortunés retenus par les dettes en dehors de la coopération. D'une manière générale, il serait fortement à souhaiter que les gens riches exercent leurs libéralités et réservent leurs dons, leurs legs aux institutions ouvrières de prévoyance, à la mutualité notamment, plutôt qu'aux institutions d'assistance publique.

Telles sont les règles de fonctionnement de la coopéra-on déduites de l'expérience.

Pratiquée ainsi, la coopération rendra de grands services : elle ne résoudra pas à elle seule la question sociale, mais elle améliorera les conditions matérielles de l'existence, créera des garanties nouvelles contre les risques de la vie, développera les forces vives du pays et accroîtra sa moralité. La moralité restera toujours la condition suprême et essentielle du progrès populaire. On aura beau inventer de nouveaux mécanismes sociaux, ils seront impuissants s'ils ne produisent pas en même temps une augmentation de force morale.

Enfin, Mesdames et Messieurs, la coopération de consommation contribuera quelque jour à résoudre le problème social industriel, car elle fera l'éducation économique populaire et préparera le peuple à l association productive. Vous avez vu que certaines grandes sociétés ouvrières insdustrielles, les charpentiers de la Villette, les charpentiers de navires de Calais, les lunettiers ont réussi à créer de grands établissements industriels très prospères. Le succès de la coopération de production n'est donc pas une impossibilité ; il deviendra plus facile avec le temps, l'éducation économique du peuple et la bonne volonté de l'état-major industriel national. Le conflit aigu qui domine aujourd'hui l'industrie ne peut pas rester à l'état permanent. Dans peu d'années, les chefs d'établissement préféreront liquider. N'est-il pas préférable qu'ils cherchent une autre solution et qu'ils étudient les procédés d'association du travail et du capital dans le sens indiqué par l'usine de Guise, le Bon Marché, l'entreprise Leclaire et la Papeterie d'Angoulême ?

Lundi 22 mai

A neuf heures on s'est remis au travail comme dans la journée précédente. Un certain nombre d'étrangers, retenus la veille par les fêtes de la Pentecôte, sont arrivés dès le matin, de sorte que l'animation est encore plus grande que la veille dans les salles du Congrès.

Dans toutes les sections, il y a de l'entrain, de l'ardeur, des discussions chaudes et animées ;

mais ce qui frappe surtout, c'est le bon esprit, la fraternité qui règne dans tous les groupes.

L'assemblée générale de clôture s'est tenue le lundi à 3 heures et demie. M. Robert, malgré son état maladif, avait tenu à la présider, sa présence a été acclamée.

Puis le secrétaire, M. Renaut, donne lecture d'une dépêche que l'on vient de recevoir de Mgr Langénieux :

Congrès ouvrier
Reims

Présent de cœur, je bénis congrès ouvrier.
Langénieux, cardinal légat.

Deux autres dépêches sont également parvenues au Congrès, venant de groupes ouvriers, en voici la teneur :

Robert, serrurier,
Président Congrès ouvrier

Réunion ouvrière études Blois associe à travaux envoie vœux et fraternelles salutations.
Seray.

———————

Robert, serrurier,
Président Congrès ouvrier

3.000 ouvriers réunis Gand envoient fraternelles salutations ouvriers Reims, félicitent pour programme voté.
Arthur Verhaegen.

Toute la salle applaudit à la lecture de ces témoignages de sympathie envoyés aux congressistes.

La parole est donnée à M. Vermont, qui fait un spirituel et intéressant discours sur la mutualité.

Nous le reproduisons plus loin.

Après la lecture et l'approbation des résolutions de la journée, M. l'abbé Patureau prend la parole et, dans un discours fréquemment applaudi, définit le rôle social du prêtre et fait acclamer N. S. Jésus-Christ.

Toutes les voix répètent avec enthousiasme « Vive Jésus-Christ » et c'est sur ce cri de ralliement que le Congrès va finir.

Cependant le secrétaire ne veut pas laisser les congressistes se séparer sans leur dire pourquoi le drapeau des *Cercles chrétiens d'études sociales* n'a pas paru dans les réunions. Il s'exprime en ces termes :

Messieurs,

On l'a dit plusieurs fois dans nos réunions et pendant ce Congrès, nous sommes une armée pacifique ; et c'est vrai !

Or, une armée a son drapeau, et nous avons le nôtre ; c'est le drapeau des Cercles d'études ; c'est le drapeau aux trois couleurs ; c'est celui de la France, avec l'emblème du Sacré-Cœur. Ce drapeau est à Jérusalem et il vient d'être déposé sur le tombeau du Christ par un prêtre que nous aimons tous ; ainsi, lors de la guerre de Crimée, des officiers français déposaient leurs épées sur le Saint-Sépulcre. Si donc notre drapeau n'est pas ici à l'honneur, il apprend là-bas, ce qui est nécessaire, à se tenir vaillamment quand il sera à la peine. (Applaudissements).

Après lui, un délégué de Charleville adresse un mot de remerciements aux congressistes qui ont bien voulu secourir par une légère aumône les victimes de Sedan.

Enfin, M. Cotty, vice-président se lève et clôture le Congrès par l'allocution suivante.

Messieurs et chers camarades,

Arrivés au terme de nos travaux il me reste un devoir à accomplir, c'est celui de remercier tous ceux qui ont pris part à ce congrès et qui lui ont donné l'éclat dont nous nous réjouissons tous.

Merci aux prêtres vénérés qui nous ont apporté la lumière, l'enseignement chrétien. Merci aux patrons qui, en suivant toutes nos assemblées, ont voulu témoigner d'une manière effective leur vif désir de travailler à l'amélioration des ouvriers. Merci surtout à notre cher président d'honneur, M. Harmel, qui s'est dépensé avec tant de dévouement pour la réussite de notre Congrès.

Enfin mes chers camarades merci à vous tous qui êtes venu parfois de si loin comme de Turin, de Toulon, d'Angers, de Besançon, de Roubaix, Fourmies, Lille, Charleville et de tous les autres pays.

Votre expérience nous a été très utile dans les discussions qui ont eu lieu au cours du Congrès.

Dans nos remerciements pouvons-nous oublier notre cher Robert qui devait présider ces assises du travail.

Adressons-lui nos plus tendres amitiés et nos vœux sincères sur son prompt rétablissement.

Tout s'est passé dans cette fraternité chrétienne qui est le caractère propre de nos cercles d'études.
(Applaudissements).
Restons unis et, dans le travail qui va être poursuivi sur tous les points, communiquons nos pensées, encourageons-nous les uns les autres ; souvenons-nous, chers camarades, que nous avons entrepris une œuvre de paix et de relèvement et non pas une œuvre de guerre.

C'est pourquoi, sans jamais hésiter à réclamer nos droits, faisons-le avec mesure, en consultant les droits d'autrui, les circonstances dans lesquelles se trouve l'industrie.

Sans vouloir vous donner aucun conseil, mes chers camarades du dehors qui allez fonder des Cercles d'études, nous pouvons affirmer par notre expérience que la présence du prêtre au milieu de nous a été très salutaire ; un certain nombre de nos camarades égarés sont revenus loyalement et sont aujourd'hui aussi ardents pour le bien et la vérité qu'ils l'étaient pour l'erreur.

N'ayons pas peur du prêtre, il est le meilleur ami de l'ouvrier.

Il est le représentant de Celui qui a tiré les ouvriers de l'esclavage, de Jésus-Christ notre maître à tous, notre Sauveur aujourd'hui comme il y a 18 siècles.

(Triple salve d'applaudissements).

DISCOURS SUR LA MUTUALITÉ

Prononcé par M. Vermont

dans la Séance du Lundi 22 Mai

Ce qu'elle est. — Ce qu'on propose qu'elle soit. — Ce qu'elle devrait être.

BUT ET CARACTÈRE DES SOCIÉTÉS DE SECOURS MUTUELS

Les sociétés de secours mutuels sont des associations formées dans le but de prévenir la misère en diminuant pour ceux qu'elle menace les conséquences de la maladie, des accidents et de la vieillesse.

Accessoirement, ces sociétés donnent des secours d'inhumation, de veuvage, d'orphelinat, etc.

Les sociétés de secours mutuels sont nées du cœur du peuple et de ses besoins ; c'est pour lui qu'elles existent et par lui. Les secours qu'elles distribuent et qui se chiffrent annuellement par près de 25 millions, sont le moindre de leurs bienfaits. Par elles se manifestent et grandissent ces vertus d'épargne et de prévoyance qui sont pour les travailleurs tout à la fois si nécessaires et si difficiles ; par elles se développent l'esprit d'initiative et les sentiments de concorde et de fraternité véritable ; par elles s'amoindrissent les charges de l'Assistance publique qui nous ruine en même temps qu'elle nous humilie. Elles préservent le riche de l'égoïsme et le pauvre de l'envie, elles sont le terrain neutre où tous les hommes de cœur se rencontrent, où les vertus grandissent, où tous les préjugés se dissipent, où ceux que divisent partout ailleurs la naissance, la fortune ou les opinions apprennent à s'aimer en s'unissant pour faire le bien et en préparant pour la France, avec l'union de ses enfants, un trésor de prévoyance qui dépasse aujourd'hui 200 millions.

Je vois en elles la plus facile, la plus moderne, la plus féconde application de ce grand principe qui fait à l'homme un devoir d'aimer son semblable, principe sublime que Dieu seul nous fit connaître, que le christianisme seul a su et sait encore nous faire pratiquer.

Il n'est pas d'institution sociale plus utile, il n'en est pas à laquelle on prodigue plus souvent les compliments et les promesses ; il en est peu qui subissent plus de déceptions, qui aient à redouter des périls plus prochains et plus grands.

Pourquoi ? — C'est peut-être parce que les sociétés de secours mutuels sont une œuvre de préservation, de conservation, de réconciliation ; notre époque troublée préfère les œuvres de propagande et de lutte. La misère n'a pas d'habit ni d'opinion, nous ne serons jamais trop nombreux pour la combattre ; nos sociétés, qui n'ont pas d'autre but que de la prévenir, se tiennent avec raison en dehors des partis ; elles sont par cela même suspectes aux partis.

Beaucoup de catholiques et de conservateurs trouvent que nous ne sommes pas assez accentués dans leur sens, alors que leurs adversaires nous font un reproche tout contraire, et qu'avec beaucoup plus de raison, les révolutionnaires voient en nous un de leurs principaux obstacles, un des plus fermes soutiens de cet ordre social que nous améliorons et qu'ils voudraient détruire.

I

LÉGISLATION ACTUELLE

L'association pour secourir les malades et les vieillards est si naturelle que l'histoire en donne des exemples aussi lointains que multipliés. Cependant, on peut dire qu'au moins dans sa forme actuelle la mutualité est une œuvre de notre siècle.

Jusqu'en 1852, les sociétés de secours mutuels ont eu surtout une existence de fait.

La Révolution avait supprimé le droit d'association, confisqué les biens hospitaliers et par cela même rendu la condition des travailleurs très difficile.

La monarchie encouragea, mais d'une manière insuffisante, la création des sociétés de secours mutuels, sans leur donner d'existence légale, ni permettre l'extension nécessaire à leur prospérité. Les ouvriers s'occupaient alors presque seuls de mutualité et d'une manière beaucoup plus sentimentale que raisonnée ; l'expérience n'avait pas encore donné ses conseils à leurs tentatives généreuses mais imprudentes et la plupart des mutualités disparaissaient faute de ressources, au moment où l'âge avancé de leurs fondateurs, multipliant les maladies, aurait rendu leur assistance plus que jamais nécessaire.

La seconde République étudia avec beaucoup de soin les questions ouvrières et notamment les questions d'assistance préventive. On ne saurait lire avec trop de soin les travaux de cette époque et notamment le remarquable rapport de M. Benoit d'Azy (1851).

En 1852, parut le fameux décret qu'on peut considérer comme la 1re charte de la mutualité française. Un catholique bien connu et qui a consacré toute sa vie au développement de nos sociétés, M. le vicomte de Melun, fut le principal auteur de ce décret trop restrictif, mais qui eut l'incontestable mérite de nous tracer une route assurée. En la suivant, nous n'avons jamais cessé de prospérer.

Ce décret forme encore la base essentielle de notre législation ; ses principales modifications résultent de la loi de 1856, qui permet à nos sociétés de faire des versements collectifs à la Caisse nationale les Retraites, du décret de 1870, qui nous rendit l'élection de nos présidents, et de la loi de 1886, sur la Caisse des retraites, que je signale en la laissant un instant de côté.

D'après cette législation, les sociétés de secours mutuels auxquelles on a assimilé depuis quelques années les sociétés de Retraites, sont : tolérées, autorisées, approuvées, ou reconnues d'utilité publique.

A. Sociétés tolérées

Un certain nombre de sociétés, formées la plupart soit par des patrons, soit par les Conférences de St-Vincent-de-Paul, ont une existence de fait illégale, précaire et qui ne laisse pas de rendre des services appréciables,

B. Sociétés autorisées

Elles ont reçu du préfet l'autorisation de se former, elles sont légales, peuvent se réunir, recevoir des cotisations et des dons manuels, placer mobilièrement leurs capitaux et donner des secours dans les limites et aux conditions prévues par leurs statuts.

Elles n'ont pas d'existence civile, ne peuvent recevoir ni dons, ni legs, il leur est interdit de posséder des immeubles et de placer leurs fonds dans les caisses de l'Etat.

Au 31 décembre 1891, on comptait en France 2.551 sociétés autorisées, se composant de 357.726 sociétaires, dont 25.207 membres honoraires ; elles avaient dépensé dans l'année 6.992.222 fr., réalisé un excédent de recettes de 962.854 fr. et possédaient 33.245.874 fr.

C. et D. Sociétés approuvées. — Sociétés reconnues d'utilité publique

Ces sociétés, à la même époque, étaient au nombre de 6.863 ; elles comptaient 1.114.559 sociétaires, dont 184.343 membres honoraires. Leurs dépenses en 1891 dépassaient 21 millions, en laissant 3 millions et demi d'excédent de recettes.

Leur avoir s'élevait à la somme de 150.342.075 fr., dont 91.229.733 étaient affectés au service des pensions(1).

Les sociétés approuvées, sans avoir complètement la personnalité civile, jouissent de droits importants : elles peuvent louer des immeubles pour 9 ans, ester en justice, accepter des dons et legs mobiliers quand elles y sont autorisées. Les communes doivent leur donner gratuitement le local de leurs réunions, les livrets et registres nécessaires à leur administration et à leur comptabilité ; une remise des 2/3 leur est faite sur le prix des convois municipaux ; elles sont exonérées des droits de timbre et d'enregistrement, sauf le timbre de quittance et les droits de mutation. L'Etat ne leur permet de conserver qu'une faible partie de leurs capitaux, il les oblige à lui en compter le surplus, mais en servant à leurs fonds libres 4 1/2 0/0 d'intérêt et en capitalisant leurs

---

(1) Au 31 décembre 1892, l'avoir de ces sociétés à la caisse des retraites s'élevait à 67.790.718 fr., dont 64.425.796 fr. étaient employés à servir à 30.301 retraités 2.266.100 fr. de pensions.

pensions de retraites à un taux qui, avant la loi de 1886, n'avait jamais été inférieur à 4 1/2. Les fonds destinés au service des retraites ne peuvent plus être employés à une autre destination, mais l'État, en les inscrivant à la Caisse des retraites, les majore par une subvention proportionnée à l'importance du versement, au nombre et à l'âge des membres participants de la société.

Les sociétés approuvées ont droit à des récompenses honorifiques dont l'insigne ne doit pas être porté en dehors des réunions ; elles peuvent contracter des assurances collectives en cas de décès ; les sociétés de la Seine peuvent faire admettre leurs convalescents à prix réduits dans les asiles du Vésinet et de Vincennes.

D. Sociétés reconnues d'utilité publique

Les sociétés reconnues d'utilité publique étaient seulement au nombre de 10 en 1890. Une des plus importantes est l'*Émulation chrétienne*, de Rouen.

La reconnaissance d'utilité publique s'obtient par un décret rendu sur l'avis préalable du Conseil d'État et qui donne le droit de recevoir les dons et legs d'immeubles qu'on ne peut pas conserver.

II

LÉGISLATION PROJETÉE

En 1882, deux projets de loi furent déposés par le Gouvernement dans le but hautement proclamé de développer les sociétés de secours mutuels en augmentant les avantages qu'elles possédaient. Le taux de 5 0/0, dont elles jouissaient depuis 10 ans, pour la constitution de leurs pensions, et le taux de 4 1/2 0/0, pour l'intérêt de leurs fonds disponibles, devenaient définitifs ; une nouvelle dotation de 10 millions venait se joindre à celle qui leur avait été constituée en 1852 ; leur liberté devait être augmentée, etc.

Malheureusement, dans le désir de mieux faire, on ajourna le vote de ces projets de loi ; le déficit remplaça au budget les excédents de recettes ; une nouvelle école, formée de politiciens et de mutualistes en chambre, voulut transformer l'organisation de nos sociétés ; bref, on vota, en 1886, la loi sur la Caisse nationale des retraites, qui, au lieu de nous assurer la fixité du taux de 5 0/0 pour nos pensions, traça pour leur capitalisation de nou-

velles règles essentiellement mobiles, qui ont permis
d'abaisser le 5 à 4 1/2 0/0, puis à 4 0/0, puis à 3 1/2 0/0
et qui permettront de l'abaisser plus encore (1).

D'un autre côté, le Sénat a voté et la Commission de
la Chambre (2) propose d'adopter le projet de loi sur les
sociétés de secours mutuels transformé à tel point que,
malgré quelques avantages qu'il présente, on ne l'appelle
plus que le projet de loi *contre* la mutualité, parce qu'il
bouleverse notre organisation, menace notre indépendance et détruit à la fois nos finances et nos calculs.

Ce projet a l'avantage de faciliter la création des sociétés nouvelles en supprimant la nécessité de l'autorisation ;
de donner un peu plus de liberté aux sociétés autorisées
en leur permettant d'ester en justice, de posséder des
objets mobiliers, de prendre des immeubles à bail, de
recevoir, quand on les y autorise, des dons et legs,
et de pouvoir acquérir l'immeuble nécessaire à leurs réunions. Les sociétés approuvées auraient un peu plus de
latitude pour le placement mobilier de leurs capitaux et
les unions de sociétés seraient permises dans des limites
d'ailleurs trop étroites.

Par contre, combien d'omissions surprenantes : on oublie que les sociétés d'Algérie étaient en dehors de notre législation ; qu'à la mort de chaque retraité nous
perdions injustement, depuis le jour du décès jusqu'à
celui de la réintégration, l'intérêt des capitaux constitu-
tifs de la pension ; qu'il y avait en France plus de 300
sociétés de femmes auxquelles on a interdit — sans le
vouloir sans doute — le droit de continuer et de s'administrer.

Combien d'entraves maintenues : interdiction de porter
publiquement les insignes des récompenses accordées ;
interdiction pour les sociétés autorisées d'avoir la personnalité civile, de placer leurs capitaux dans les caisses de
l'État, de recevoir des dons et legs immobiliers ; interdiction même pour les sociétés approuvées d'acquérir ou
de conserver des immeubles, sauf un seul ; encore fau-
drait-il que cet immeuble unique fût occupé par elles ;

( ) L'abaissement du taux de capitalisation des pensions coûte actuellement à une seule société, l'Émulation chrétienne, de Rouen,
plus de 1 0.0 0 fr.

(2) Commission du projet de loi sur les sociétés de secours mutuels. Président, M. Ricard ; rapporteur, M Siegfried.

nécessité d'une autorisation pour chaque don non manuel, pour chaque legs ; interdiction d'établir, avec la liberté nécessaire à leur existence, les pharmacies qui nous seraient si utiles, etc., etc.

Le projet de loi contient toute une série d'innovations déplorables ! On bouleverse l'organisation des sociétés approuvées en les obligeant toutes à changer dans un bref délai leurs statuts, pour suivre des méthodes nouvelles, inconnues, compliquées, dont le principal résultat serait d'augmenter les dépenses inutiles, d'obliger les médecins à violer le secret professionnel et les sociétés à fournir de nombreux éléments à la statistique, tandis qu'elles ont pour but de donner de nombreux secours aux malades. Des théories nouvelles, repoussées par ceux qu'elles intéressent, remplaceraient des usages sanctionnés par un demi-siècle d'expérience ; on transformerait en sociétés savantes, se livrant chaque année à des calculs de probabilités fantaisistes et à des complications d'organisation ridicules et pleines de dangers, des associations qui n'ont rien de spéculatif, mais qui ont prospéré, précisément parce que la simplicité de leur administration en diminuait les frais ; nos sociétés trouvaient même dans la classe ouvrière des présidents, des trésoriers et des secrétaires qui acceptaient avec une générosité et une sécurité complètes de les administrer gratuitement, parce que c'était facile, mais qui refuseront leur concours même salarié, si on exige d'eux une perte de temps considérable et des calculs incompréhensibles, et dont, avec la plupart des mutualistes pratiques, je nie formellement les bases aussi bien que l'utilité.

Parlerai-je de notre indépendance ?

On nous donne un conseil supérieur pour défendre nos intérêts, mais nous y serons en minorité et la composition même de ce conseil, fixée d'avance, prouve qu'il sera un instrument dans la main du ministre qui le présidera de droit.

L'arbitraire, à partir d'un certain chiffre, est pour la première fois introduit dans la répartition des subventions.

Toutes les sociétés approuvées seront obligées de transformer leurs statuts, même contre leurs intérêts et contre leur volonté ; les présidents sont menacés de poursuites correctionnelles pour des erreurs qu'à mon avis ils ne pourront éviter, car je défie qui que ce soit de prévoir avec certitude, plusieurs années d'avance, le coût des maladies ou le nombre des décès.

Enfin, toute société sera sans cesse menacée dans son existence, car la plus ancienne, la plus florissante pourra être supprimée pour une faute unique de son président, faute qu'elle n'aura pas pu empêcher puisqu'elle ne l'aura pas connue.

Au point de vue financier, cette loi serait une loi de désorganisation et porterait à beaucoup de sociétés un coup mortel. Je ne parle pas seulement des obligations nouvelles et onéreuses qu'on nous impose et dont quelques-unes sont ridicules, comme l'obligation de publier dans les journaux des extraits de nos statuts et de chacune de leurs modifications ; des avantages de détail dont nous avons toujours profité et qu'on nous enlève, tels que la fourniture gratuite de nos livrets et de nos registres ; des libéralités qu'on nous promettait et qui sont tombées de 10 millions à 6 millions, puis à 1.500.000 fr., puis à l'espoir de 400.000 fr.

Il y a dans la loi une double disposition que je n'hésite pas à qualifier de confiscation déguisée.

Pour la comprendre, il faut se rappeler que l'État, en nous obligeant à lui confier nos capitaux, avait pris à notre égard des engagements que les projets de loi de 1882 augmentaient et promettaient de rendre définitifs. L'État, nous interdisant de disposer de notre argent, nous donnait un taux fixe, taux qui, pour l'intérêt des dépôts, n'a jamais varié depuis 40 ans.

Supposez qu'en 1870 nous eussions été libres : avec 10.000 fr. nous pouvions acheter un titre de rente de 600 fr. et nous aurions toujours eu ces 600 fr. par an.

L'État nous a obligés de lui remettre ces 10.000 fr. et il ne nous en donnait que 4 1/2, soit 450 fr., alors qu'il empruntait à 8 0/0.

L'État s'est donc enrichi à nos dépens pendant 40 ans toutes les fois que le prix de l'argent était supérieur à 4 1/2 ; mais, par contre, nous avions la sécurité de l'avenir, la possibilité de faire les calculs de prévoyance qui nous sont indispensables, la certitude que si le loyer de l'argent venait à baisser, nous profiterions à notre tour de cette fixité du taux d'intérêt qui nous avait été plus d'une fois désavantageuse.

Eh bien ! pas du tout. Ce qu'on a fait pour nos pensions même alimentaires par la loi de 1886, on veut le faire pour nos fonds libres. Ils subiront, eux aussi, toutes les fluctuations du taux de l'intérêt ; l'Etat déchire la loi qu'il nous avait imposée, il garde notre argent, il garde le bénéfice réalisé à notre détriment à une autre époque, et par une autre loi, annoncée comme n'ayant pas d'autre but que de nous favoriser, il nous dépouille.

Les sociétés approuvées ont aujourd'hui 160 millions de capitaux : il vaudrait mieux qu'on les dépouillât de 40 millions que de modifier ainsi, dans la proportion de 30 0/0, le contrat que l'Etat leur avait imposé.

Remarquez bien que nous ne sommes pas des porteurs de rentes. Ceux qui ont acheté des rentes l'ont fait librement et en sachant que la conversion était possible ; tandis que nous, on nous a forcés de donner notre argent, mais en le prenant à un taux déterminé et qui n'a jamais varié. Aujourd'hui, on change le taux, on l'abaisse et on garde notre avoir.

Avec les rentiers, on n'agit pas de même ; **quand l'Etat** convertit sa rente, il donne toujours l'option entre la diminution de l'intérêt et le remboursement du capital.

Avec nous, on se gêne moins.

Est-ce parce qu'il s'agit de la petite épargne et non de grosses fortunes ? Est-ce parce qu'il s'agit de l'argent destiné à la maladie et non de l'argent destiné au plaisir ? Est-ce parce qu'il s'agit des ouvriers et non des banquiers ?

C'est, je le répète, une spoliation déguisée et une spoliation sans excuse. L'Etat va manquer à ses engagements, décourager la France prévoyante, détruire des centaines de sociétés qui lui venaient en aide et qui ne pourront tenir leurs engagements, augmenter d'une manière effrayante les frais de l'Assistance publique. Pourquoi ? Pour épargner 1.500.000 fr. par an.

1.500.000 fr. ! Quel chiffre pour une nation qui subventionne si chèrement ses théâtres, qui garantit annuellement tout près de 100 millions aux chemins de fer, qui dépense le double pour l'Assistance publique et dont le budget dépasse 3 milliards !

On proclame volontiers que rien n'est préférable aux sociétés de secours mutuels. Il n'est pas de promesses qu'on ne nous fasse... en paroles.

Quant aux faits, ils se résument ainsi : On devait améliorer notre législation, on l'empire ; augmenter nos avantages, on les diminue ; nous donner plus de liberté, on nous crée de nouvelles entraves.

Il semble que pour nous la multiplicité des promesses n'ait d'autre résultat que la multiplicité des déceptions. En voulez-vous une nouvelle preuve ?

Une autre commission de la Chambre (1) vient, elle aussi, de déposer son rapport. Dans le projet primitif sur les retraites ouvrières, toutes les pensions créées par les sociétés de secours mutuels étaient majorées ; dans le nouveau projet, toutes les petites pensions le sont encore, toutes... excepté les nôtres. Je n'insiste pas.

On pourrait se demander cependant si les hommes qui nous flattent et nous frappent de la sorte ne nous font pas payer trop cher les compliments qu'ils nous prodiguent, et si nous ne finirons pas par comprendre quels sont en réalité les ennemis de la mutualité et ses défenseurs.

III

LÉGISLATION DÉSIRABLE

Puisque tout le monde proclame la grande utilité de notre institution, il me semble qu'il serait cependant bien facile d'améliorer, comme on l'avait promis, la législation. On reproche au décret de 1852 d'avoir été défiant, tyrannique, étroit ; il nous refusait la liberté, alors que, semblables à de tout petits enfants, les mutualistes faisaient autant de chutes que de pas.

Eh bien ! aujourd'hui, nous avons grandi. C'est par milliers que se comptent nos sociétés, leur prudence est proverbiale. leur esprit n'a jamais été critiqué ; prévenir et soulager la misère est leur but exclusif ; et leurs progrès incessants, le développement de leurs capitaux de réserve, marchant progressivement avec l'augmentation des bienfaits qu'on leur doit, prouvent à tous qu'elles méritent l'estime et la confiance qui les entourent.

Voici 40 ans que, malgré les obstacles, leur sagesse et leur expérience ont fait grandir l'arbre sous lequel viennent s'abriter tant de malheureux. Puisque ces hommes, vous le proclamez sans cesse, sont l'élite des travailleurs, puisque jamais ils n'ont encouru de reproches, puisqu'ils

---

(1) Commission du projet de loi des retraites ouvrières. Président et rapporteur, M. Guieysse.

ne font que du bien, la première chose et la plus simple serait de briser les liens qui les entravent et de leur donner ce qu'ils demandent, ce qui ne coûterait rien à l'Etat, la liberté.

Elle a suffi pour que les sociétés anglaises (friendly Society) atteignent un développement qu'on ne soupçonne même pas en France. Savez-vous que nos 9.000 sociétés sont moins riches que la seule société anglaise des « Old fellows ? »

On ne sait pas assez tout ce qu'il y a de puissance dans ce bien dont nous parlons si souvent, mais que nous connaissons si peu : la liberté. Et pourtant, la liberté est un droit naturel ; c'est elle qui fait de l'homme le roi de la création ; c'est peut-être elle qui ferait une fois encore de la France la reine du monde.

Je demande d'abord, pour les sociétés de secours mutuels, la liberté.

Un grand progrès s'est fait à cet égard dans l'esprit des mutualistes : le vœu que je réitère a été voté à l'unanimité dans le dernier congrès national (Bordeaux 1892,) avec cette seule addition proposée par M. Arnaud, vice-président de la « Marseillaise », que nous aurions la liberté d'association et la libre disposition de nos capitaux sous un contrôle à déterminer.

J'admets à titre de transition, dans l'état actuel de nos mœurs, ce contrôle qui permettra de constater que nos sociétés ne s'écartent pas de leur but et qu'elles emploient loyalement les fonds qui leur sont confiés. Mais il ne suffit pas de nous donner la liberté.

Depuis 40 ans, les mutualités approuvées et reconnues ont été dépossédées de l'emploi de leurs capitaux à des conditions qui compensent en partie les avantages que de bons placements leur auraient assurés ; ces conditions doivent être respectées et les taux de faveur rétablis pour les pensions et maintenus pour l'intérêt des fonds libres.

C'est nécessaire et honnête pour le passé et jusqu'au moment où nous retrouverons la liberté de placer notre argent. Et cependant nous sommes si peu exigeants que, en ce qui concerne le taux de capitalisation, nous ne le réclamons que pour les pensions ayant un caractère alimentaire. Notre double demande, réduite à ces termes, a été l'objet de pétitions représentant un million de signatures, et de vœux favorables émis par plus de 40 conseils généraux.

À la liberté pour l'avenir devrait se joindre le respect des engagements du passé ; c'est là un minimum nécessaire.

Je voudrais beaucoup plus.

L'Assistance publique coûte 200 millions par an, ce qui représente une dépense de 70 fr. par tête d'assisté. Pourquoi ne pas venir sérieusement en aide à l'assistance préventive qui lui est supérieure et qui seule peut l'endiguer ? Ce qu'on nous a donné jusqu'ici représente 1 fr. 25 par tête seulement. Est-ce suffisant ? Et peut-on comprendre que la société dépense, pour celui qui s'abandonne, cinquante-cinq fois plus qu'elle n'accorde à l'ouvrier prévoyant qui s'impose tant de sacrifices pour ne pas avoir à tendre la main ?

Les assistés du bureau de bienfaisance y restent généralement inscrits de père en fils, en imposant à la société une charge à laquelle se joignent de nombreux dangers ; les membres des sociétés de secours mutuels, par le bon exemple qu'ils donnent à leurs enfants, en font presque toujours des citoyens utiles et qui paient leurs impôts au lieu de se faire payer leurs dépenses.

Si on veut enrayer la misère, il faudrait non pas recourir aux lois autoritaires empruntées à l'Allemagne et qui augmenteraient par milliers le nombre de nos fonctionnaires et pour de nombreux millions les charges du budget ; il faut simplement aider la seule association qui ait réussi à développer l'épargne et la prévoyance dans les classes laborieuses, en joignant à leurs efforts l'appui constant et généreux des détenteurs de la fortune.

Les sociétés de secours mutuels, chacun le sait, diminuent les charges de l'Assistance publique ; l'État a le devoir de les favoriser et il y a intérêt puisqu'elles remplissent une de ses fonctions, puisqu'elles allègent une de ses charges.

Pourquoi priver les sociétés libres des récompenses accordées aux sociétés autorisées ? Pourquoi défendre à celles-là de porter l'insigne des distinctions qu'on leur a décernées ? Pourquoi ne pas donner à toutes le droit d'acquérir, de recevoir et de conserver des immeubles ? L'exonération du droit de quittance faciliterait le recrutement des membres honoraires ; l'exonération totale ou partielle des droits de mutation provoquerait et encouragerait les dons et legs. Les subventions des communes et des départements devraient se joindre à celles de l'Etat et stimuler la générosité des particuliers ; il n'est pas de générosité mieux placée que celle qui vient féconder l'épargne de ceux qui ont tant de mérite à épargner.

Au point de vue des pensions de retraite, il faut bien reconnaître qu'il y a une grande sécurité publique dans le fait de confier à la Caisse nationale des retraites des fonds exclusivement destinés aux pensions. L'organisation actuelle de notre service des retraites — que d'imprudents novateurs voudraient détruire — prépare pour l'avenir un trésor de prévoyance toujours grossissant, en même temps qu'il assure, dès à présent, aux travailleurs qui pratiquent l'épargne, une pension graduellement progressive pour leurs vieux jours.

Le total des pensions que les sociétés de secours mutuels assurent à leurs vieillards, par l'intermédiaire de la caisse nationale des retraites augmente progressivement tous les ans. De 1873 à 1891, il a sextuplé (309,601 fr. de pensions en 1873, plus de 2 millions en 1891) bien que la loi de 1886 l'ait forcément ralenti.

Il est intéressant de rappeler qu'autrefois notre capital de retraites augmentait en deux ans de 2 millions et demi, alors que nous n'avions pas de pensions à servir. En 1892, le même capital a augmenté de 2 millions et demi et nous avons servi plus de 2 millions de pensions ; que serait-ce si on nous aidait au lieu de nous entraver ?

L'organisation des sociétés de secours mutuels est aussi simple que facile. Deux ou trois hommes de bonne volonté suffisent pour assurer le service des recettes et des malades; leur nombre s'accroît avec celui des sociétaires; le reste avec un président actif, un secrétaire exact et un trésorier sûr n'est qu'un jeu.

L'admission doit être limitée de 7 à 35 ans pour les femmes et à 40 ans pour les hommes. Elle est accompagnée d'un léger droit d'entrée ; un certificat médical permet de ne recevoir que des personnes bien portantes, et leur présentation par un ou deux sociétaires garantit leur tempérance et leur moralité.

Avec 12 fr. par an à la campagne et au moins à la ville 15 fr. pour les femmes et 18 fr. pour les hommes. on peut donner aux indisposés et aux malades la gratuité des soins médicaux et pharmaceutiques. une indemnité de travail aux hommes malades, un enterrement convenable aux décédés, et si on a des membres honoraires, une pension de retraite aux vieillards. D'autres avantages peuvent, suivant les circonstances et la situation financière s'ajouter à ceux qui précèdent.

7 ouvriers ont fondé l'Emulation chrétienne de Rouen avec une mise de fonds de 7 sous.

Cette société possède aujourd'hui 611.000 fr. après avoir consacré 1,200,000 fr. à acheter des pensions à ses vieillards et distribué aux sociétaires 1,600.000 fr. de secours.

Les sociétés autorisées ont une existence légale dès qu'elles ont reçu du préfet une autorisation qui ne se refuse guère, et pour laquelle il suffit de donner les noms du fondateur et les premiers statuts. Les sociétés autorisées peuvent s'administrer librement et placer leurs capitaux à leur gré, sauf dans les caisses de l'Etat ; elles n'ont pas la personnalité civile et ne peuvent recevoir que des dons manuels.

Pour jouir des avantages accordés à l'approbation, il faut un nouvel arrêté préfectoral. Les sociétés approuvées achètent ces avantages par l'obligation de mettre leurs capitaux dans les caisses de l'Etat.

Toutes les sociétés demandent aujourd'hui la liberté qui a suffi pour permettre aux sociétés anglaises d'atteindre une prospérité qu'on ne soupçonne pas même en France.

Je voudrais que, par le maintien ou la restitution des taux de faveur, on continuât dans l'avenir ce qui a été un efficace encouragement dans le passé, et qu'on maintînt également la subvention spéciale et proportionnelle qui provoque et récompense nos versements à la Caisse des retraites.

Les versements cesseraient d'être obligatoires ; mais l'Etat, qu'ils déchargent d'un devoir social et d'une charge très onéreuse, continuerait de les favoriser à raison des services qu'ils lui rendent.

Ainsi se résoudraient par la seule force de l'épargne, de l'initiative et de l'association, tant de problèmes qui nous tourmentent et que la force et la contrainte sont impuissantes à résoudre. Ainsi la mutualité française, dégagée des entraves qui l'arrêtent, des craintes qui la paralysent, de la spoliation déguisée qui la menace, des déceptions multipliées qu'elle subit, des innovations arbitraires qui l'irritent et du découragement qui la gagne reprendrait un nouvel essor et, répandant autour d'elle ses vertus et ses bienfaits, ramènerait la paix dans les foyers, l'économie dans les finances, l'union dans les cœurs, la prospérité dans la nation et justifierait les encouragements que vient de lui donner, dans son immortelle encyclique, le grand Pape Léon XIII.

PREMIÈRE SECTION

Les membres de la première section avaient à examiner quatre questions : l'Éducation populaire, le salaire, le repos dominical et les octrois.

L'*Éducation populaire* a donné lieu à des discussions sérieuses, intéressantes et animées. Le rapport, qui avait été confié à un ancien instituteur, actuellement employé à l'usine du Val-desbois, était vraiment remarquable.

Plusieurs ouvriers demandaient la suppression du certificat d'études, comme nuisible à la majorité des élèves qui étaient sacrifiés au profit des plus intelligents ; mais la majorité des membres du Congrès ne s'est pas ralliée à ce sentiment, comme on le verra par les vœux qui ont été votés.

Les ouvriers ont été d'accord pour demander qu'on fasse une plus grande part à l'éducation professionnelle, qui est absolument nulle dans les écoles primaires.

La question du *salaire*, question brûlante entre toutes, a été traitée avec calme, comme l'avaient demandé aux membres des Cercles d'études les organisateurs du Congrès.

Le rapporteur rémois divise son travail en deux parties : La première est toute en statistiques, hérissée de chiffres ; elle établit le taux moyen du salaire pour les diverses professions, met en regard le coût de la vie et balance les deux donnés ; la seconde, assez courte, formule les revendications et les vœux.

Le rapport établit la moyenne des salaires avec les chiffres comparés fournis par l'enquête faite simultanément à Reims, Lille et Roubaix.

Le coût de la vie est déterminé à l'aide de notes relevées jour par jour sur le carnet de dépenses d'un ménage ouvrier de Reims, *sobre et honnête*, composé du père, de la mère et de trois petits enfants.

Si j'avais à critiquer cette partie documentaire du rapport, je reprocherais à ce budget de manquer d'élasticité, de ne pas même prévoir les frais de médecin et de pharmacien et quelques autres menues dépenses que nécessite la dignité humaine.

Si maintenant aux dépenses strictement nécessaires qui figurent dans ce budget, on compare la moyenne des salaires résultant de l'enquête, on trouve qu'en travaillant dans ces conditions et en vivant avec sobriété, un fileur au bout de l'année serait endetté de 370 fr. ; un peigneur de 520 fr. ; un tisseur, de la même somme ; un apprêteur, de 610 fr. ; un rattacheur, de 670 fr. ; un teinturier, de 820 fr.

Ou c'est bien là la *misère imméritée* dont parle Léon XIII, ou elle n'est nulle part.

Le rapporteur concluait que ces salaires de famine ne suffisant point à faire subsister un ouvrier *sobre et honnête*, qui n'a que des charges ordinaires, le travail, qui contient cependant virtuellement ce qui est nécessaire à l'ouvrier pour son entretien et celui de sa famille, ne se trouve plus payé à sa valeur, et le travailleur dans la société actuelle est trop souvent victime d'une injustice.

En conséquence, il exprimait le vœu de voir se constituer des syndicats ouvriers qui travailleraient au relevement des salaires, et se fonder immédiatement dans les établissements industriels des caisses de secours et de prévoyance.

L'impression causée par cette lecture fut très profonde, et aussitôt on entama la discussion. Ce fut M. l'abbé Pottier qui monta à la tribune. Il rappela d'abord le principe du salaire suffisant à la subsistance de l'ouvrier sobre et honnête, puis, avec une grande force de logique, des paroles mêmes de Léon XIII il tira cette conclusion : que le minimum de salaire suffisant doit faire vivre l'ouvrier, sa femme et ses enfants, permettre en un mot de subsister à une famille qui a des charges moyennes.

Je dois noter ici l'accueil fait à cette doctrine et constater qu'elle n'a soulevé aucune contradiction, ni parmi les prêtres, ni parmi les patrons.

Ces discussions ont été résumées dans les vœux qu'on lira plus bas. On remarquera que l'assemblée a cherché, avant tout, à remédier à la misère imméritée des ouvriers par des remèdes *prompts et efficaces*.

La troisième question avait pour objet le *repos dominical*.

Des apprêteurs, des employés de chemins de fer, des ouvriers du bâtiment ont pris part à la discussion et ont exposé avec conviction et chaleur les abus dont ils sont victimes depuis trop longtemps. Les membres du Congrès se sont ralliés aux désirs exprimés par les ouvriers et ont énergiquement réclamé le repos dominical pour les différentes classes d'employés et d'ouvriers qui en sont habituellement privés.

Enfin on a parlé des *octrois* qui font peser de si lourdes charges sur les pauvres, et à l'unanimité le Congrès a demandé la suppression de cet impôt anti-démocratique.

Voici le texte officiel des vœux qui ont été émis dans la première section et adoptés en séance générale.

VŒUX

ÉDUCATION POPULAIRE

1° *Que l'éducation morale soit basée sur l'éducation religieuse, et que l'enseignement religieux soit inscrit à nouveau dans les programmes officiels de l'instruction primaire ;*

2° *En supposant un programme commun adopté pour toute la France, comprenant les matières indispensables et d'utilité générale (lecture, écriture, arithmétique, etc.), que l'éducation intellectuelle tienne compte de l'aptitude de l'enfant et des besoins généraux du pays ;*

3° *Les programmes d'enseignement primaire étant en général trop étendus, il faudrait les réduire à l'indispensable et charger des commissions scolaires locales, composées en majorité de pères de famille, de les compléter en ce qui concerne l'éducation professionnelle ;*

4° *Que le certificat d'études soit remplacé par des examens trimestriels et annuels, ayant pour sanction à la fin des études un certificat de même valeur que le certificat actuel. Les parents des élèves seraient invités à assister à ces examens ;*

5° *Que l'école ménagère soit rendue obligatoire dans toutes les écoles de filles ;*

6° *Que des travaux professionnels soient exécutés dans les écoles de garçons, sous la direction et la responsabilité de l'instituteur, avec le concours d'ouvriers capables et intelligents habitant la commune ;*

7° *Considérant que les ouvriers chrétiens paient deux fois l'éducation de leurs enfants : 1° Par des impôts communs à tout citoyen et appliqués uniquement à l'éducation laïque dont ils ne veulent pas; 2° Par les cotisations nécessaires à l'établissement et à l'entretien des écoles libres dont ils ont besoin ; Protestent contre une injustice aussi criante et demandent que l'Etat pourvoie à une répartition plus équitable des charges et des secours.*

SALAIRE

1° *Le Congrès de Reims proclame, à la suite de Léon XIII dans l'encyclique, le principe de justice sociale qui exige en retour de son travail un salaire suffisant à l'entretien du travailleur sobre et honnête et de sa famille ;*

2° *A la suite des budgets et des rapports déposés et communiqués au Congrès, il résulte que la situation des ouvriers de la région, prise dans son ensemble, est une condition de misère imméritée ;*

3° *Comme remède général, le Congrès préconise les unions professionnelles selon le plan qui a été adopté par la troisième section et ayant comme objectif le relèvement du salaire, les institutions qui sont capables de faire produire davantage au salaire de l'ouvrier, entre autres : les sociétés coopératives de consommation ;*

4° *Le Congrès se prononce également: a) pour la suppression du gaspillage des deniers publics dans* les dépenses inutiles et la création d'emplois de complaisance ; *b)* pour la diminution de l'impôt foncier et des droits qui, directement ou indirectement, tombent sur la consommation, et pour le remplacement de ces impôts par l'impôt sur la fortune mobilière pour autant que l'équilibre du budget l'exige ;

5° Comme mesure immédiatement réalisable, le Congrès préconise les caisses de familles selon le type de celle qui est établie au Val-des-Bois, et fait un appel spécial aux industriels de la région qui, en un temps relativement court, ont réalisé autrefois des fortunes considérables.

REPOS DOMINICAL

1° Le Congrès émet le vœu que la loi du 2 novembre 1892 soit modifiée et que le dimanche soit le jour choisi pour le repos hebdomadaire ;

2° Que les engagements pris par le gouvernement français au Congrès de Berlin sur ce sujet soient rigoureusement appliqués en France ;

3° Que le travail soit complétement supprimé le dimanche dans les administrations publiques ;

4° Considérant que l'obligation de travailler le dimanche dans les ateliers d'apprêts résulte de la mise en demeure, faite par les négociants aux apprêteurs, de livrer les commandes dans un délai déterminé, le congrès demande qu'instance soit faite par les apprêteurs auprès des négociants, pour que ceux-là demandent que dans toute commande l'on défalque le dimanche ;

Considérant que. le travail du dimanche imposé aux ouvriers, spécialement dans le bâtiment, résulte d'une manière générale de l'obligation d'exécuter certains travaux dans une mesure de temps déterminé, et considérant que plus l'offre du travail est abondante, plus la main d'œuvre est dépréciée et moins payée, nous désirons : .

a) Que dans tout contrat, lorsque l'on stipule le temps au terme duquel le travail devra être livré et exécuté, défalcation soit faite du dimanche pour que l'ouvrier se repose ;

b) Que les ouvriers eux-mêmes, soit par la force que leur donnera l'association, soit par des pétitions, fassent instance auprès des pouvoirs publics pour obtenir la suppression du travail du dimanche.

OCTROIS

Considérant que l'octroi est un impôt improportionnel qui pèse plus lourdement sur les classes ouvrières, particulièrement sur les nombreuses familles,

Considérant que le recouvrement de cet impôt est dispendieux et entrave les transactions commerciales ;

Le Congrès exprime le vœu de voir supprimer les octrois dans les villes où il est établi.

Rapport sur
L'ÉDUCATION POPULAIRE

Par le Délégué du Val-des-Bois

SECRÉTAIRE DE LA PREMIÈRE SECTION

L'éducation populaire est une chose trop importante pour ne pas lui accorder la première place dans un Congrès ouvrier. Elle fait la force des individus, le bonheur des familles, et elle est la base de la Société.

Dans son sens général, l'éducation consiste à élever les enfants, c'est-à-dire à les rapprocher du Créateur en développant progressivement toutes les facultés physiques, morales et intellectuelles dont il les a doués en leur donnant la vie.

De là, différentes sortes d'éducations :

1° L'éducation morale qui forme l'homme, le citoyen ;

2° L'éducation physique qui développe les forces physiques de l'enfant et le rend capable de suporter les fatigues du travail ;

3° L'éducation intellectuelle qui procure au futur ouvrier les connaissances indispensables ;

4° Enfin l'éducation professionnelle qui lui apprend à tirer parti de ses connaissances pour la profession qu'il est appelé à exercer.

Nous allons en quelques mots considérer l'éducation populaire sous ces quatre points de vue et nous étudierons si, telle qu'elle est donnée actuellement à nos enfants, l'éducation populaire donne réellement satisfaction à tous les besoins de la famille ouvrière.

I. — Éducation morale

Autrefois on disait : « Éducation morale et *religieuse*; » aujourd'hui l'enseignement religieux est rayé des programmes, et l'on prétend former le cœur de nos enfants par une simple éducation morale basée sur la conscience, l'amour du beau, du bien, du vrai, et un peu aussi, il faut bien le dire, sur la crainte du gendarme.

Or, si l'on en juge par les résultats obtenus dans ces derniers temps, il n'est pas difficile de se convaincre que cette éducation est tout-à-fait insuffisante. Elle repose d'ailleurs sur des principes hors de la portée de l'enfant. Comment veut-on qu'il se passionne pour des abstractions come le beau, le bien, le vrai qu'il a quelquefois tant de peine à distinguer?

D'ailleurs la passion du bien qui peut exister naturellement chez l'enfant est bien vite étouffée par les mauvaises passions. S'il est vrai que le bien ou le devoir accompli procure à son auteur un réel contentement, il n'est pas moins vrai que le mal promet lui aussi une certaine satisfaction et qu'il fait naître un besoin, une soif de jouissance, poursuivie avec d'autant plus d'acharnement que la passion n'est jamais assouvie.

Quant à la conscience, elle est un frein bien fragile pour celui qui croit n'avoir à redouter que ses jugements.

Parlerons-nous de la crainte du gendarme, de la crainte de la loi? Elle n'entre pas en ligne de compte, car elle conduit fatalement à ce principe : « Pas vu, pas pris. »

Que nous reste-t-il donc? La crainte de Dieu? Oui, la crainte de Dieu ; et elle est tellement efficace que les auteurs des programmes officiels, après avoir supprimé l'enseignement religieux, reconnaissent eux-mêmes que cet enseignement est la seule base solide de toute éducation morale.

Nous lisons en effet, dans les programmes officiels de l'enseignement primaire du 27 juillet 1882, page 38 de l'édition Hachette :

« Pour atteindre ce but, (l'éducation morale) l'institu-
« teur n'a pas à enseigner de toutes pièces une morale théo-
« rique suivie d'une morale pratique comme s'il s'adres-
« sait à des enfants dépourvus de toute notion préalable
« du bien et du mal: l'immense majorité lui arrive au
« contraire ayant déjà reçu ou recevant un enseignement
« religieux qui les familiarise avec l'idée d'un Dieu au-
« teur de l'univers et père des hommes, avec les tradi-
« tions, les pratiques d'un culte chrétien ou israélite. Au
« moyen de ce culte et sous les formes qui lui sont par-
« ticulières, ils ont déjà reçu les notions fondamentales
« de la morale éternelle et universelle. »

Nous faisons remarquer en passant combien cette affirmation est erronée. Depuis que l'indifférence sinon l'hostilité religieuse, est devenue la règle générale, nous savons tous que la plupart des enfants entrent à l'école tout-à-fait dépourvus de la moindre notion religieuse. Et cependant, d'après le programme officiel lui-même, il est hors de doute que la religion est la seule base solide de l'éducation.

La religion, en effet, atteint non seulement le mal, mais la pensée même du mal. Elle règle, non seulement les actes extérieurs, mais elle forme le cœur en y étouffant le mal dans son germe, et en y mettant à la place l'amour, le désir de la vertu. Seule, la religion peut faire de la conscience un juge infaillible et écouté.

Depuis quelques années, beaucoup ont essayé de publier des livres très savants, trop savants même, des cours d'instruction morale desquels on a banni toute idée religieuse. Ces livres sont bien gradués, bien agencés ; les sentences y sont généralement numérotées article par article : en un mot, ce sont des codes de moralité !

Mais ce n'est pas avec un code que l'on formera le cœur de nos enfants. Vouloir agir ainsi, c'est prendre un chemin sans issue, c'est faire comme certain inventeur dépourvu de bon sens qui, ayant à faire rôtir une volaille, avait imaginé de faire tourner autour un foyer mécanique très bien agencé et merveilleusement réglé. Malheureusement le rôti était toujours ou trop ou pas assez cuit. Il fallut qu'un voisin, homme simple et de bon sens, vînt lui dire : « Laissez donc là votre foyer, et faites tourner par devant votre volaille. » Il le fit et s'en trouva bien.

Eh bien ! nous aussi, disons à ceux qui veulent diriger l'éducation de nos enfants : « Laissez donc là vos codes de moralité, et faites tourner la volaille, c'est-à-dire prenez le moyen le plus simple mais infaillible. Donnez à nos enfants l'enseignement religieux qui fera d'eux des hommes et des citoyens dans toute l'acception du mot. Rendez-leur cet enseignement que vous avez trouvé bon de maintenir dans les lycées et autres établissements d'instruction où nos moyens ne nous permettent pas d'envoyer nos enfants. Car si vous reconnaissez que les sentiments religieux sont utiles aux favorisés de la fortune, ils sont d'une nécessité indispensable pour nous autres, ouvriers, qui sommes plus exposés à la peine et au découragement. »

2. — *Education physique*

Nous ne nous étendrons pas sur l'éducation physique qui, surtout dans les campagnes, n'a qu'une importance relative. D'ailleurs, nos instants sont comptés, et les questions à résoudre par le Congrès sont très nombreuses.

Nous dirons seulement qu'il serait excellent de ne pas se borner à l'enseignement de la gymnastique et des exercices militaires. Des leçons d'hygiène, mises à la portée de nos enfants et graduées suivant leur âge, leur seraient plus tard d'une grande utilité.

3. — Education intellectuelle

En général, l'éducation intellectuelle n'est pas assez appropriée aux besoins futurs des enfants.

Depuis que l'État a dressé lui-même le programme des écoles primaires, tous nos enfants doivent être pour ainsi dire formés au même moule. Le même jour et presque à la même heure, tous les élèves de France doivent recevoir la même leçon d'histoire, d'arithmétique, etc. On ne tient compte ni des aptitudes particulières à l'enfant, ni des besoins généraux de la région où se trouve l'école. D'où il résulte que mon fils, qui plus tard sera cultivateur, doit suivre absolument les mêmes cours que l'enfant de la ville destiné à devenir plus tard ouvrier d'industrie.

Qu'arrive-t-il alors ? C'est que ces deux enfants, à leur sortie de l'école, ne possèdent que très imparfaitement les choses qu'il leur importe le plus de savoir, et qu'ils vont oublier la plupart des choses qu'ils ont apprises parce qu'ils n'en trouveront pas l'application immédiate dans leurs travaux.

D'autre part, les programmes sont beaucoup trop chargés pour certaines matières de l'enseignement primaire. Il y aurait de grands avantages, par exemple, à rester dans les grandes lignes pour l'étude de l'histoire et ne pas s'attacher à des faits peu importants, à une multitude de dates dont on bourre la mémoire de l'enfant principalement aux approches des examens.

De même, dans l'enseignement de l'arithmétique, on passe un temps infini à enseigner à des enfants de 9 à 11 ans, les fractions ordinaires et les quatre opérations sur ces fractions.

Eh bien, j'en appelle parmi ceux qui sont ici présents, et que leur profession a obligés à manier les chiffres, ont-ils jamais eu l'occasion de faire une addition, une soustraction, une multiplication ou une division de fractions ordinaires ? Je ne le pense pas. Et cependant il faut plus de deux années à des enfants aussi jeunes pour arriver à faire et à raisonner convenablement ces opérations. Que de temps perdu!

Je pourrais citer ainsi, dans la plupart des matières de l'enseignement primaire, bien des choses qu'il y aurait un immense avantage à supprimer au profit de choses plus utiles, mais je me contente de dire que si chaque école primaire avait son programme dressé par l'instituteur, de concert avec les parents des élèves, on éviterait tous ces abus.

Je dois cependant dire aussi un mot du certificat d'études. Tel qu'il est établi par la loi actuelle, ce certificat est un véritable trompe-l'œil: pour les enfants chez qui il semble constater une certaine instruction qu'ils ne possèdent réellement pas, et qui croient tout savoir lorsqu'ils ont obtenu ce certificat; — pour les parents qui, fiers de la réussite de leurs enfants à l'examen, s'empressent de les retirer de l'école où ils pensent qu'ils n'ont plus rien à apprendre; — et enfin pour les maîtres, qui mesurent la valeur générale de leurs classes au nombre de certificats obtenus.

Or, six mois après l'examen, interrogez la plupart des enfants à qui un certificat a été accordé et qui ont ensuite quitté l'école: vous constaterez que la grande majorité de ces enfants a complètement oublié toutes les matières qu'à force de travail on était parvenu à leur inculquer pour l'examen.

D'autre part, il ne faut pas ignorer que les efforts faits par les maîtres, pour chauffer quelques sujets en vue de l'examen, sont au détriment des autres élèves moins intelligents, moins assidus à l'école, et qui précisément ont besoin de plus de soin de la part du maître.

Demandons donc la suppression de ces certificats, que l'on pourrait avantageusement remplacer, à la fin de chaque année scolaire, par des examens généraux qui s'adresseraient à tous les élèves de l'école sans distinction. Ces examens seraient faits par une commission communale, et tous les parents y seraient invités. Il y aurait là pour les enfants un puissant encouragement, et les parents y suivraient avec un vif intérêt les progrès de leurs enfants.

4. — *Education professionnelle*

Malgré les programmes officiels qui semblent reconnaître la nécessité de l'éducation professionnelle à l'école primaire, puisqu'ils y instituent quelques travaux manuels, nous pouvons dire que cette éducation n'existe pas en France. Quelles sont en effet les classes primaires où l'on s'en occupe? Pour ma part, je n'en connais pas. Et d'ailleurs, ces travaux manuels, réglés uniformément pour toute la France, deviennent sans intérêt et dès lors inutiles.

En ce qui concerne les écoles de filles, il est indispensable que chaque jour on consacre plusieurs heures à l'école ménagère. Si nos filles doivent savoir lire, écrire et compter, il ne leur est pas moins indispensable de savoir coudre, tricoter, repriser le linge, faire la lessive. Il faut aussi qu'elles sachent faire une cuisine à la fois propre, appétissante et économique, qu'elles puissent confectionner des repas nutritifs et peu coûteux. Il faut qu'elles s'habituent à une propreté excessive dans la tenue de la maison, qu'elles puissent inscrire et surveiller leurs recettes et leurs dépenses, de façon à maintenir l'équilibre du budget du ménage, et à faire s'il se peut quelques économies pour les jours malheureux. Ce n'est pas non plus trop demander qu'elles apprennent un peu le jardinage, car, à la campagne, le potager est une ressource très importante.

En un mot, nous voudrions qu'à l'école nos jeunes filles puissent apprendre à devenir de bonnes et excellentes ménagères. Cela est d'autant plus facile que la même maîtresse, en général, est capable d'enseigner tout cela à ses élèves.

Pour les écoles de garçons, l'enseignement professionnel présentera peut-être plus de difficultés; mais les obstacles sont loin d'être insurmontables, comme nous allons le voir.

Et d'abord, l'éducation intellectuelle, même avec les plus jeunes enfants, doit toujours être dirigée en vue de l'éducation professionnelle. Par exemple, jamais le maître ne devra parler à ses élèves du mètre, du litre, etc. sans leur mettre ces mesures entre les mains et les apprendre à s'en servir; il doit agir de même avec toutes les mesures du système métrique.

Dans les pays agricoles, pourquoi, une fois par semaine au moins, dans les promenades scolaires, le maître ne conduirait-il pas ses élèves sur le terrain pour les initier aux opérations d'arpentage et de nivellement? Pourquoi de temps en temps et suivant les saisons, les enfants ne participeraient-ils pas aux travaux des champs, sous la direction d'un cultivateur qui serait heureux de leur donner d'excellents conseils?

De même à l'école, il serait bon d'apprendre les élèves à dessiner les outils, les métiers ou machines dont ils se serviront plus tard. Il faudrait leur faire exécuter quelques ouvrages ou modèles en bois ou en fer, car il est bon nombre de professions dans lesquelles ces matières sont utilisées. Il est toujours bien entendu que tous ces travaux doivent être faits en vue de l'industrie de la région.

Je pourrais continuer indéfiniment ces exemples, mais ceux-là suffisent pour prouver que l'école peut et doit être l'apprentissage de la profession à laquelle l'enfant se destine.

Mais, dira-t-on, l'instituteur n'est pas un homme universel, et il ne peut lui seul enseigner tant de choses si diverses; il ne peut être à la fois menuisier, serrurier, cultivateur, etc.

Je l'avoue bien volontiers. Mais comment donc a-t-on fait, il y a vingt ans, lorsque les leçons de couture sont devenues obligatoires pour les jeunes filles, même dans les écoles mixtes dirigées par un maître? On a demandé à une couturière de se charger de cet enseignement à des heures fixes. — Comment fait-on encore aujourd'hui pour former et exercer des bataillons scolaires dans des classes où le maître n'est pas apte à diriger lui-même ces exercices? On s'adresse à un ancien militaire qui enseigne aux enfants ce qu'il a appris au régiment.

Il peut en être de même pour l'éducation professionnelle. Des ouvriers expérimentés, menuisiers, serruriers, etc., peuvent venir à des heures fixes à l'école pour aider le maître à donner cette éducation professionnelle. Cela ne me paraît pas impossible et soyons bien certains que l'éducation intellectuelle, marchant de pair avec l'éducation professionnelle, ferait plus tard de nos enfants des ouvriers intelligents, habiles, et capables de gagner honorablement et facilement leur vie dans la profession qu'ils auront embrassée.

Commissions d'Études Sociales

DU VAL - DES - BOIS

*Résumé des procès-verbaux des Séances
préparatoires au Congrès de Reims*

Il y a trois mois, à l'une des réunions mensuelles du Syndicat, on nous fit part d'un projet de Congrès ouvrier. Ce Congrès devait se tenir à Reims pendant les fêtes de la Pentecôte ; le programme qui nous fut lu parut à tous bien complet et les revendications qu'il comporte sont au fond du cœur de chacun. Aussi ce projet reçut-il une approbation enthousiaste, et peu de jours après, deux commissions, l'une d'ouvriers, l'autre de contremaîtres et d'employés, furent nommées sous le nom de « Commissions d'études sociales » pour étudier quelques-unes des questions proposées au Congrès.

La première Commission, composée d'ouvriers représentant tous les différents ateliers de l'Usine, se réunissait le samedi soir de chaque semaine ; l'autre tenait ses réunions le mardi.

Toutes ces réunions avaient lieu sous la présidence du R. Père Aumônier ; mais les patrons avaient tenu à n'y jamais assister, afin de laisser toute liberté à la discussion, à l'échange des idées.

Aussi, dès le premier soir, les ouvriers, se sentant à l'aise, abordaient franchement les questions, demandant ce qui leur semblait juste, discutant entre eux les moyens de résoudre tous ces problèmes pratiques, chacun défendant ses idées avec une indépendance et une chaleur qui faisaient oublier l'heure et prolongeaient la séance bien avant dans la soirée.

Ces débats animés, mais cordiaux, où le bon sens était la seule arme oratoire, d'où l'on sortait instruit par la discussion, toutes les mains se serrant dans une étreinte sincère, heureux de se sentir unis, ces débats nous ont passionnés pendant plusieurs semaines. Les pages qui suivent sont un résumé des travaux des deux commissions : que ne pouvons-nous y faire revivre le charme et la fraternelle intimité de ces réunions!

PREMIÈRE SECTION

(Intérêts généraux des ouvriers)

Ire question — Éducation populaire

Dans les écoles primaires, en général, on donne aux jeunes filles une instruction insuffisante ou plutôt nulle au point de vue pratique des devoirs de la mère de famille : on ne leur apprend ni la cuisine, ni les travaux du ménage ; la couture elle-même est à peine enseignée. Et comme nos jeunes filles sortent de l'école pour entrer à l'atelier, qu'arrive-t-il ? Lorsqu'elles se marient, elles entrent dans une vie dont elles ignorent tous les devoirs et tous les détails, aussi embarrassées devant le fourneau où doit se faire la soupe que devant le linge à raccommoder, ou lorsqu'il s'agit d'établir l'humble budget du menage.

Combien d'entre nous en ont fait l'expérience toujours pénible ! La femme doit faire elle-même son éducation pratique après le mariage, et au prix de quelles difficultés, de quelles pertes ! Bien heureuse si la paix et l'union du foyer résistent à ces déboires.

Dans cet ordre d'idées encore, nous retrouvons l'inégalité flagrante qui existe entre l'éducation donnée au peuple et l'éducation bourgeoise. De même que dans les lycées et collèges les enfants peuvent recevoir l'instruction religieuse, si les parents le désirent, tandis que les enfants du peuple, à l'école communale ne peuvent reclamer ce droit ; de même, alors que dans les grands pensionnats et dans les lycées de jeunes filles on donne aux enfants des leçons de cuisine, de couture et de ménage, dans les écoles communales on oublie systématiquement de faire de la femme du peuple ce qu'elle doit être avant tout, pour son bonheur et celui des siens, une bonne ménagère.

En attendant que l'Etat veuille comprendre que son premier devoir, comme éducateur, est de donner aux jeunes filles une instruction qui puisse leur servir à quelque chose, demandons aux écoles libres de lui montrer encore une fois le chemin.

Au Val-des-Bois, l'école libre, dirigée par les Sœurs, est déjà entrée dans cette voie. De 10 à 13 ans, les enfants ne vont pas seulement en classe pour apprendre la grammaire, l'histoire, le calcul et toutes les matières indigestes du certificat d'études : elles emploient bon nombre d'heures aux travaux du ménage, et les bonnes Sœurs sont là derrière elles, leur enseignant patiemment cette science, qui n'est simple qu'en apparence, de tenir avec adresse l'aiguille et le balai, d'écrire sur un carnet les recettes et les dépenses, en maintenant entre elles cet équilibre qui engendre l'aisance et l'épargne dont l'absence crée la misère

Dans les intervalles, lorsque le printemps, puis l'été arrivent, on les voit encore, sur un terrain approprié, apprendre à semer, à cultiver les légumes qui font du jardin de l'ouvrier une richesse si précieuse.

Mais ce n'est pas tout, la jeune fille à 13 ans n'est encore qu'une enfant ; si son instruction pratique cessait dès son entrée à l'usine, le fruit en serait vite perdu. Aussi l'*école ménagère* lui ouvre ses portes de 13 à 16 ans, et complète son éducation par l'enseignement du raccommodage, du lessivage et du repassage. Ainsi on l'empêche d'oublier que l'atelier n'est pas sa vraie place, que si la nécessité fait d'elle une ouvrière, elle retrouvera un jour sa vraie fonction et ses vrais devoirs au foyer domestique.

L'enseignement pratique est au Val poussé encore plus loin : jusqu'ici nous n'avons pas vu figurer dans le programme la question pourtant si importante de la cuisine. C'est que la cuisine est un art difficile, d'autant plus difficile pour la femme d'ouvrier que ses ressources sont plus restreintes ; peut-être a-t-on craint de confier à des mains trop jeunes, étourdies et malhabiles, le soin toujours délicat des casseroles et du fourneau ?

Mais, dira-t-on, si vous n'enseignez pas la cuisine aux jeunes filles avant 16 ans, quand la leur enseignerez-vous ? Les ferez-vous donc venir en classe jusqu'à leur mariage ? Ce n'est pas facile.

Eh bien, au Val-des-bois, c'est très facile. Si vous passez un dimanche devant la maison des Sœurs et que vous trouviez un moyen de jeter à l'intérieur un regard indiscret, vous serez étonné de ne pas y rencontrer le calme parfait que vous vous figuriez trouver dans une maison religieuse. Avant même de regarder, un bruit de voix jeunes et nombreuses vous a appris que les bonnes sœurs ne sont pas seules : une foule de jeunes filles sont là réunies, portant le ruban bleu des Enfants de Marie, s'amusant joyeusement.

Mais si vous attendez quelque temps, vous voyez le tableau changer d'aspect, sans rien perdre de son animation : les allées et venues sont plus pressées, les visages plus sérieux, des tabliers sont venus protéger les robes du dimanche. Bientôt un parfum bien connu vous apprend la cause de cet empressement, en réveillant peut-être votre appétit endormi, et peu après vous voyez des jeunes filles sortir, portant avec précaution quelque plat bien couvert que la famille attend pour juger en connaissance de cause du talent de la jeune cuisinière.

Puis c'est à la maison une fête que de constater les progrès de ce talent : le père, la mère y prennent naturellement un grand intérêt où l'amour-propre paternel a sa bonne part ; les enfants surtout attendent comme un événement le retour de la grande sœur : elle ne leur a pas dit ce qu'elle allait rapporter et ils se demandent avec inquiétude qu'est-ce que ce sera. Le moment venu, leurs yeux s'ouvrent tout grands pour mieux voir, et c'est toujours avec enthousiasme que le bienheureux plat est dégusté. S'il y a quelques critiques, elles n'empêchent pas le contentement d'être général, ni la jeune fille d'être fière de son œuvre.

Les sœurs aussi sont contentes de leurs élèves, et elles ajoutent à l'enseignement de la cuisine l'enseignement non moins nécessaire du prix de revient de chaque plat confectionné sous leurs yeux.

Ce que nous avons dit des écoles de filles, on peut le dire aussi des écoles de garçons. On croit avoir tout fait lorsqu'on les a mis à même d'obtenir le fameux certificat d'études : il serait plus important pour eux d'avoir quelques notions de certains métiers usuels, (menuiserie, cordonnerie, etc.) et surtout du jardinage.

Au Val-des-Bois, rien encore n'a été fait dans ce sens.

Le certificat d'études peut être une bonne chose, mais le programme actuel, pour les filles comme pour les garçons, en est absolument défectueux, en ce sens qu'il ne comprend qu'une instruction grammaticale et littéraire.

D'autres graves inconvénients de cet examen ont été mis en évidence par des plaintes nombreuses : d'abord le surmenage auquel il donne lieu fatigue énormément les enfants, sans aucun profit réel, puisqu'ils oublient vite ce qu'ils ont appris dans une sorte de fièvre ; ensuite le maître ne s'occupe sérieusement que des enfants qui sont susceptibles d'arriver au certificat, les autres sont négligés et n'apprènnent rien. Cela se comprend puisqu'on promet l'avancement à l'instituteur qui a beaucoup d'élèves reçus à l'examen ; et sa position est si peu brillante que son unique souci est de l'améliorer.

Résolutions

Les délégués de la Corporation du Val-des-Bois, considérant les avantages déja obtenus chez eux par l'école ménagère des jeunes filles, désireux d'étendre ces avantages et de les faire partager aux garçons, émettent les vœux suivants :

1° Que des écoles ménagères soient établies partout pour les enfants d'ouvriers, concurremment d'abord avec l'école permanente, puis le dimanche pour les jeunes filles ayant dépassé 13 ou 16 ans, comme cela se pratique en Belgique et en Allemagne ;

2° Que les programmes des écoles libres (garçons et filles) soient révisés dans un sens plus pratique, et cette révision soumise à l'approbation de pères et mères de familles nommés en commissions ; qu'ainsi soit créé un enseignement mixte, à la fois grammatical et professionnel, donnant aux jeunes filles l'éducation ménagère, aux garçons des notions des métiers usuels et d'agriculture pratique, au moyen d'ateliers et de jardins d'études ;

3° Que le certificat d'études actuel soit aboli, parce que son maintien, étant donné son programme, s'oppose à la réalisation des vœux exprimés plus haut, indépendamment des inconvénients déja cités ;

4° Qu'on y supplée par des examens trimestriels et annuels, portant sur le programme révisé, et ayant pour sanction à la fin des études un certificat de même valeur que le certificat actuel.

Groupe chrétien d'études sociales
DE NOTRE-DAME DE REIMS
Rapport sur l'Éducation populaire
Filles et garçons

Filles

Il nous a été facile de constater que l'instruction donnée aux jeunes filles est presque partout trop exclusivement littéraire et scientifique. Ce système peut conduire un certain nombre d'élèves à des certificats ou à des diplômes fort honorables, mais qui sont loin de suffire pour faire vivre aujourd'hui celles qui les possèdent.

Les chiffres officiels sont navrants, quand ils nous donnent le nombre de diplômées à la recherche d'une position qui leur permette de manger du pain.

Il est dur, quand on a en poche un bout de parchemin qui semblait devoir vous donner accès à une profession, dite libérale, de renoncer à ses rêves pour s'astreindre, sans préparation préalable, aux durs et modestes travaux imposés par les nécessités cruelles de la vie ;

De là cette foule de déclassées dont les journaux nous apprennent tous les jours les tristes écarts ou la fin malheureuse.

Quant aux fillettes qui n'atteignent pas le diplôme, et ce sont les plus nombreuses de beaucoup, c'est l'apprentissage ou le travail dans les ateliers qui les prend au sortir de l'école et leur fait rapidement oublier la majeure partie de ce qu'elles ont appris surtout en mathématiques, de sorte qu'elles arrivent au moment d'entrer en ménage avec des notions très restreintes en sciences et en lettres, et nulles dans les questions d'économie intérieure, notions dont elles auraient grand besoin pour tirer bon parti des gains souvent bien maigres apportés au prix de pénibles efforts par le mari.

Comme suite à ces considérations, nous émettons le vœu qu'il soit, dans les cours primaires, donné plus de temps aux leçons de travaux à l'aiguille, de ménage, de cuisine, de comptabilité, en un mot d'économie domestique.

Incontestablement une fillette oubliera moins vite « les moyens à prendre pour conserver les petites provisions du menage ou la méthode pour faire une bonne lessive, » que les abstractions de l'algèbre ou les formules de la chimie.

Et comme on vit surtout de bonne soupe et non de beau langage ou de chiffres, les maris trouvant la cuisine frugale mais à point, le mobilier modeste mais en ordre et propret, le linge et les vêtements simples mais en bon état, seront ainsi de belle humeur, s'attacheront à leur intérieur et la famille vivra en paix.

Mais c'est au moment où ces leçons leur profiteraient

le plus que l'apprentissage accapare nos enfants. (Nous ne parlons plus de l'usine, car nous estimons que la place de la femme est au foyer domestique et que dans un temps plus ou moins rapproché, l'amélioration de nos lois économiques permettra de la soustraire à la tyrannie du travail des machines qui la détournent presque inévitablement du but pour lequel Dieu l'a créée).

Donc, afin d'éviter, pour un bon nombre d'enfants, sinon pour toutes, que l'apprentissage fasse perdre le fruit de ces leçons, nous demandons instamment qu'il soit fondé des écoles professionnelles et ménagères où l'esprit religieux soit en honneur.

Car, au contraire de certaines cervelles transcendantes de nos jours, nous ne craignons pas que la présence d'un crucifix dans nos maisons fasse gâter les sauces, ou que la prière dite par notre ménagère fasse gripper les pièces qu'elle devra mettre aux genoux ou aux fonds des culottes de nos bambins.

Mais, la passion sectaire, qui gouverne les hommes actuellement au pouvoir, ne nous permettant pas d'obtenir, quant à présent du moins, satisfaction sous le rapport de l'instruction religieuse, nous faisons appel à l'intelligente générosité des catholiques pour des créations de ce genre dans les centres, à Reims par exemple.

Il sera facile de composer un excellent programme d'enseignement en prenant ce qu'il y a de mieux compris, de plus pratique dans ceux des écoles similaires de Paris, de Belgique, de Reims, etc.

Mais avant la révision des principaux éléments de l'instruction primaire, avant les leçons pratiques, nous inscrivons la prière et l'enseignement de l'évangile.

La religion pratiquée rend les élèves plus dociles et plus respectueuses, et fait plus facile la tâche des maîtresses et plus fructueux leurs enseignements.

Les sacrifices en ce sens donneraient de brillants résultats, les enfants afflueraient, même celles des classes aisées, dès l'ouverture des cours ; aussi ces établissements auraient une très grande influence morale et matérielle sur l'avenir des familles d'ouvriers.

Il y a d'ailleurs divers moyens d'alléger ces sacrifices, mais ils viendront utilement en discussion lors de la mise en application de nos desiderata, car, nous n'en doutons pas, notre demande sera prise en considération, les charges ne compteront pas en présence des grands bienfaits que doivent procurer ces institutions.

En effet, si dans un ménage c'est l'homme qui fournit par son travail les ressources nécessaires à l'existence de la famille, la femme de son côté doit lui venir en aide par la bonne gestion de ces ressources.

Elle en est l'économe dévouée toujours, sans doute, cependant parfois elle n'en retire pas tout le profit possible, faute de notions premières qui lui auraient appris à faire vite et bien.

Cette méthode qui lui permettra de remédier partiellement à l'insuffisance du salaire journalier, vos écoles la lui donneront.

En avant donc catholiques, catholiques Rémois surtout; et vous aurez fait faire un pas sérieux à la solution ardue de la question sociale, car vous aurez des imitateurs nombreux.

Donnez-nous le complément indispensable de l'œuvre merveilleuse des écoles libres, dont vous avez doté principalement tous les quartiers de notre ville de Reims.

Donnez-nous une école professionnelle et ménagère chrétienne, et vous aurez bien mérité de la population ouvrière de notre cité et du pays tout entier.

Le groupe émet ensuite le vœu qu'il soit créé, pour les garçons, des écoles professionnelles chrétiennes,

Et fait appel pour cela aux patrons chrétiens qui doivent désirer se faire un personnel dévoué, sérieux et bien pensant.

Délégation ouvrière de Fourmies

Education populaire et ménagère pour les filles et professionnelle pour les garçons

Deux suppositions se présentent à l'esprit pour résoudre cette question, et la développer avec intérêt.

La première hypothèse est la limitation du travail à 10 heures ou tout au moins à 11 heures, limitation qui serait très désirable pourvu qu'elle ne porte pas atteinte à nos

salaires déjà restreints), car dans ce cas il serait à souhaiter que chaque chef d'usine utilise cette heure ou ces
deux heures de liberté en faisant établir dans son établissement des cours ou des leçons spéciales pour les
filles ; où on y apprendrait la couture, les soins du ménage
etc., que peu de jeunes ouvrières peuvent apprendre
actuellement ; en effet, quittant le toit paternel dès la
pointe du jour et revenant le soir harassées, elles ne
peuvent penser à s'instruire.

L'ordre, l'économie, la propreté, les soins d'une
maison, l'instruction en un mot d'une bonne mère de
famille, e-t-ce que ce ne serait pas, en même temps que
l'instruction morale et religieuse, préparer des épouses
dignes de ce nom, capables de retenir au foyer par des
attentions et des soins peu coûteux un grand nombre de
pères de famille qui les délaissent trop souvent pour le
cabaret ?

La deuxième hypothèse, qui est la réalité, serait de voir
ce que l'on pourrait faire actuellement où, sous l'empire
de la loi de 12 heures, il ne reste aux ouvrières aucun temps
pour s'occuper des quest ons detaillées ci-dessus.

Pour cela, il faut évidemment faire appel à la bonne
volonté, à la générosité des patrons et on peut espérer
quelques résultats : Dans notre usine, chez MM. Levasseur
et Cie, sous nos yeux du reste et nous savons que cela
se passe encore plus en grand chez des industriels catholiques de Lille, Roubaix, Tourcoing et de Reims ou
environs, il y a dans les ateliers de jeunes filles une
religieuse qui s'occupe des ouvrières, non au point de vue
du travail, mais au point de vue d'éducation et d'instruction.

Les plus jeunes, qui malheureusement ne savent pas
encore lire à 13 ans, vont en classe chaque jour ; on les
réunit pendant le travail (leurs compagnes aident un peu
à leur place pendant ce temps d'école) et la sœur leur
apprend à lire et à écrire.

D'autres jours il y a des leçons de couture, de caté-
chisme, d'histoire, de morale. Les ouvrières même les
plus grandes, de temps en temps, viennent pour demander
un conseil, un avis, un renseignement à la sœur.

Celle-ci a aussi comme mission de distribuer des
secours aux plus nécessiteuses et aux malades qu'elle va
visiter souvent.

Dans ces conditions, comme nous le disions ci-dessus et

grâce à la facilité qu'ont les ouvrières dans notre usine, elles peuvent obtenir en même temps que de bons conseils une instruction utile et précieuse pour une mère de famille.

Il serait à souhaiter que partout une organisation semblable ait lieu pour le plus grand bien et le plus grand profit des ouvriers.

La question des écoles professionnelles pour garçons est aussi bien importante et mériterait d'être traitée longuement ; mais là aussi comme pour les filles il faudrait du temps et le travail de 10 heures.

Alors par ces cours sérieux, on leur apprendrait en même temps que leur métier toutes les règles usuelles de droit, tous ces mille riens de jardinage, de soins de maison qui la font aimer, on leur donnerait de ces idées d'épargne, d'économie, qui une fois bien enracinées ne s'en vont plus.

Puis on leur parlerait de la morale, en un mot on ouvrirait leur intelligence, leur cœur et en leur montrerait toute l'importance du rôle social que Dieu a départi à chacun de nous dans la société.

Voilà les quelques réflexions que la question qui nous a été posée nous a suggérées et les vœux que nous avons émis.

Cercle chrétien d'études sociales

De Saint Jean-Baptiste de Reims

RAPPORT GÉNÉRAL

Réponse à différentes questions du programme

Au sujet de l'instruction des jeunes filles, le cercle de Saint Jean-Baptiste est unanime à reconnaître que le programme a besoin d'en être réformé, et il estime avec raison qu'un ouvrier, en se mariant, aurait tout intérêt à prendre une femme qui sache lui faire une bonne soupe et qui s'y entende surtout à tenir un ménage ; cela lui sera bien plus utile que de savoir résoudre un problème très difficile.

L'ouvrier n'aura jamais besoin de connaître l'algèbre pour mettre ses comptes à jour. Quant aux écoles ménagères, le cercle reconnaît qu'elles ont du bon, mais l'ouvrier proprement dit ne peut pas s'en servir pour sa fille, car il a besoin de la mettre en apprentissage au plus vite, afin qu'elle puisse bientôt apporter l'appoint de son maigre salaire à celui du chef de famille et, par ce moyen, l'aider à élever un plus jeune frère, ou une sœur.

Donc, s'il est bien entendu que l'ouvrier ne peut pas profiter des écoles ménagères, et qu'à peine sortie de l'école l'enfant sera placée dans une maison quelconque pour y travailler, cette portion d'instruction, si utile pour devenir une bonne ménagère, lui sera donc tout à fait inconnue si l'on ne s'applique pas à la lui donner à l'école primaire. En conséquence, le cercle de Saint-Jean-Baptiste exprime le vœu de voir sous peu mettre en pratique, dans les écoles primaires, un cours spécial traitant les questions ménagères par le côté pratique et à la portée de l'imagination des enfants de cet âge.

Instruction des garçons

Le cercle examine la question des certificats d'études primaires, et à l'unanimité il reconnaît que le certificat est plutôt nuisible que favorable à l'instruction du jeune âge. Car il est prouvé que, pour faire travailler 10 ou 12 élèves un peu plus érudits que leurs camarades, le maître, quel qu'il soit, est obligé de négliger le reste de sa classe et cela pendant une partie de l'année scolaire.

En conséquence le cercle formule le vœu suivant :

Il est à désirer que les certificats d'études primaires soient supprimés et que les patrons catholiques commencent par ne plus l'exiger des enfants qu'ils embauchent ; cette mesure aidera beaucoup à faire disparaître un abus criant, car beaucoup d'enfants restent quelquefois sans emploi, tout en ayant autant d'instruction que leurs petits camarades, sous prétexte qu'ils ont échoué aux examens des certificats d'études primaires.

Rapport présenté par un Ouvrier

du Cercle d'Études Sociales de Saint - Remi

de REIMS

Education Populaire

A. L'on pousse trop nos enfants vers le certificat d'études ce qui est un abus ; car nous ne désirons pas faire de nos enfants des instituteurs et des institutrices, mais de bons ouvriers et de bonnes femmes de ménage.

B. Il faudrait plutôt que l'on supprime pour les jeunes filles les cours de gymnastique et de dessin et qu'on les remplace par des cours pratiques, couture et raccommodage, au moins 2 ou 3 fois par semaine.

Considérant que le certificat d'études, en poussant un très petit nombre d'élèves, peut nuire à la moyenne des classes, le congrès émet le vœu que le certificat d'études soit supprimé ou modifié de manière à ne pas nuire à l'ensemble d'une classe.

Considérant qu'il existe de vastes écoles ménagères tant laïques que congréganistes, le congrès émet le vœu que les municipalités témoignent leurs sympathies à ces œuvres, tant congréganistes que laïques, par des subventions qui leur permettent de former de bonnes ménagères.

Considérant que la législation actuelle étant tyrannique surtout par l'inégalité odieuse qu'elle crée au préjudice des pauvres, les ouvriers pères de famille réclament la liberté d'élever leurs enfants comme ils veulent, dans la morale, la religion. Les ouvriers ne reconnaissant pas à l'État le pouvoir de créer des droits à l'individu, mais bien le devoir de protéger les droits essentiels du citoyen et de la famille, demandent à l'État non de faire des lois nouvelles, mais de leur assurer le plein exercice de leurs droits naturels.

Confrérie de N.-D. de l'Usine et de l'Atelier

DE MOHON

Education populaire

En ce qui concerne les jeunes filles, il est prouvé que l'on cherche davantage à en faire des institutrices que d'en former de vraies femmes de ménage.

Il serait préférable de leur apprendre **la cuisine, les** questions de l'alimentation, la comptabilité et l'économie qui donnent la paix et l'union et forment de vraies femmes de ménage.

Jusqu'à l'âge de 11 ans, il faut leur faire apprendre tout ce qui concerne l'instruction primaire; mais il semble qu'à partir de cet âge, il serait bon et utile de leur enseigner tout ce dont elles ont besoin pour faire de bonnes mères de famille.

Pour les garçons, l'instruction présente les mêmes inconvénients. Après l'âge de 11 ans, on pourrait enseigner dans les écoles, par des cours spéciaux, l'agriculture et le métier, et surtout leur montrer ce qu'il faut pour en faire de bons ouvriers.

2ᵉ Question

Cercle chrétien d'études sociales

DE SAINTE-GENEVIÈVE DE REIMS

Rapport sur les Salaires

Nous avouons que ce n'est pas sans une certaine appréhension que nous avons abordé la question si difficile des salaires, mis en parallèle avec les dépenses budgétaires d'un ménage ouvrier.

Nous savions par avance, en raison de la crise actuelle, que la comparaison serait douloureuse; nos prévisions ont, en quelque sorte. été surpassées par la réalité.

L'industrie de notre ville de Reims étant principalement lainière, c'est sur les branches qui s'y rapportent que nous avons de préférence établi nos données, tout en abordant quelques autres professions, d'après le communiqué des réponses aux questionnaires posés pour les besoins du congrès.

Base sur 300 jours effectifs de travail par année :

Les teinturiers et dégraisseurs gagnent à l'heure de 0,25 à 0,27 c. Nous devons prendre la grande majorité à 0,25, soit pour une moyenne de 10 h. par jour, 2,50 par jour, multipliés par 300... 750 » »

Dans certains établissements, cette moyenne est loin d'être atteinte.

Les apprêteurs varient de 0,30 à 0,35 c. Il nous a semblé, d'après les réponses des questionnaires que nous devions adopter la moyenne de 0,32 c. Par jour 3,20, multipliés par 300.. 960 » »

Il convient de remarquer toutefois que, dans ces deux professions marchant simultanément, un chômage malheureusement par trop marqué et qui se répète plusieurs fois dans l'année, vient diminuer le résultat calculé pour une année entière de travail normal ; nous ne croyons pas exagérer en évaluant ce chômage au quart des produits obtenus ci-dessus.

Les tisseurs gagnent de 3 à 4 fr. par jour. Moyenne adoptée, 3 fr. 50 mult. par 300..... 1.050 » »

Les salaires sont à peu près équivalents pour les tisseurs de Roubaix. Lille est inférieur.

Les fileurs gagnent de 3 fr. 75 à 4 fr. 25. Moyenne adoptée 4 fr., mult. par 300 jours..   1.200 » »

Les rattacheurs de 3 à 3 fr. 25, mult. par 300 jours..................................... 900/975 » »

Lille est encore inférieur, 2 fr. 75 à 3 fr.

Les peigneurs, 3, 3,50 et 4 fr. Moyenne adoptée, 3,50, mult. par 300 jours...........   1.050 » »

Cette profession est encore sujette au chômage.

Les maçons, ouvriers d'état : Moyenne obtenue 0 fr. 45 de l'heure, mult. par 12 heures ég. 5 fr. 40.

Pour cette corporation, il ne faut pas compter 300 jours de travail à 12 heures ; l'hiver et les journées de pluie sont nuls, et si nous comptons les journées de travail effectives, nous ne pensons pas qu'elles puissent s'élever à plus de 250 par année. mult. par 5,40......   1.350 » »

Les manœuvres de la même profession : Heure à 0,27, mult. par 12, ég. 3,25, mult. par 250 jours...................................   810 » » -

Les menuisiers, prix moyen 0,42 c., mult. par 10 h. ég. 4 fr. 20 mult. par 300 jours..... 1 260 » »

Nous ne pouvons guère compter que 10 h.. pour cette corporation qui supporte du chômage mais surtout du racourt sur les journées, quand il y a travail pour elle dans la mauvaise saison.

On nous a fait remarquer que quelques patrons menuisiers payaient 4.50 et 5 fr. par jour, et la saison morte nous ramène à peu près au chiffre donné.

Nous passons sous silence les peintres, les tailleurs, etc., qui, par suite du tribut qu'ils doivent aux saisons mortes, ne nous fournissent pas d'éléments d'appréciation assez certains ; nous faisons de même pour certaines professions mieux rétribuées, et qui. par conséquent, échappent au cadre que nous nous sommes proposés de tracer.

Ceci posé, nous allons étudier le chiffre des dépenses d'un ménage ouvrier ; nous tenons essentiellement à vous assurer que notre intention n'est pas de vous tracer une règle d'alimentation ; nous en avons cueilli une sur un carnet de ménagère très rangée, et nous nous en sommes servis pour l'établissement de notre chiffre de dépenses.

Logement........................... 150 » »
Habillements ouvriers pour le
père.............................. 50 » »
Autres habillements de la famille
entière, composée du père, de la
mère et de 3 enfants : Chaussures,
linge de corps et de ménage...... 200 » »
1º Dépenses courantes de la semaine :
Chauffage, moyenne des saisons,
houille et bois pour l'allumage... 2 25
Eclairage, pétrole, bougies, allu-
mettes........................... 0 70
1 livre sucre.................... 0 65
Café, 1/2 quart.................. 0 30
Collation du matin :
Pour la mère et les enfants 0,30
»   père, sauf le pain 0,20
                            ______
7 jours, mult. par 0,50 3 50
Repas de midi :
Une soupe avec lard ou
salé................... 0,40
Légumes.............. 0,30
                      ______
                      0,70
Pour 5 jours de la semaine, 0,70
mult. par 5..................... 3 50
Le vendredi, une soupe maigre,
légumes.......................... 0 50
Le dimanche, pot-au-feu, 2 livres
bœuf et légumes................. 1 50
Si vous variez davantage. le prix
de revient de votre repas n'en sera
pas diminué et ce que nous cherchons n'est pas tant une règle d'a-
limentation, nous vous l'avons dit,
mais bien ce que cette alimentation
peut coûter.
Repas du soir :
1 plat légumes préparé au gras
et évalué à 0,30, mult. par 4 jours. 1 20
Le vendredi, un plat maigre.... 0 50
Le dimanche, restant de bœuf ac-

commodé, plat légumes et salade.   0 40

Et enfin pour varier l'ordinaire des pommes de terre, choux, pois, haricots, etc., un plat de viande dans le courant de la semaine, avec légumes......................   1 » »

Frais divers pour assortiment de cuisine en assaisonnements, sel, poivre, vinaigre, farine, etc.. la semaine......................   0 60

Pain, 4 livres par jour. mult. par 0,15 c. ég. 0,60, mult. par 7 jours.   4 20

Lessivage, raccommodage, etc. en admettant que la femme fasse tout par elle-même, il lui faudra du savon. carbonate, eau de Javel, boutons, fil, aiguille, etc., évalués.   1 » »

                     21 80

Arrondis par 22 fr. Pour 52 semaines, 1144..................   1.145 » »

Fournitures classiques des enfants......................   25 » »

        Total fr.............   1.570 » »

Il convient de remarquer que si la femme augmente par son travail, en fabrique par exemple, le revenu du ménage, d'un autre côté il faudra se priver des soupes nourrissantes et économiques, des plats de légumes, etc., et recourir à une alimentation en charcuterie ou autres denrées cuites. ou bien encore aux repas achetés en gargotte et qui reviendront autrement cher que ce sur quoi nous avons établi nos frais de nourriture.

Il faudra dire aussi adieu au lessivage. raccommodage, entretien de linge en général, et notre budget s'en trouvera d'autant plus chargé.

Cependant, bien des femmes travaillent en fabrique, il est vrai, mais nous doutons fort qu'en raison de l'accroissement de dépenses imposé à leur budget, par leur absence du logis, le bénéfice résultant de la différence entre cet accroissement et leur gain, puisse combler le déficit que nous allons vous démontrer sur les budgets ouvriers.

Nous n'avons fait entrer dans notre alimentation ni vin,

ni bière ; l'ouvrier qui travaille est-il condamné à ne jamais avoir un verre de vin pour restaurer ses forces ?

Ses gains restreints, eu égard à ses dépenses, paraissent malheureusement devoir l'en priver.

Remarquez de plus que nous n'avons fait aucune part à l'imprévu, absolument rien, et cependant l'imprévu est inévitable : les maladies des enfants, quelquefois celles des parents, ce qui est plus grave encore, une couche pouvant survenir et qui entraîne des frais par les soins à donner à la mère et au nouveau-né, y compris ceux du modeste repas de famille qui saluera le baptême de ce nouveau-né.

Quelquefois aussi un vide se fait dans la famille, il y a les frais d'un décès... mais, passons.

Nous n'avons pas pensé au bain nécessaire à l'ouvrier, dont la sueur accompagne le travail, nous n'avons pas compté le flacon d'huile de ricin, ou la graine aux vers des moutards ; en un mot, il n'y a place pour rien dans notre budget, pas même pour la petite goutte que le père prend volontiers le matin en se rendant à l'atelier. Et tenez, à ce sujet, nous nous rappelons ce que nous disait un des orateurs très écoutés des réunions de la rue Hincmar ; M. Jubert.

Deux ouvriers se rencontrant un matin, disait-il, c'était peut-être bien le 14 juillet, ne tarissaient pas, au souvenir anniversaire de la prise de la Bastille, sur leur émancipation politique ; nous sommes des hommes libres... aujourd'hui le peuple est souverain, etc... allons boire la goutte !

Et notre homme, celui qui venait de faire l'invitation, fouille dans son gousset ; l'argument principal manquait, les deux sous indispensables pour boire la goutte ne s'y trouvaient pas.

Alors M. Jubert en concluait que le but que l'on s'était proposé d'atteindre en faisant la Révolution était manqué, puisqu'après un siècle d'émancipation sociale et politique, après un siècle de promesses de bien-être prodiguées à la classe ouvrière, les prolétaires dont nous venons de parler n'avaient pas deux sous pour boire la goutte.

M'est avis que M. Jubert avait un peu raison, du moins le résultat que nous allons vous communiquer paraît le lui donner.

Le budget d'un ouvrier, calculé dans le sens le plus

économique, s'élève nous l'avons dit à un chiffre de dépenses de fr. 1570.

Pour le teinturier, qui gagne 750 fr. le déficit est de 820.

—	apprêteur,	—	960	—	610.
—	tisseur,	—	1.050	—	520.
—	fileur,	—	1.200	—	370.
—	rattacheur,	—	900	—	670.
—	»	—	975	—	595.
—	peigneur,	—	1.050	—	520.
—	maçon,	—	1.350	—	220.
—	manœuvre,	—	810	—	760.
—	menuisier,	—	1.260	—	310.

Pour le teinturier, les besoins de l'existence se chiffrent par le double de ce qu'il peut gagner ; de quoi vit-il donc, mon Dieu, ce pauvre teinturier-là ?

En présence de pareils résultats, on peut se demander comment tous ces braves gens font pour y arriver ; c'est bien simple, ils n'y arrivent pas. Ils restent en route, c'est-à-dire qu'ils se privent du nécessaire.

C'est bien là ce que l'on est convenu d'appeler la misère imméritée, misère provoquée par les salaires de famine, ceux que nous avons énumérés au commencement de ce rapport.

Ces salaires sont condamnés par l'Encyclique sur la *condition des ouvriers*, en ce sens qu'ils ne sont pas suffisants pour faire subsister l'ouvrier sobre et honnête.

« Le travail contient virtuellement pour l'ouvrier ce qui est nécessaire pour son entretien et celui de sa famille.

» Si donc il l'emploie au profit du patron, il convient que le patron lui rende l'équivalent afin que l'égalité soit gardée dans la transaction. »

L'égalité dans la transaction n'est plus gardée, le salaire ne correspond plus à la valeur du travail abandonné au patron, parce qu'en échange, celui-ci ne rend pas à l'ouvrier le minimum du salaire dû en vertu de la justice et suffisant à l'entretien d'une famille n'ayant que des charges moyennes, bien entendu.

Nous savons que l'on nous répondra que la crise industrielle que nous traversons, par suite de la surproduction et de la concurrence, entrave toute augmentation des salaires.

L'ouvrier qui travaille, l'ouvrier qui possède la dignité

d'homme libre, ne doit cependant pas avoir à subir l'humiliation de l'aumône.

Que faire alors ?

Voyons un peu à recourir à l'Encyclique et appelons à notre aide les conseils de Léon XIII ; peut-on se refuser à écouter cette grande et noble voix, partant de sa retraite du Vatican et se faisant entendre au monde entier dans un moment où la question a pris une importance que l'on aurait tort de méconnaître.

Léon XIII nous recommande en premier lieu de grouper nos ressources et nos forces communes par la fondation de syndicats.

Cette question sera mise à l'étude au congrès.

D'autre part, la création d'une caisse de secours et de prévoyance s'impose dans chaque établissement.

Nous avons démontré à l'instant que l'ouvrier ne recevait pas l'équivalent du travail qu'il abandonnait au patron ; eh bien, en bonne justice, nous pensons que le patron doit, en compensation, pourvoir à la création de cette caisse par une première mise suffisante, laquelle caisse venant à s'augmenter dans la suite, par les efforts combinés du patron et des ouvriers, procurera à ces derniers des ressources contre le chômage, les maladies, en un mot, contre la misère en général.

Il y a certainement là un moyen de diminuer notre misère imméritée.

Au sujet de la création de cette caisse, les ouvriers congressistes ont résolu de poser le principe d'une demande à formuler à une certaine catégories de personnes opulentes ; nous voulons parler de ces anciens chefs d'industrie, qui, au cours d'une période encore peu éloignée, ont traversé une phase de prospérité étonnante, prospérité ayant élevé des fortunes considérables que ces anciens chefs d'industrie détiennent pour la plupart encore aujourd'hui.

Dieu nous garde de leur en contester la légitimité ; l'Encyclique a suffisamment produit son œuvre sur nous pour que nous n'allions pas jusque-là ; mais ces fortunes ne se sont pas seulement constituées par l'impulsion intelligente imprimée aux affaires par les chefs d'industrie ; ces chefs d'industrie ont eu encore d'autres collaborateurs, leurs nombreux ouvriers qui, alors que les maîtres sont devenus très riches, sont, eux, demeurés pauvres, n'ayant tiré de ces affaires si lucratives à leur époque qu'un salaire sur lequel ils n'ont rien pu économiser.

Eh bien, c'est à cette catégorie de fortunés que nous avons à faire appel, pour qu'ils viennent grossir, par une large libéralité, le fonds de roulement des caisses de secours et de prévoyance à établir dans des usines qui ont été les leurs, dans des établissements qui ont été la source de leurs fortunes.

La pénurie de ressources des membres de la grande famille industrielle, dont ils ont fait partie dans un ordre élevé, leur fait un devoir d'atténuer l'énorme disproportion dans l'attribution des résultats retirés d'un travail commun.

Voici un passage de l'Encyclique qui nous autorise à tenir ce langage :

« L'équité demande donc que l'on se préoccupe des travailleurs et faire en sorte que, de tous les biens qu'ils procurent à la société, il leur en revienne une part convenable. »

Avant de reproduire cette citation, nos regards sont tombés sur un tout petit coin de la couverture de l'Encyclique, où il y a cette courte recommandation : « Que chacun se mette à la tâche sans délai. »

Faisons donc vite, patrons et ouvriers, le Père a parlé.

Comme conclusions, et en vue d'atténuer la misère mise à jour par ce rapport, misère imméritée, répétons-le encore, nous proposons à l'examen du congrès :

1° La création de syndicats groupant nos ressources et nos forces communes ;

2° La création d'une caisse de secours et de prévoyance dans chaque établissement industriel ou exploitation.

Il conviendra d'examiner les moyens qui devront être employés pour déterminer les patrons à accomplir un acte de justice, en pourvoyant par leurs propres ressources aux fonds nécessaires à la création de ces caisses.

Plusieurs apôtres zélés de la cause ouvrière, et non des moins éminents, ont mis en avant le droit de l'ouvrier à une pension de retraite qui assure sa vieillesse ; nous avouons ne pas avoir suffisamment étudié la question afin de pouvoir la traiter avec quelque autorité.

Nous espérons que pour suppléer à notre insuffisance notre congrès sera honoré de la présence de l'un ou plusieurs de ces apôtres ; qu'ils soient les bienvenus parmi nous.

Rapport de la Délégation ouvrière de Charleville
au Congrès ouvrier de Reims

Rapport sur le salaire

Les ouvriers des diverses industries de Charleville, réunis en assemblée plénière, au nombre de près de deux cents, ont acclamé à l'unanimité l'idée du Congrès ouvrier de Reims, et ont décidé qu'un certain nombre d'entre eux seraient délégués pour les représenter à ce Congrès.

Les groupements professionnels se sont immédiatement réunis et ont nommé ces délégués.

Le groupe de la *Ferronnerie*, de beaucoup le plus nombreux, a choisi cinq délégués, ce sont : MM. Dombray Henry, ouvrier chez M. Moreaux, Claude Paulin, Bocquart Armand et Dubois Alphonse, ouvriers chez M. Jubert, Mouchette Eugène, employé chez Mme Jules Jacquemart.

Le groupe de la *Fonderie*, des mouleurs, a délégué M. Louis Raquin, ouvrier chez MM. Deville et Paillette (ancienne maison Corneau).

Le groupe du *Bois* a délégué M. Eugène Médard, ouvrier chez M. Pelletier-Dapremont, celui de la *Pierre*, M. Emile-François Taper, également ouvrier chez M. Pelletier.

La *Clouterie* s'est fait représenter par M. Pierre Ladouce, ouvrier chez M. Renard-Crespel, la *Typographie* par MM. Ernest Lancereaux, de l'Imprimerie Nouvelle, et Joseph Adam, de l'imprimerie Anciaux.

Le mercredi et le vendredi de chaque semaine, ces délégués se sont réunis pour étudier ensemble une question du programme du Congrès; la question qui leur a semblé la plus importante, capitale même, pour améliorer leur situation, fut la question du salaire.

Afin de bien fixer son taux dans leur contrée, et son rapport exact avec le coût de la vie chez eux, suivant les conseils donnés par « la Corporation,» ils ont fait une enquête sérieuse dont voici les résultats :

1° Noms des patrons et nombre des ouvriers de chaque profession à Charleville :

A. Ferronnerie.

MM.

	ouvr.	ouvr...
Jubert frères, rue Longueville, occupe	100	. 20
Ach. Blairon, route Nationale	30	
Ballot-Peret —	20	
Deville et Paillette, r. Pont-Suspendu	500	
Demangelle fr., faub. de Flandre	20	
Moreaux Eugène —	80	
Moreaux Charles —	50	
Soit un total de	800	20

B. Clouterie.

Gailly fr., rue de l'Abreuvoir, occupe	150	
Renard-Crespel, rue du Haras	100	
Husson, rue du Pont-Suspendu	80	
Soit un total de	330	

C. Typographie.

Imprimerie nouv. r. Forest (Courrier)	15	
Anciaux, rue de l'Arquebuse (La Croix)	30	10
« Petit Ardennais » cours d'Orléans	15	
Colin, route Nationale	10	
Fortant, cours d'Orléans	5	
Ruben		
Rousseaux		
Soit un total de	75	10

D. Brosserie.

Léon Blaise, au Moulinet, occupe	30
Adam Blaise, rue St-Dominique	40
Herbillon, faubourg de Flandre	100
Vve Engel, r. du Palais-de-Justice	20
Parant-Toupet, place Ducale	20
Gollinet, rue de Condé	20
Vany frères, rue de Clèves	30
Van Houtheghen, faubourg de Flandre	10
Santerre et Migeot, r. St-Dominique	25
Soit un total de	295

E. Verrerie.

Vve Dewez, au Moulinet, occupe 60 ouv. et 30 enf.

Total général des ouvriers : Ferronnerie	800
Clouterie	330

Typographie   75
Brosserie   295
Verrerie   60

Total : 1560 ouvriers travaillant à l'usine ou au magasin.

2° Salaire réel par catégorie, pour chacune de ces professions et industries :

Nous divisons les ouvriers en 3 catégories : la 1re comprend les bons ouvriers, la 2me les ouvriers moyens, et la 3me les manœuvres, petits ouvriers, etc.

A. Ferronnerie.

1° Catégorie. Salaire journalier	6.50	
2° — —	4.25	
3° — —	2.50 à 3 f.	
Femmes —	1.50 à 2 f.	

B. Clouterie.

1° Catégorie. Salaire journalier	6. » à 7 f.
2° — —	4. » à 5 f.
3° — —	3. » à 4 f.
Enfants —	1.50 à 2 f.

C. Typographie.

1° Catégorie. Salaire journalier	6. » à 7 f.
2° — —	5. » à 6 f.
3° — —	4. » à 5 f.

D. Ouvriers en bâtiments.

Bois et Pierre

1° Catégorie. Salaire journalier	5. » à 6 f.
2° — —	4. » à 5 f.
3° — —	3. » à 4 f.

E. Brosserie.

1° Catégorie. Salaire journalier	7. » à 8 f.
2° — —	5. » à 6 f.
3° — —	3. » à 4 f.
Femmes —	2 f.
Enfants —	1.50

F. Verrerie.

1° Catégorie	130 f. par mois, soit	5.	par jour
2° —	90 f. —	3.	—
3° —	70 f. —	2.25	—
4° —	45 f. —	1.50	—
Enfants 1° Catégorie	32 f. par mois		
2° —	28 f. —		
3° —	24 f. —		
4° —	18 f. —		

3° Durée minimum de chômage pour chaque profession :

En dehors des dimanches et fêtes :

La Ferronnerie chôme 30 jours par an.
La Clouterie   néant.
La Typographie   néant.
La Brosserie   —   3 mois   —
La Verrerie   —   3 mois   —

4° Dépense journalière d'une famille d'ouvriers :

A — Famille composée du père, de la mère, de 4 enfants ne travaillant pas et d'une grand'mère.

Loyer, 15 fr. par mois — par jour	0.50
(2 pièces et 1 petit cabinet)	
Nourriture	3.15
Chauffage	0.50
Entretien	1.00
Boisson	0.50
Soit	5.65 par jour

Le père qui seul travaille gagne 3 f. 70 (?)

B — Famille composée du père, de la mère et de 3 enfants ne travaillant pas.

Loyer, 16.50 par mois — par jour	0.55
(2 pièces et 1 cabinet)	
Nourriture	2.75
Chauffage	0.50
Entretien	0.80
Boisson	0.50
	5.10

L'enquête faite par les délégués de Charleville montre donc que pour beaucoup d'ouvriers la situation actuelle est navrante ! La *dépense nécessaire* pour la vie de l'ouvrier et de sa famille, pour son entretien, est dans presque toutes les familles supérieure de beaucoup au salaire qui est le fruit de son travail.

Il y a donc là une situation anormale, une situation qui est absolument en opposition avec les lois de la nature « l'homme doit vivre de son travail » — en opposition avec les ordres formels du Souverain Pontife, qui dans son admirable Encyclique a si énergiquement pris la défense de la classe ouvrière.

C'est cette situation qui a donné naissance au socialisme dans ce pays, c'est cette situation qui crée cet antagonisme continuel, cette haine même entre la classe ouvrière et les patrons.

C'est donc à cette situation qu'il faut trouver un remède.

Le mal est double : 1° Le salaire est insuffisant, et 2° la dépense nécessaire à la vie est excessive.

C'est donc pour remédier à ce double mal que la délégation de Charleville a étudié *et le moyen d'augmenter les salaires et le moyen de diminuer les dépenses des travailleurs.*

1° Augmentation des salaires.

Les délégués au Congrès de Reims,

Considérant que dans l'état social actuel, en raison et de la concurrence effrénée et du libre échange de toutes les marchandises, il y a pour le patron une impossibilité absolue d'augmenter les salaires,

Considérant d'autre part que cet état social, tout au détriment de la classe ouvrière, ne pourrait qu'amener un conflit et un cataclysme, émettent les vœux :

A — Que les représentants du peuple et les gouvernements prennent souci de cette situation, et qu'ils fassent des lois destinées à diminuer, à limiter la concurrence, à favoriser l'industrie nationale, à arriver ainsi à la représentation professionnelle dans les pouvoirs législatifs;

B — Que les patrons se préoccupent davantage du sort de leurs ouvriers, et que là où les bénéfices le permettent ils augmentent leur salaire, ou du moins emploient une partie de ces bénéfices dans la fondation et la création d'œuvres économiques.

2° Diminution des dépenses.

Les délégués de Charleville au Congrès ouvrier de Reims,

Considérant que les dépenses de la vie sont augmentées par les charges des octrois qui pèsent plus lourdement sur les travailleurs que sur les bourgeois ;

Considérant que leur isolement les met à la merci des petits marchands qui spéculent sur leurs besoins, à la merci des propriétaires qui font payer aux bons locataires les risques qu'ils courent avec les mauvais, etc., émettent les vœux :

A — Que les octrois soient supprimés;ou du moins que les charges soient réparties d'une façon plus équitable et qu'elles atteignent la classe aisée plutôt que la classe des travailleurs ;

B—Que la Société Economique de Notre-Dame de l'Usine de Reims établisse une succursale à Charleville, avec facilité pour les ouvriers de cette ville de participer à tous les avantages qui sont faits aux ouvriers de Reims, tels que faculté d'y placer leurs économies, participation dans les bénéfices, etc ;

C — Que les patrons qui ont souci des intérêts moraux et matériels de leurs ouvriers construisent des cités ouvrières, où le travailleur aurait un logement sain et à meilleur marché, et dont même par une combinaison sage et prudente il pourrait devenir propriétaire au bout d'un certain nombre d'années ;

D — Ou du moins qu'il se fonde à Charleville une association de garantie qui obtiendrait un notable abaissement des loyers, par l'assurance et la garantie de bons locataires;

E — En présence de l'insalubrité, de la malpropreté d'un grand nombre de logements ouvriers, en présence de l'incurie des propriétaires pour les logements, que la Commission d'Hygiène passe plus souvent et plus régulièrement dans ces logements pour les faire nettoyer et les rendre sains et habitables : cette commission d'hygiène pourrait passer par exemple tous les deux mois.

Charleville, le 13 mai 1893.

Les délégués du Congrès.

------------- ⚜ -------------

Groupe chrétien d'études sociales

DE CONS-LA-GRANDVILLE

Rapport sur les salaires

Tout ouvrier doit avoir un salaire suffisant pour le faire vivre ainsi que sa famille. Nous espérons que les cercles d'études sociales pourront arriver à établir, dans chaque spécialité de travail, un conseil pris parmi les patrons et les ouvriers : ce conseil pourrait s'entendre dans la mesure du possible pour arrêter un tarif commun devant assurer aux ouvriers un salaire convenable ; tous les patrons s'engageraient d'honneur à respecter les décisions prises. Cette mesure est indispensable afin d'enrayer la concurrence déloyale, qui toujours se fait au détriment des ouvriers.

Dans notre genre d'industrie, beaucoup d'articles de clouterie, de ferronnerie ne se fabriquent pas dans de grandes usines, ch que ouvrier a son petit atelier, va chez son patron chercher la commande et le fer nécessaire à son travail et livre sa marchandise tous les 8 ou 15 jours. Chaque village a sa spécialité; avec de l'entente, beaucoup d'améliorations seraient faciles à obtenir, les cercles chrétiens d'études sociales nous seront d'une très grande utilité.

Dans les adjudications faites par les administrations des départements ou des communes, un minimum de salaire doit être spécifié dans le cahier des charges ; par ce moyen, les entrepreneurs peu scrupuleux ne pourraient employer que des ouvriers gagnant leur vie.

Commission d'études sociales

DU VAL-DES-BOIS

2ᵉ Question. — Salaire

Nous ne pensons pas que la situation actuelle de l'Industrie permette d'élever le salaire direct de manière qu'il suffise toujours à l'ouvrier et à sa famille, selon ce qui est prescrit par l'Encyclique de Léon XIII. Demander cela serait demander l'impossible . la nécessité de faire face à la concurrence lie absolument les mains des patrons, et nous ne pouvons guère espérer à bref délai une fixation légale du minimum de salaire.

Nous devons donc recourir à des institutions qui, sans augmenter le salaire directement, le rendent suffisant, soit en diminuant les dépenses, soit en lui ajoutant indirectement le complément nécesaire.

Le Val-des-Bois possède plusieurs de ces institutions.

1º *Caisse de famille.* — Cette caisse, alimentée par les patrons, est destinée à venir en aide aux ouvriers chargés d'enfants et dont le salaire est insuffisant. Elle assure à chaque famille, par tête et par jour, un minimum de 60 centimes en été, de 70 centimes en hiver, quel que soit l'âge des enfants ; cela correspondrait pour la ville à 80 centimes en moyenne. C'est-à-dire que la caisse ajoute à la paie du chef de famille et de ceux des siens qui travaillent une somme telle que le total fasse 60 cent. ou 70 cent. par tête et par jour dans la famille.

Pour être plus clair, donnons quelques exemples :

Un homme a une femme et 6 enfants, lui seul travaille et gagne comme manœuvre 3 fr. 25 par jour ; travaillant 12 jours par quinzaine, il touche à la paie 39 fr. Or, 14 jours à 60 cent. par tête pour 8 personnes font 67 fr. 20, la caisse de famille ajoute à son salaire ce qui lui manque, c'est-à-dire 28 fr. 20 en été.

Une femme veuve, ayant 3 enfants trop jeunes pour travailler, gagne 2 fr. par jour, ce qui lui fait 24 fr. par quinzaine. Pour avoir 60 cent. par jour et par tête à eux 4, il lui faudrait 33 fr. 60, la caisse de famille lui donne la différence, soit 9 fr. 60.

Un homme ayant à nourrir sa femme, 5 enfants et son vieux père, par son seul travail, gagne 4 fr. 50 par jour, soit une quinzaine de 54 fr. ; la famille de 8 personnes, à 0 fr. 60 par tête et par jour, devrait avoir 67 fr. 20 : la caisse de famille fait la différence, 13 fr. 20.

On assure ainsi, sinon l'aisance, du moins le pain quotidien et le vêtement nécessaire ; on évite sinon la pauvreté, du moins cette misère qui règne toute l'année dans certaines familles ouvrières nombreuses où la faim fait crier les enfants et pleurer les mères, cette misère noire qui fait les désespérés et les révoltés.

La Caisse de famille est bien nommée ; grâce à elle, la famille peut vivre tout en devenant nombreuse ; grâce à ce secours, elle peut traverser sans trop souffrir la période pénible et dangereuse après laquelle le nombre des enfants amène infailliblement l'aisance et ces bénédictions temporelles promises par Dieu aux familles qui se multiplient.

2° *Boni corporatif.* — Le boni corporatif se compose d'une somme proportionnelle aux achats faits par le moyen des institutions économiques. Cette somme, fixée chaque semestre par le Conseil, est inscrite par le Trésorier sur le livret corporatif, et versée à la Caisse d'épargne de l'usine. Elle est remise à la famille dans les quatre cas suivants :

a) Au chef de famille, quand il a atteint cinquante ans d'âge ;

b) A la veuve, en cas de décès du chef de famille ;

c) En cas d'infirmité grave de celui qui nourrit la famille de son salaire ;

d) En cas de départ de l'usine, ou d'exclusion, ou de retrait du Syndicat, sauf déduction des sommes qui pourraient être dues à la Société coopérative ou à l'Economat.

Le boni corporatif étant un pur don de la Corporation aux familles de ses membres, est incessible et inaliénable ; il ne peut être ni vendu ni acheté.

Ceux mêmes qui sont aidés par la Caisse de famille n'en possèdent pas moins le boni corporatif, qui va grossissant chaque année et qui leur prépare une précieuse ressource pour l'avenir.

3° *Sociétés coopératives de consommation.* — Caisse de prêt et facilités pour les achats.

4° *Caisse d'épargne* avec 5 0/0 d'intérêt, permettant aux ouvriers d'amasser dans la prospérité pour les mauvais jours.

Résolutions

1° Les délégués émettent le vœu que l'institution de la Caisse de famille se propage le plus possible, sous ce nom ou sous tout autre ; que quelle que soit la source des fonds destinés à l'alimenter, on cherche à lui donner la garantie et la stabilité qui lui sont nécessaires. Les Corporations dans les villes ne pourraient-elles rendre les mêmes services ?

2° Ils émettent également le vœu de voir se répandre partout les sociétés coopératives, l'institution du boni corporatif et les Caisses d'épargne ouvrières.

Cercle chrétien d'études sociales

DE SAINT JEAN-BAPTISTE DE REIMS
2° *question* — Salaire de l'ouvrier

La question des salaires est une des plus épineuses à notre avis. Elle pourrait se résoudre par l'application rigoureuse de l'évangile, si patron et ouvrier mettaient en pratique ces quelques mots : « Aimons notre prochain comme nous-mêmes », « ne faites pas à autrui ce que vous ne voudriez pas que l'on vous fît. » Un grand pas sera fait vers la solution de la question sociale le jour où un mouvement bien marqué se produira en faveur des grands enseignements contenus dans l'Evangile.

Exemple. — Un patron qui aimerait ses ouvriers comme ses frères et qui au lieu d'aller passer tous ses dimanches à la campagne, en consacrerait de temps en temps un à visiter ses ouvriers à domicile, s'informant de leurs besoins, des difficultés qu'ils ont à surmonter pour mettre les deux bouts ensemble, il saurait dans ces causeries intimes ce que coûte le pain quotidien et ce qu'il faut réellement à chacun de ses ouvriers pour vivre ; et alors viennent ces jours de crises, qui de nos jours tendent malheureusement à se renouveler trop fréquemment, alors, dis-je, il pourrait discuter en connaissance de cause, il serait amplement renseigné.

Une des grandes causes du dédain que beaucoup d'ouvriers manifestent à l'égard de leurs patrons vient de ce que ceux-ci ne sont pas assez connus de leurs ouvriers, et on peut dire que les trois quarts des patrons qui occupent en moyenne 200 ouvriers auraient bien du mal d'en désigner une vingtaine par leurs noms ; c'est ce qui fait souvent dire aux ouvriers, qu'aux yeux du patron ils ne sont que des machines, et malheureusement trop souvent, hélas, ils n'ont pas toujours tort, car beaucoup de patrons agissent à leur égard comme si réellement leurs ouvriers n'étaient pas leurs semblables ; ils les considèrent comme tout au plus bons à faire grossir leur capital. Tant qu'il en sera de même, l'accord ne sera pas facile à faire : il faut que le patron tende une main fraternelle à l'ouvrier, mais la religion seule peut amener ce résultat.

Moyen d'aider les pères de familles chargés d'enfants

On nous cite un chef d'usine qui avait pris pour habitude d'augmenter ses employés lorsqu'ils se mariaient; ainsi qu'à chaque naissance, ne pourrait-on pas trouver des combinaisons qui puissent, sans porter préjudice à leurs camarades, favoriser les chefs de familles nombreuses. Ce serait un moyen tout trouvé pour arrêter la dépopulation de la France; car il ne faut pas se le dissimuler, la foi allant toujours en baissant et la cherté des vivres au contraire progressant de plus en plus, tuent la France future dans son germe. Ici comme plus haut la religion peut beaucoup.

Confrérie de N.-D. de l'Usine et de l'Atelier
DE MOHON
Salaire

La situation actuelle du salaire est de 3 francs au minimum, et 4 francs au maximum, suivant les corps d'état.

Il faudrait aider ceux qui sont chargés de famille, soit en leur diminuant les charges qui pèsent sur tous les ouvriers en général.

On pourrait prendre exemple sur les chemins de fer, il est un fait sur lequel nous insistons. Pourquoi beaucoup d'ouvriers des ateliers de chemin de fer à Mohon ont-ils un franc de moins par jour que ceux des autres ateliers de la même Compagnie ? Les logements sont à des prix fort élevés, aussi bien qu'ailleurs. Il y a des ouvriers qui ont un jardin attenant à leur maison, mais la plus grande partie n'en a pas.

Le Congrès pourrait former un vœu pour que les communes, les administrations etc., achètent tous les produits de manière à favoriser le travail national.

3ᵉ Question

Cercle chrétien d'études sociales
DE SAINTE-GENEVIÈVE DE REIMS

RAPPORT SUR LE REPOS DOMINICAL

Messieurs,

Il y a un siècle, un régime nouveau proclamait les droits de l'homme.

Est-ce à dire qu'après l'écoulement de ce siècle les droits de l'homme soient respectés ? Ce serait une naïveté de le croire.

Remarquons, Messieurs, que l'homme, aussi bien que les sociétés humaines, porte en lui-même une loi naturelle, laquelle loi doit être rigoureusement suivie, si l'on ne veut être condamné à un dépérissement matériel et à une destruction morale.

Un des commandements de cette loi naturelle, donnée à l'homme par son Créateur, est celui-ci :

« Tu travailleras six jours et te reposeras le septième. »

Une nation qui ne se conforme pas à cette loi porte atteinte au bien social, moral, intellectuel et physique de ses membres.

Proud'hon, le fameux révolutionnaire, dans un langage qui nous a profondément émus, dit, en saluant l'Éternel et se ralliant à l'observation d'un jour de repos :

« La nécessité d'un jour de repos sur sept est écrite dans la nature même de l'homme. Il est évident, pour moi, que cette loi a été dictée par celui-là même qui, étant l'auteur de la constitution du corps humain, en connaissait à fond les ressources et les exigences. »

Pendant 18 siècles, l'observation du dimanche, en tant qu'arrêt de tout travail, avait été la règle immuable de tous les peuples chrétiens, qui n'avaient fait en cela que se conformer à la loi naturelle ; mais, depuis la fin du dix-huitième et au cours du dix-neuvième siècle, les raisonnements des sophistes, auxquels sont venus se joindre l'appât âpre au gain, l'activité fiévreuse de production et de commerce, ont détruit ce bienfait consacré par les siècles.

Nous montrerons plus loin qu'aucun profit matériel ne peut en sortir, et qu'au point de vue moral c'est une catastrophe.

Ne faisons que glisser sur la nécessité d'un jour de repos, puisque la loi en date du 2 novembre 1892 l'a reconnu et imposé, du moins en ce qui concerne la population ouvrière des manufactures et usines de production en général, mais en laissant subsister de regrettables et trop larges exceptions.

Mais voilà justement où cette loi, qui devait nous donner satisfaction, vient léser nos intérêts les plus sacrés, notre dignité d'hommes libres, ainsi que nos devoirs de chefs de famille.

Il eut semblé très naturel, n'est-ce pas, que le Parlement français, votant la loi consacrant un jour de repos, eut adopté le dimanche ; cette loi eut dénoté une œuvre française, c'est-à-dire droite et correcte ; nos représentants ont préféré s'en tirer par une chinoiserie, en fixant un jour, n'importe lequel, au gré de nos patrons.

C'est là ce qui constitue l'atteinte portée à notre dignité d'hommes libres.

Le piquant contraste de cette loi imbécile, c'est que l'État donne congé le dimanche à ses administrations, à ses écoles, etc., et à ses députés, « ceux qui ont voté la loi et qui n'ont pas besoin du dimanche pour s'en procurer », et qu'il nous conteste, à nous autres, ouvriers, de jouir de ce jour fêté par l'usage, de ce jour qui nous permet de nous retrouver au milieu de nos familles.

Nous appelons encore Proud'hon à notre aide, il nous dira ce dont le travail du dimanche prive les familles:

« La joie du dimanche se répand partout, dit-il ; les
» douleurs plus solennelles sont moins poignantes ; les
» regrets moins amers.

» Les sentiments s'épurent ; les époux retrouvent une
» tendresse vive et respectueuse, l'amour maternel ses
» enchantements ; la piété des fils s'incline avec plus de
» docilité sous la tendre sollicitude des mères, » et nous ajouterons sous les enseignements éducatifs et les bons exemples de morale du père.

Et Proud'hon était un révolutionnaire !

Mais comment voulez-vous donc, législateurs, que cela puisse avoir lieu si, le dimanche, vous autorisez un patron à arracher de leur foyer ou le père, ou la mère, ou bien quelqu'un des enfants déjà en âge de travailler; l'un sera retenu à l'atelier ou à l'usine le mardi, un autre le mercredi, un autre le jeudi, etc., et, par cette mesure, vous avez la certitude de concourir à la désorganisation physique et morale de la famille.

Est-ce ce résultat que vous avez rêvé d'obtenir ? S'il en est ainsi, votre cas relève de M. Pasteur, appelez-le au milieu de votre assemblée, vous avez besoin de son traitement.

Nous avons dit que le repos hebdomadaire n'était plus contesté, puisqu'il a été consacré par la loi du 2 novembre 1892, mais qu'il n'en est pas de même, dit M. Chesnelong, du repos dominical, qui trouve encore des adversaires lesquels y voient un anachronisme humiliant, le signe honteux d'une domination théocratique menaçante. Nous rappellerons cette phrase dans un instant.

Nous avouons n'avoir que faire de tous ces mots ; ce que nous demandons, c'est de pouvoir nous retrouver le dimanche dans le sein de nos familles où notre place nous appelle.

Nous savons tous que nous ne pouvons nous affranchir de la contrainte d'un maître, qui nous donnera l'ordre de travailler le dimanche, qu'à moins de nous exposer à perdre notre emploi; mais alors c'est la misère et les privations de toutes sortes en perspective pour les nôtres et pour nous-mêmes; nul ne pourra s'y résoudre; et voilà comment un parlement démocratique nous force à subir, selon l'expression de M. Chesnelong, la double servitude d'une domination qui opprime notre droit et que notre situation ne nous permet pas de défendre.

Et maintenant, nous pourrions nous demander à quelles préoccupations ont pu obéir nos édiles en refusant d'adopter, en dépit du bon sens le plus élémentaire, le dimanche comme jour de repos de préférence à tout autre de la semaine.

Est-ce dans un but de neutralité religieuse?

Quel culte l'adoption du dimanche léserait-elle donc?

Les catholiques, les protestants, le rite grec, tous les chrétiens, en un mot, s'en réjouiraient; les libres-penseurs ne se trouveraient pas gênés pour leur culte qui est une négation; comme les premiers, ils auraient le bonheur de se sentir libres au milieu de leurs enfants en habits de fête; quant aux israélites... Oh! quant aux israélites, c'est une autre affaire! Bien des choses ont été faites à leur intention, mais celle-ci ne peut leur profiter.

Prenez la lanterne de Diogène et cherchez l'élément israélite au milieu des classes laborieuses; comme Diogène, qui ne trouvait pas d'hommes sages, vous ne trouverez pas davantage d'israélites parmi les travailleurs de la production; ils sont trop sages pour s'égarer dans cette galère.

Mais alors, le motif?

Nous pensons avoir trouvé, pas les hommes sages, mais le motif.

« C'est sans doute l'anachronisme humiliant, le signe
» honteux d'une domination théocratique toujours mena-
» çante. »

Et c'est pour de semblables balivernes, c'est pour contenter de stupides rancunes, que nous avons été sacrifiés, au mépris du droit primordial que le Créateur nous a donné avec la vie, au mépris de tous les usages, au mépris de notre liberté, ainsi qu'à celui du bien-être moral et physique de nos familles.

Cependant, par leur participation à la conférence internationale de Berlin, nos délégués n'ont-ils pas contracté pour nous, dit M. Fénelon Gibon, une sorte d'engage-

ment moral, à la portée duquel la République Française
a le plus grand tort de se soustraire, un engagement qui
nous lie vis-à-vis des nations voisines, au témoignage
des jurisconsultes autorisés, et vis-à-vis du monde ouvrier qui a exprimé le vœu de cette réforme au point de
vue législatif et qui l'attend. Bon peuple !

Pour votre édification, voici le texte officiel des demandes incrites dans le programme de la conférence de
Berlin, suivi des décisions y relatées, empruntées au pro-
tocole final signé le 29 mars 1890, par les représentants
de l'Allemagne, de l'Autriche-Hongrie, de la Belgique,
du Danemark, de l'Espagne, de la Grande-Bretagne, de
l'Italie, du Luxembourg, des Pays-Bas, du Portugal, de
la Suède et de la Norvège, de la Suisse et de *la France* :

« 1° L'interdiction du travail du dimanche doit-elle
» former la règle, sauf les cas d'exception nécessaire ?

» R. Il est désirable, sauf les exceptions et les délais
» nécessaires dans chaque pays, qu'un jour de repos par
» semaine soit assuré aux personnes protégées, qu'un
» jour de repos par semaine soit assuré à tous les ou-
» vriers de l'industrie ; que ce jour soit fixé au dimanche
» pour les personnes protégées, que ce jour de repos soit
» fixé au dimanche pour tous les ouvriers de l'industrie. »

» 2° Si l'on arrivait à une entente par rapport à l'inter-
» diction du travail du dimanche, quelles seraient les ex-
» ceptions admissibles ?

» R. Des exceptions sont admissibles :

» A l'égard des exploitations qui exigent la continuité
» de la production pour des raisons techniques, ou qui
» fournissent au public des objets de première nécessité
» dont la fabrication doit être quotidienne ;

» A l'égard des exploitations qui, par leur nature, ne
» peuvent fonctionner que dans des saisons déterminées
» ou qui dépendent de l'action irrégulière des forces na-
» turelles ;

» Il est désirable que, même dans des établissements
» de cette catégorie, chaque ouvrier ait un dimanche li-
» bre sur deux.

» 3° De quelle manière serait-il statué sur ces cas
» d'exception ? Par une entente internationale, par les
» lois ou par voie administrative ?

» R. Dans le but de déterminer les exceptions à des
» points de vue similaires, il est désirable que leur régle-

» mentation soit établie par suite d'une entente entre les dif-
» férents gouvernements. »

La France a signé cela, Messieurs ! n'avons-nous pas à rougir de la façon dont sont tenus les engagements pris en notre nom ?

Puisqu'il n'y a plus de dimanche pour nos législateurs, et que c'est le lundi qui souvent remplace le dimanche, nous allons examiner si ce système est profitable aux patrons à qui l'on a laissé le choix d'un jour de repos.

Des rapports constatent qu'en regard des verreries qui marchent bien en Angleterre, où il n'y a aucun travail le dimanche, les verreries belges qui travaillent le même jour se sont presque toutes ruinées.

Et lord Macaulay expose avec autorité les fondements de la fortune industrielle de ses compatriotes.

« Si, dit-il, le dimanche n'avait pas été observé comme
» un jour de repos, mais que la hache, la bêche, l'enclu-
» me et le métier à tisser eussent fonctionné tous les
» jours, pendant les trois derniers siècles, je n'ai pas le
» moindre doute que nous serions en ce moment un
» peuple plus pauvre et moins civilisé que nous sommes. »

On doit admettre en général que le travail du dimanche ne peut être fructueux au patron ; l'ouvrier ressent comme un bourdonnement de fêtes et de distractions, il sait de plus l'isolement des siens, en un mot il lui manque quelque chose à l'âme, et la production s'en ressent forcément.

Et puis, il y a le lundi.

Oh ! la St-Lundi, parlez-en aux ménagères !

Messieurs, certains d'entre nous ont pu se ressentir de cette brutale manière d'agir de quelques établissements industriels de notre place, pourvus d'une alimentation insuffisante en façons, et traitant cette pauvre alimentation, de préférence le dimanche, quitte à envoyer les ouvriers se promener, certains autres jours de la semaine.

Voilà une preuve de fièvre, mais non pas de bonne santé commerciale.

Indépendamment des verreries dont nous parlions tout-à-l'heure, nous avons eu sous les yeux d'autres témoignages, dont quelques-uns émanent d'industries à feu continu.

*Raffinerie de sucre Ch. Graëffe et Cie à Molenbeck
-Saint-Jean près Bruxelles*

Dit que, construite et aménagée en vue d'une production annuelle de 1 million de kilogrammes de sucre
au maximum, l'usine a pu, malgré le repos du dimanche;
produire jusqu'à 5 millions de kilogrammes. Elle
ajoute :

» En outre, nos ouvriers sont heureux, et jouissent
» d'une excellente réputation. »

*M. J. M. Langeron, représentant de la Cie des Mines
de Blanzy, Saône-et-Loire*

Certifie qu'autrefois il était d'usage de travailler
dans l'usine de M. Henri Satre, constructeur-méca-
nicien à Lyon, au moins une demi-journée le dimanche ;
mais par contre, 60 à 70 0/0 des ouvriers chômaient le
lundi, et la moitié environ de ce nombre manquait
encore le mardi.

Par suite de la suppression complète du travail du
dimanche, le nombre des ouvriers bambocheurs a
considérablement diminué, et, au bout de très peu de
temps, M. Satre a pu constater que les fêteurs de la
St-Lundi ne représentaient plus qu'une proportion de
1 à 2 0/0.

A l'époque où l'on travaillait le dimanche, 20 à 25
ouvriers pour cent étaient sous le coup de saisies-arrêts
pour dettes contractées chez les fournisseurs ; depuis
l'application de son nouveau règlement, M Satre a eu
la satisfaction de voir à peu près disparaître les saisies
sur les salaires des ouvriers. Je crois même, ajoute-t-il,
qu'aujourd'hui ce fléau a complétement disparu. »

C'est concluant, n'est-ce pas ?

*La Direction Générale de la Société Internationale de
Construction et d'entreprise de travaux publics, à
Braine-le-Comte (Belgique)*

Dans une conclusion, expose ceci :

« L'appréciation des résultats du repos hebdomadaire
» n'a pas été pour nous jusqu'ici l'objet d'une étude
» spéciale ; mais il est de fait que nos ouvriers, animés
» du meilleur esprit, sont restés sourds aux excitations
» du dehors, et complétement étrangers à tous les mouve-
» ments grévistes qui se sont produits. »

MM. Gillet et fils, teintureries de soie à Serin, près Lyon
Disent :
« Depuis 20 ans que nous avons fait fermer nos ateliers
» le dimanche, sans les ouvrir une seule fois, nous avons
» vu la prospérité s'accroître dans notre maison, au point
» qu'ayant une industrie commencée avec 4 ou 5 ouvriers,
» nous en occupons aujourd'hui de 12 à 1400. Nous
» rendons grâces à Dieu de nous avoir inspiré cette
» pensée, car nous faisons aujourd'hui de brillantes
» affaires. »

M. Avonzini, directeur de la fabrication de chaux,
ciment et tuiles, à Crest-sur-Villeneuve (Vaud)
« Sauf de rares individualités, j'ai observé que les
» ouvriers qui travaillent le dimanche sont moins à leur
» aise, car ils se prévalent de ce prétendu travail supplé-
» mentaire pour se choisir certains jours de bamboche.
» Le dimanche au repos fortifie l'union conjugale ;
» il attache les parents aux enfants et les enfants aux
» parents. »

Nous ne pouvons vous citer tous ces témoignages, tous
plus concluants les uns que les autres : verreries, hauts-
fourneaux, sucreries, constructions mécaniques, tissages,
fabriques de papiers, imprimeries, et notamment celui de
la Cristallerie de Baccarat, (Meurthe-et-Moselle), dont les
établissements d'une réputation universelle occupent
3.000 ouvriers.

Ne nous refusons donc pas à reconnaître qu'indépendamment de la loi naturelle, la loi divine donne une impulsion mystérieuse et bienfaisante aux industries qui
respectent le repos du dimanche.

En dehors de l'industrie, nos administrations, ainsi
que nos maisons de commerce françaises, offrent le spec-
tacle d'une plaie encore plus hideuse.

Sur 300.000 employés de chemin de fer, on en compte
250.000 qui ne jouissent à peu près d'aucun repos le dimanche.

Signalons toutefois que le 22 juillet 1889, la compagnie de Lyon, que l'on ne saurait trop remercier de sa
généreuse initiative, soumettait au ministre une proposition tendant à la fermeture des gares de petite vitesse
pendant la journée des dimanches et jours fériés.

A la suite de cette proposition, la commission spéciale,

constituée au sein du comité consultatif des chemins de
fer, proposa enfin la transaction suivante :

« Les compagnies se sont mises d'accord pour fermer
« leurs gares de marchandises le dimanche à dix heures
« du matin au lieu de midi. »

Cette combinaison imparfaite et boiteuse est loin de
nous donner satisfaction ; nous en prenons acte et nous
l'acceptons comme un premier pas dans la voie d'un
retour à la salutaire pratique de l'observation du dimanche.

Passons maintenant à l'administration des postes, télégraphes et téléphones.

Le corps expéditionnaire des facteurs des postes est de
20.000 hommes, qui sont soustraits au repos du dimanche
et aux joies de la famille.

Ils doivent à l'État 365 jours de travail en années
ordinaires, et 366 en années bissextiles, marchant toujours,
pauvres juifs-errants, malgré la pluie, malgré le froid,
la chaleur et toutes les intempéries des saisons.

Messieurs, permettez au rapporteur de s'égarer un instant, ému par le souvenir d'un père aimé, humble facteur
lui aussi, et qui, après 40 ans de bons et loyaux services,
tombait un dimanche, frappé d'une paralysie en accom-
plissant son service, et remettant les plus jeunes de ses
enfants (il y en avait encore de jeunes) aux soins de la
charité chrétienne toujours inépuisable,

Le rapporteur, à partir de ce dimanche, devenait un
charitiau.

Donc, pendant 40 ans, ce pauvre facteur, comme tous
ses confrères, n'a pu passer un dimanche au milieu de ses
nombreux enfants ; nous nous souvenons toujours de cette
privation imposée à nos jeunes années.

Nous avons nommé tout à l'heure les télégraphistes,
non moins surmenés que les facteurs et les employés du
téléphone.

M. le comte de Saint-Georges, lieutenant-colonel fédé-
ral à Genève, attirait l'attention du Congrès de Berlin sur
cette catégorie d'employés qui sont généralement des
femmes.

Je m'entretenais il n'y a pas longtemps, disait-il, avec le
directeur d'un de nos grands réseaux téléphoniques qui
m'apprenait que, sur 18 ou 20 employées, il y avait toujours 5 ou 6 malades, parce que ces pauvres femmes, toujours sur les dents, n'avaient pas un instant de repos.

Eh bien ! Messieurs les gouvernants et législateurs, il

y a là de la bonne besogne à faire; étudiez donc ce qui se fait en Angleterre, n'ayez pas honte de copier cette nation pour son repos dominical, elle sera pour vous un parfait modèle.

Copiez ses lois sur le repos dominical, en ce qui concerne la fermeture des magasins, petits et grands, des grands surtout, qui sont pour leurs armées d'employés de véritables bagnes, où le corps aussi bien que l'esprit de ces malheureux sont taxés d'une contribution telle que des maîtres n'ont pas le droit de prélever, sur des hommes à qui le Créateur a donné la même âme et la même dignité qu'ils ont reçues eux-mêmes.

Copiez les usages suivis par cette nation anglaise, si féconde en commerce et en industrie et qui nous est équivalente, si elle ne nous surpasse parfois (1) dans les transactions commerciales, dans les échanges de correspondances.

Copiez encore, si vous le voulez, l'organisation américaine ; pourriez-vous dire, en évoquant la routine ou les préjugés, que notre activité commerciale, notre soif du gain, sont plus exigeantes que parmi cette nation, qui a pour seul mode d'appréciation l'argent, et dont les membres ont été surnommés des chiffres ambulants et dévorants.

Non ! vous ne pourriez le soutenir, et cependant, dans ce pays d'Amérique si dévorant lorsqu'il s'agit de voyages, de transactions commerciales, tout s'arrête le dimanche comme par enchantement ou se réduit à l'indispensable.

Ne nous objectez pas qu'il y a les exigences toujours croissantes du public et de la presse ; exécutez d'abord la réforme, et le public s'y habituera vite ; il lui faut bien s'habituer aux nouveaux impôts qui pleuvent sur lui d'année en année, allant en augmentant, et qui lui sont sans doute plus désagréables que ce que nous lui demandons.

Quant à la presse ; nous comptons justement sur elle pour donner le bon exemple ; du moins sur celle qui n'est pas trop panamisée, et par cet exemple, disposer le public en faveur de ces malheureux esclaves du travail du dimanche.

____

(1) Il a été calculé que pour l'année 1878, le nombre de lettres étant de 32 par habitants pour l'Angleterre, il était de 15 seulement pour la France, soit moins de moitié.

Oui mais ! gare à l'anachronisme humiliant, au signe honteux d'une domination théocratique toujours menaçante.

Mon Dieu! quelle cuisine!

Bref, Messieurs, la conclusion est que notre Congrès, après avoir étudié cette question du repos dominical, devra exprimer :

1° Un vœu énergique, à l'effet d'obtenir l'abrogation de la loi du 2 novembre 1892, en ce qui concerne la latitude du jour de repos hebdomadaire, latitude laissée aux chefs d'industrie;

2° Presser sur les pouvoirs publics pour que les décisions relatives au repos dominical, protégeant dans la mesure du possible ouvriers et employés contre l'imposition du travail du dimanche, décisions prises au congrès de Berlin, auxquelles se sont associés et qu'ont signées les délégués du Gouvernement Français, reçoivent en France leur entière exécution ;

3° Inviter le gouvernement, qui aura à s'inspirer des réformes accomplies en Suisse et en Belgique, et des usages suivis en Angleterre, à prendre de sérieuses mesures en vue de supprimer, ou diminuer pour ce qu'il ne sera pas possible de supprimer, le travail du dimanche imposé aux ouvriers et employés des Administrations des Travaux publics, postes, télégraphes, chemins de fer, etc;

4° Inviter encore le Gouvernement à prendre l'initiative d'une loi énergique, mettant fin à un état de choses qui porte atteinte à notre dignité, au droit naturel, désorganise la famille, et par son côté immoral déshonore notre pays.

Cercle chrétien d'Etudes sociales

D'ARRAS

Le Repos Dominical

Comment et dans quelles mesures le Dimanche est il observé à Arras.

Comment le dimanche est-il observé à Arras et dans quelles mesures ?

Pour répondre aujourd'hui à cette question d'une façon précise, il était nécessaire de faire une enquête.

Chargé de ce soin, je viens donner lecture du rapport que j'ai établi. Je dois dire d'abord que je ne signalerai ici que les principaux corps d'état, laissant de côté une foule de petits métiers et de maisons de commerce qu'il serait inutile d'énoncer en détail ici, et dont le groupement se retrouvera dans le résultat donné à la fin de ce compte-rendu.

Je place en première ligne les ateliers de ferblanterie et de zinguerie qui demeurent totalement fermés le dimanche. Seuls les ouvriers zingueurs sont employés irrégulièrement quatre ou cinq heures dans les moments où les bâtisses ont besoin d'être menées d'une façon active.

Les voituriers ne sont libres que lorsque leur tâche est terminée, c'est-à-dire que ceux qui ont des livraisons a faire à domicile sont quelquefois tenus sept ou huit heures. Fort heureusement depuis quelque temps, la fermeture de la gare aux marchandises se fait vers midi et par ce fait, bon nombre de charretiers sont exempts du travail.

Il est bon de dire que le personnel de la gare aux marchandises n'est pas exempt du labeur ordinaire et n'est libre que vers le soir.

Aucun travail n'est fait dans la vitrerie, sauf quelques rares exceptions. Il en est de même dans les ateliers des tourneurs sur bois, couteliers, ébénistes, bourreliers, tapissiers, relieurs. Les ateliers de couture sont aussi fermés le dimanche.

Dans les tonnelleries, les ouvriers travaillent ordinairement selon leurs désirs ; ils sont payés presque tous à la fourniture et plus ils produisent, plus ils ont d'argent. Tous travaillent plus ou moins le dimanche.

Dans les tanneries et les teintureries, la moitié du personnel est occupé jusque vers l'heure de midi.

L'ouvrier tailleur n'est presque jamais libre le dimanche; ou il est occupé pour son patron, ou il travaille pour son compte ; ceci s'applique en dernier lieu pour les tailleurs à façon.

Dans la serrurerie, on ne tient pas compte du dimanche quand les travaux sont abondants, et en temps ordinaire, vingt pour cent des ouvriers sont occupés cinq ou six heures.

Aucun travail n'est fait chez les blanchisseuses de linge.

Les ouvriers plafonneurs et maçons ne travaillent pas, sauf quelques cas rares.

Dans la peinture en bâtiment, les ouvriers sont très

rarement occupés le dimanche, il n'y a guère que dans les entreprises qui doivent être rendues à date fixe que les peintres travaillent quelques heures.

Les ouvriers menuisiers et les charpentiers sont occupés et ont très peu de repos quand les bâtisses sont nombreuses.

Dans les ateliers de mécanique et les chaudronneries en fer, les ouvriers travaillent régulièrement cinq heures.

Les ouvriers maréchaux ferrants sont occupés cinq à sept heures.

Dans les marbreries, les ouvriers sont occupés pendant trois mois de l'année une partie de la journée du dimanche.

Malterie et brasserie, deux corps d'état qui sont frères. Les ouvriers qui sont occupés dans les brasseries et les malteries sont tenus tous les quinze jours à sacrifier leur dimanche, c'est-à-dire que la moitié environ du personnel prend la garde, en quelque sorte, des produits qui sont en préparation dans ces maisons et à tour de rôle.

Dans les ateliers des machines agricoles, une partie des ouvriers travaille pendant quatre mois de l'année six heures le dimanche.

Dans les imprimeries, aucun travail n'est fait par les ouvriers; seuls les hommes de peine sont occupés trois ou quatre heures.

L'ouvrier jardinier travaille irrégulièrement la moitié de la journée.

Dans nos fonderies, les ouvriers sont occupés régulièrement cinq heures et quelquefois toute la journée.

L'ouvrier couvreur est bien souvent forcé de travailler le dimanche.

Dans la cordonnerie, les ouvriers travaillent régulièrement six à huit heures. Il en est de même des chaudronniers en cuivre.

Il est bon de signaler qu'il y a, à Arras, soixante garçons coiffeurs qui ne trouvent la liberté que vers sept ou huit heures du soir. De même les garçons bouchers et les boulangers ne sont libres que lorsque leur besogne est terminée.

Voilà l'état dressé des principaux métiers qui se trouvent dans notre localité. On aurait pu joindre à ceux-ci toutes les usines qui touchent pour ainsi dire la ville, mais il fallait que le rapport fût des plus brefs, pour ne pas rendre cette réunion très prolongée.

Une remarque reste à faire, c'est que les ouvriers

demeurant à la campagne, et qui travaillent dans la ville, sont pour le plus grand nombre exempts du travail le dimanche.

Actuellement huit cents ouvriers campagnards appartenant à tous les corps d'état sont occupés dans notre ville. Ils seront encore plus nombreux dans quelques semaines, car nous sommes à peine sortis du long chômage de l'hiver.

Il y a deux ans, à pareille époque, je faisais la lecture d'un rapport analogue à celui-ci devant la section de propagande du bien, formée par le Cercle catholique d'Arras ; et la moyenne alors des ouvriers travaillant le dimanche était de quarante pour cent.

Dans la nouvelle enquête dont je viens de donner en partie connaissance dans cette réunion, j'ai trouvé une grande amélioration. En effet, je ne trouve plus aujourd'hui que vingt-cinq pour cent d'ouvriers qui travaillent le dimanche.

En parcourant successivement l'ancien rapport et les notes que j'avais prises pour établir le nouveau, j'avais cru cette fois avoir fait l'enquête un peu trop à la légère ; mais tout ce que je pus faire à ma nouvelle inspection ne servit qu'à me convaincre de la certitude et des soins méticuleux que j'avais apportés la première fois pour arriver à défier toute contradiction.

Je termine ce rapport en demandant comment a pu se produire cette amélioration. J'aurai, je crois, rempli mon devoir en disant que la section de propagande du bien n'a pas été étrangère dans cette union fraternelle que l'on trouve un peu partout, et qui se dévoue pour défendre toutes les bonnes causes de la classe ouvrière.

Le Cercle d'études sociales, qui s'est formé depuis quelques mois à Arras, contribue lui aussi par ses travaux, par ses nouvelles idées, à donner cette impulsion de force au mouvement qui se fait dans les classes laborieuses, et dont le résultat sera de donner à notre pays cette justice qui protègera le travailleur en faisant valoir ses droits, le mettant ainsi à l'abri des spéculations dont il est si souvent victime.

Le Secrétaire.

Communication du délégué de Toulon

Repos dominical dans l'administration des chemins de fer

Un décret de M. le Ministre des Travaux publics a, à titre d'essai, autorisé la fermeture des gares de la petite vitesse le dimanche à 10 heures du matin, excepté pour les denrées, bière, etc., et les wagons complets dont le chargement ou le déchargement est à effectuer par l'expéditeur ou le destinataire. Cette mesure a produit d'assez bons résultats, mais en faveur seulement du personnel des bureaux, leur permettant d'avoir deux dimanches de repos dans le mois. Il n'en est pas de même pour le personnel embrigadé de la manœuvre et de la manutention. Ces hommes sont tenus de travailler les dimanches et les jours fériés de 6 heures du matin à 6 heures du soir, et ce, malgré la fermeture des gares dans l'après-midi. Ils sont occupés principalement au déchargement des wagons, pour permettre de mettre la marchandise dès le lendemain à la disposition des camionneurs. Ainsi à la gare de T..., une trentaine d'hommes sont occupés toute l'après-midi au déchargement de 30 à 40 wagons de marchandises, ainsi qu'au chargement des marchandises entrées en gare dans la journée du samedi.

Devant une telle situation, je viens vous demander, Messieurs, de profiter de cette réunion ouvrière pour faire écho à l'une des réclamations du Congrès des employés du chemin de fer, pour émettre le vœu que ce repos dominical soit au plus tôt réellement accordé à tous les employés sans exception, et que ce repos ne soit pas seulement bi-mensuel, mais hebdomadaire.

Confrérie de N.-D. de l'Usine et de l'Atelier
MOHON (Ardennes)

Repos dominical

La cessation du travail n'est pas complète dans notre ville. Il existe un laminoir où les ouvriers sont astreints à travailler le dimanche, le jour et la nuit, pendant 3 ou

4 semaines sans un seul instant d'arrêt. Le repos du dimanche est désiré par la plus grande partie des ouvriers, car il arrive que dans des usines à feux continus, comme laminoirs etc., les ouvriers sont exténués de fatigue, ils se livrent à l'alcool, qui semble leur donner de la force, et de cette façon ils abrègent le cours de leur vie et mettent leur famille dans la misère.

Nous demandons que la question soit sérieusement étudiée.

Groupe chrétien d'études sociales

DE NOTRE-DAME DE REIMS

Repos dominical

Le groupe regrette que le repos dominical soit si peu respecté et par les particuliers et par l'administration. Nous ferons observer que, à moins d'accidents aux conduites d'eaux ou de gaz, les travaux de pavage ou de réfection de nos rues pourraient sans inconvénient être remis au lundi.

Cette clause pourrait être facilement introduite dans les conventions passées entre la ville et les entrepreneurs.

Il en pourrait aller de même pour la plupart des travaux.

Nous demandons la réforme de la loi qui autorise le patron à fixer un jour à son choix pour le repos hebdomadaire, et demandons que le jour uniformément imposé soit le dimanche, afin de favoriser et de resserrer la vie de famille que cette nouvelle loi ne peut que désorganiser.

Et entre temps, nous votons un blâme énergique aux patrons catholiques qui violent cette loi du décalogue, hors le cas de force majeure.

Cercle chrétien d'Études sociales de Sainte-Geneviève
DE REIMS

RAPPORT
Sur la suppression des Octrois

Messieurs,

Deux événements se rapportant à la question des octrois se sont produits depuis la confection du rapport que nous allons avoir l'honneur de vous soumettre.

Nous voyons, en premier lieu, se dessiner à Lyon l'ouverture d'un important congrès appelé à s'occuper, ainsi que nous le faisons ici nous-mêmes, de la suppression de cette taxe.

En second lieu, la Chambre des députés, dans sa séance du 4 mai courant, a exprimé un vote autorisant les villes assujetties à l'octroi à remplacer ce mode d'impôt, en tout ou partie, par des taxes directes, sous réserve de l'approbation législative.

Ceux qui se figureraient que l'abolition des octrois est chose faite seraient passablement dans l'erreur ; et voici pourquoi :

Une loi qui consiste à autoriser le remplacement d'une chose par une autre n'abolit pas cette chose ; la suppression n'étant que facultative, l'abus contre lequel nous nous élevons pourra donc se perpétuer dans les villes qui le jugeront à propos.

En nous plaçant à un autre point de vue, le vote de la Chambre des députés ne deviendra une loi qu'après sa ratification par le Sénat, ce qui ne pourra certainement pas avoir lieu de sitôt ; nos édiles ayant voté en quelques jours et au pied levé un certain nombre de lois d'un caractère économique, voilà plus de besogne qu'il n'en faut pour occuper l'assemblée du Luxembourg pendant le court délai qui nous sépare des vacances.

Si le Sénat n'a pas ratifié le vote du 4 mai avant l'expiration très prochaine des pouvoirs de l'Assemblée qui l'a émis, ce vote devient caduc et le projet devra être repris par l'Assemblée qui suivra.

A la nouvelle du vote de la suppression des octrois, nous avons pensé qu'un besoin de popularité n'était pas étranger à cette mesure ; nous avons été confirmés dans cette opinion par les articles de la presse, aussi bien de droite que de gauche, étonnée qu'une Chambre quelque peu déconsidérée et qui n'avait rien produit au cours de sa législation, ait, en deux heures, tranché cette importante question des octrois dont la suppression, pour être fructueuse et durable, devra être précédée d'études théoriques sérieuses comme cela a eu lieu chez nos voisins.

L'*Indépendant Rémois*, dans son numéro du samedi 6 mai courant, nous donne la note juste ; nous avons pris des ciseaux pour nous emparer du morceau et vous le présenter

« On se trouve, dit-il, en présence d'une sorte de trompe-l'œil, d'une réforme platonique, d'un simple vœu, comme le fait observer la *Justice*. »

Vous voyez que son appréciation n'est pas unique.

Il n'y a donc pas à s'y tromper, la question des octrois reste entière et n'a pas fait un pas.

En conséquence, nous n'avons pas cru devoir modifier le rapport établi antérieurement à ce vote couvrant un expédient électoral, et avons l'honneur de vous en donner connaissance.

Messieurs,

Le congrès ouvrier assemblé en ce moment ne pouvait rester indifférent à une question qui touche profondément aux conditions essentielles de l'existence des classes laborieuses.

Nous avons nommé les taxes de consommation ou octrois.

Leurs origines

Si l'ancienneté accorde de la valeur à une institution, celle qui nous occupe doit en avoir une bien grande ; la République d'Athènes en faisait déjà usage, ainsi que les Romains, et un économiste distingué, qui en parle, fait remarquer qu'elle était le produit d'une civilisation avancée,

C'est sans doute pour la même raison que la France qui, elle aussi, a la réputation d'être la nation la plus civilisée, garde avec un soin si jaloux, après cinq siècles d'existence, ce mode d'impôt *contraire à la justice et au droit démocratique le plus élémentaire.*

Toute institution, fût-elle un abus, fait naitre avec elle des partisans aussi bien que des détracteurs ; nous allons, dars ce rapport, essayer de répondre aux objections des uns et étudier les griefs des autres.

Les premiers disent que, supprimer l'octroi, c'est porter la main sur une institution qui compte, comme nous venons de le dire, plus de cinq siècles d'existence et que l'expérience de l'antiquité avait déjà consacrée.

C'est là une théorie qui a une réelle valeur pour la routine française, surtout pour la routine administrative ; elle vient également en aide à la mollesse et au défaut de travail qui ont caractérisé les législatures que nous avons chargé de nos intérêts depuis quinze ans.

Nous répondrons à cette assertion que, pour remonter à l'antiquité, l'octroi n'en est pas moins un impôt mauvais en lui-même, et que l'ancienneté en matière de science est un fait et non une justification, on pourrait dire une présomption presque toujours défavorable.

Voyons un peu à changer cette présomption en certitude.

L'octroi est improportionnel

M. P.-J. Proudhon, auteur d'une *Théorie de l'impôt,* question mise au concours par le Conseil d'Etat du canton de Vaud (Suisse) en 186ɔ, s'exprime ainsi :

« Comme machine à impôts, on peut dire de l'octroi
» que c'est un système où le fisc, dont les besoins croissent
» sans cesse, renonce sans honte ni vergogne au principe de
» proportionnalité et met à rançon l'estomac et la santé du
» contribuable.

» Devant la justice, l'économie politique et l'hygiène, on
» pourrait dire que c'est une question vidée si, en fait d'ini-
» quités fiscales, d'atteintes à la justice et de contradic-
» tions dans les principes, les questions se vidaient ja-
» mais. »

Messieurs, nous n'aurions pu formuler un jugement plus sévère ; il n'est cependant que la conséquence de l'abus qui l'a motivé.

Les motifs de sa survivance jusqu'à nos jours

Recherchons maintenant les motifs qui ont pu faire que les octrois ont survécu en France, malgré l'abolition des anciennes traites, des gabelles et autres taxes de capitation établies par l'ancien régime.

J'emprunte encore à l'admirable ouvrage de M. Proud'hon les passages suivants :

» Parmi les impôts qualifiés d'indirects, les seuls qui puis-
» sent rapporter amplement sont ceux qui s'adressent aux
» produits de première nécessité ; et voilà pourquoi les
» substances alimentaires ont été taxées avec une si regret-
» table préférence.

» Ainsi a été rendue plus chère la vie des classes ou-
» vrières, et sur elles est retombé le principal poids du
» fardeau. — Il ajoute plus loin :

» Les hommes d'Etat ne connaissent qu'une chose à
» cette espèce de contribution : c'est que la perception en
» est facile ; pour tout le reste, ils l'abandonnent. »

Si vous voulez bien lire entre les lignes, vous verrez ce que ce reste veut dire : Qu'importe la surcharge dont la vie des nécessiteux est frappée, pourvu que les caisses communales s'alimentent.

Là est tout le secret du maintien des octrois.

Nous n'aurons pas de peine à démontrer que l'essence même de l'octroi est une criante injustice.

M. Charles Blanc, dans un ouvrage traitant de sa sup- pression, dit qu'il est toujours proportionnel à la quantité des marchandises, et qu'il est à peu près impossible qu'il le soit également à la qualité et à la valeur. On arrive ainsi à une sorte de capitation qui pèse sur les contribuables, sans tenir assez compte des différences de fortune.

Nous ouvrons ici une parenthèse qui justifie le dire que nous venons de citer.

La viande de basse qualité paie un droit aussi élevé que la viande de premier choix.

Le vin, qui n'a de vin souvent que le nom, le seul à la portée de la classe ouvrière, paie également le même droit que les vins fins qui ornent la table du riche ; il en est ainsi des autres denrées alimentaires soumises au fisc en général.

M. Proudhon, parlant dans le même sens que M. Charles Blanc, est beaucoup plus énergique.

« L'octroi, dit-il en substance, frappant le nécessaire de
» l'ouvrier qui ne possède pas, la proportionnalité, au lieu
» d'être établie sur des facultés positives, est établie sur des
» facultés négatives.

» On pourrait dire que cet impôt n'est pas seulement
» proportionnel à la misère, mais encore progressif dans
» le sens de la misère. »

Ses charges sur les familles nombreuses

En faisant appel à la plus élémentaire logique, il semblerait, n'est-ce pas, Messieurs, que plus la famille est nombreuse, et plus elle devrait être dégrevée, étant donné que ces familles se rencontrent presqu'exclusivement dans la classe ouvrière et partant la moins aisée.

C'est cependant tout le contraire qui se produit ; la taxe de consommation augmentant pour le père, en raison du nombre d'enfants dont il dote la société, voyez de quelle façon cette société lui témoigne sa reconnaissance.

Nous avons souvent entendu, depuis quelque temps, les moralistes pousser un cri d'alarme en constatant la baisse effrayante de la natalité en France, baisse qui constitue, paraît-il, un péril national.

Si nos gouvernants et législateurs veulent nous permettre de leur indiquer un commencement de remede au mal dont on se plaint, nous leur conseillerons de commencer par supprimer les taxes de consommation, qui, en chargeant les familles pauvres, ne sont pas faites pour déterminer la venue de nouveaux nourrissons.

Quand nous disons aux partisans de l'octroi que cet impôt est injuste, parce qu'il pèse également sur les familles où le nécessaire représente tout l'avoir et sur celles où il ne représente qu'une partie du revenu, ils nous répondent, par exemple, que telle personne qui jouit de 5o.ooo fr. de ren-

tes se fait servir par plusieurs domestiques et paie, proportions gardées, autant que l'ouvrier.

Voilà une raison lourde et qui ne mérite pas qu'on y
prête attention ; en cherchant bien, nous finirions peut-être
par découvrir que celui qui la tient est l'heureux possesseur des 50.000 fr. de revenu.

Un peu de statistique sur le produit de l'octroi

Pour l'intelligence de notre rapport, nous avons emprunté
quelques chiffres au discours prononcé à la Chambre des
députés par M. Yves Guyot, le 26 février 1889 :

» L'ensemble des taxes d'octrois acquittées en 1887 pré-
» sente un total de 282 millions.

» Les liquides produisent 122.700.000 francs, sur les-
» quels les boissons dites hygiéniques figurent pour la plus
» grande somme, les alcools ne donnant que 21 millions.»

Nous reprenons à ce sujet la remarque déjà faite tout-
à-l'heure c'est que sur ces boissons dites hygiéniques, la
qualité inférieure payant autant que la qualité supérieure, la
taxe s'appliquant à des quantités et ne distinguant aucune
catégorie de qualité, la population ouvrière a supporté la
grosse part d'un droit dont en général elle profite peu.

Permettez-nous de nous interrompre un instant afin de
remercier la vaillante feuille catholique et démocratique, la
Croix de Reims, laquelle n'est pas étrangère à ce congrès
qui nous permet d'étudier les questions intéressant notre
sort.

La *Croix de Reims*, dans des articles sur la suppression
des octrois, articles traités avec une autorité incontestée,
nous a démontré que sur un budget communal comme
celui de la ville de Reims, près d'un demi-million, fourni
par les taxes de consommation, si vous le voulez, recevait
un emploi dont ne profitaient pas ceux qui étaient propor-
tionnellement les plus écrasés par cet impôt.

Comme suite au produit du recouvrement des octrois,
nous relevons :

Que les comestibles ont produit			82.687.000 fr.
»	fourrages	»	15.400 000 »
»	matériaux	»	25.000.000 »
»	combustibles	»	30.700 000 »

Vous avez entendu, 3o.700.000 fr., avant que nous ayons eu le droit de nous chauffer; il est à supposer qu'à Paris plus d'une mansarde n'aura pas eu de feu tous les jours de l'hiver.

Comme on pourrait nous demander en quoi la taxe sur les matériaux peut peser sur l'ouvrier, nous répondrons avec M. Yves Guyot :

C'est l'entrepreneur, c'est-à-dire l'homme actif, qui commence par faire l'avance de cet impôt, puis il le répercute sur le propriétaire avec un escompte, et, à son tour le propriétaire le répercute, avec un nouvel escompte, sur le locataire.

C'est bien le locataire qui, en dernier ressort, finit par le payer, mais surchargé de deux escomptes. Si nous rapprochons ce double escompte des frais de perception que nécessite l'octroi, nous voyons que cette taxe nous atteint aussi fortement que les autres.

Progression constante de l'octroi

La classe ouvrière paraît ne pas avoir compris pendant longtemps l'importance des impôts qu'elle acquittait par suite des taxes de consommation C'est ce qui faisait dire à Montesquieu dans son *Esprit des Lois* :

« Les droits sur les marchandises sont ceux que les peuples sentent le moins, parce qu'on ne leur fait pas une demande formelle. Ils peuvent être si sagement ménagés que le peuple ignorera presque qu'il les paie. »

Cette naïve illusion est disparue aujourd'hui, par une bonne raison, c'est que depuis Montesquieu les droits sur les marchandises n'ont pas été sagement ménagés.

Nous voulons vous donner une preuve, Messieurs, que le produit des octrois, qui autorise les prodigalités des villes, a subi depuis un demi-siècle un accroissement considérable; il suffit pour s'en rendre compte de consulter les chiffres de quelques années, période de 18⁄3 à 1875 :

Leur produit en 18⁄3 est de 44 millions.

—	1847	—	67	—	
—	185o	—	95	—	
—	186⁄	—	157	—	
—	1875	—	235	—	et

constituait une charge de 237 fr. à Paris, pour une famille de 4 personnes ; ajoutons que leur produit en 1887 était de 282 millions.

La proportion comparée de 1823 à 1875 a donc quintuplé. Le même tableau nous apprend que le chiffre de la population soumise à l'octroi ayant sensiblement augmenté, l'accroissement de l'impôt n'a été que doublé.

Qu'en penserait Montesquieu aujourd'hui ?

Demandons-nous encore quelles conséquences peut nous amener cet accroissement. s'il doit progresser encore dans l'avenir, la loi de 1816 autorisant les villes à ajouter des taxes additionnelles destinées à remplacer le droit de détail sur les boissons.

Le recouvrement des taxes d'octroi est dispendieux

La proportion des frais de recouvrement des taxes d'octroi est énorme comparée à leur produit.

Dans un de ses articles déjà cité, la *Croix de Reims* nous disait que pour cette ville la proportion est de 11 o/o ; mais il est certain qu'elle n'est pas gardée et qu'elle est beaucoup plus élevée pour les localités d'une population plus faible et moins agglomérée.

Voici sur ces frais quelques chiffres qui vous édifieront pleinement :

Les frais de perception des octrois comparés aux recettes donnent les rapports suivants :

Aube 20,70 o/o. — Orne 17 o/o. — Pas-de-Calais 16,60 o/o. — Gironde 15,95 o/o, etc.

Dans 29 départements, ces frais dépassent 11 o/o, on n'en compte que 32 où ils soient inférieurs à 10 o/o.

2 communes donnent une proportion de 50 o/o.

5 communes donnent une proportion de 43 à 31 o/o.

20	—	—	—	30 à 26 —
48	—	—	—	25 à 20 —
97	—	—	—	19 à 15 —
125	—	—	—	15 o/o et

au-dessous.

Un négociant qui consentirait à de pareils sacrifices pour

arriver au recouvrement de ses créances n'attendrait pas longtemps la faillite.

Il est vrai que lorsqu'il s'agit de l'Etat ou de la commune, c'est le contribuable qui paie.

L'octroi entrave les transactions commerciales

On reproche aux octrois, dit M. Charles Blanc, d'établir au milieu de l'Etat de véritables douanes ; ce sont les traites de l'ancien régime que l'édit de 1664 avait supprimées ; leur rétablissement a détruit l'œuvre si péniblement poursuivie par Colbert et Turgot et accomplie par la Constituante, c'est-à-dire l'unification du territoire et la suppression des barrières intérieures des villes.

Les octrois frappent un impôt exclusif au profit de 1.536 communes.

Turgot, le futur contrôleur général, écrivait en 1766, n'étant encore que simple intendant du Limousin :

« L'impôt sur les consommations est dispendieux dans » sa perception. » (Nous l'avons démontré tout-à-l'heure.)

» Il entraîne une foule de gênes, de procès, de fraudes, » de condamnations, une guerre de gouvernement avec les » sujets, une disproportion entre le crime et les peines, une » tentation continuelle à la fraude.

» Il attaque entre mille choses la liberté ; il nuit à la con- » sommation et par là se détruit lui-même. »

Et, quelques années plus tard, il exprimait l'avis qu'il vaudrait beaucoup mieux supprimer entièrement ces taxes que d'entreprendre de les réformer.

Cette opinion exprimée par un fonctionnaire du gouvernement royal, rapprochée du décret de l'Assemblée Constituante, qui, en 1791, supprima l'octroi, n'est-elle pas un argument sérieux pour ceux qui demandent un nouveau retour vers cette réforme économique ?

Réponses à quelques arguments des partisans de l'octroi

L'octroi, nous dit-on, est une forme d'impôt universellement admise.

Ceci a pu être vrai, mais ne l'est pas aujourd'hui, puisque l'Angleterre n'en a plus depuis longtemps ; la Belgique l'a supprimé en 1860, la Hollande en 1875, l'Espagne en 1869.

On les chercherait vainement en Suisse, en Suède et en Danemark, ainsi qu'aux Etats-Unis d'Amérique ; voilà une universalité bien restreinte, puisque la France et l'Italie restent seules en Europe pour conserver ce chef-d'œuvre de l'antiquité.

Si cet impôt présentait autant d'avantages que ses partisans veulent bien le dire, nous devons supposer que les Etats qui s'en sont privés n'auraient pas tardé à s'apercevoir qu'ils avaient mal fait de les supprimer, et, puisque nous ne voyons pas qu'ils aient été rétablis nulle part, nous devons en conclure qu'on s'est bien trouvé de leur suppression.

Une autre objection pourra encore nous être faite, c'est que le contribuable pourra, quand il le voudra, se soustraire à l'octroi en n'habitant pas les localités qui y sont soumises.

Ce raisonnement ne tient pas debout, attendu que les industries étant généralement établies dans des centres importants, les ouvriers se portent de préférence vers ces centres où ils trouvent à s'occuper.

D'ailleurs, dans certains départements, il ne serait pas aisé d'aviser un bourg ou une ville de quelque importance qui ne soit pas affligée de cette institution. Voici quelques chiffres, pour exemple :

Le Finistère compte...............	85 octrois.
Le Nord......................	65 »
Les Bouches-du-Rhône...........	56 »
Le Var.......................	50 »
Le Vaucluse...................	46 »
L'Isère.......................	43 »
Le Lot-et-Garonne...............	41 »
La Seine.....................	41 »

etc., et nous rappelons que pour la France le total en était de 1.516 avant 1889 ; il a dû encore s'augmenter tant soit peu depuis.

Nos adversaires sont intarissables ; nous aurons encore à répondre à ceux qui nous diront qu'il vaut mieux restreindre sa consommation que se ruiner pour payer les taxes directes qui remplaceraient les octrois.

M. Yves Guyot fait à ce sujet une amusante réponse :

« Il est évident, dit-il, que si vous ne consommez pas, » que si vous vous privez de tout, que si vous ne vous » chauffez pas, si vous ne vous éclairez pas, si vous ne » mangez pas de viande, si vous ne buvez pas de vin, il est » évident que vous échapperez à l'octroi. »

Et il cite l'exemple de Merlati, qui, pendant son jeûne, s'est soustrait à toute taxe d'octroi.

« Mais, ajoute-t-il ce n'est pas une situation normale, et » les personnes que l'hygiène préoccupe savent toutes » que l'homme, pour récupérer ses forces, doit emmaga- » siner chaque jour une certaine quantité de chaleur inté- » rieure et extérieure. L'octroi diminue cette quantité de » combustible indispensable à la machine humaine pour » qu'elle ne dépérisse pas. »

Nous avouons que cette latitude qui nous est laissée d'é- chapper à l'octroi en imitant Merlati peut nous égayer un instant; mais qu'il est à supposer que peu d'entre nous en feront leur profit.

Les considérations générales que nous avons développées dans notre rapport ne seraient pas complètes si nous ne ré- futions pas l'argument formulé par l'esprit d'opposition, lequel consiste à dire que, ni le producteur, ni le consom- mateur ne profiteront de la suppression des taxes d'octroi, et qu'aux intermédiaires seuls en reviendront exclusivement les bénéfices.

Nous opposons à cette thèse la lettre de M. Anspach, bourgmestre de Bruxelles, lettre officielle insérée dans les rapports de l'enquête agricole de 1869 :

« Une réduction réelle de prix sur les objets détaxés a » suivi l'abolition des octrois. Il est résulté d'une enquête » sommaire faite à ce sujet au commencement de 1861 (la » suppression en Belgique date de 1860), qu'une diminution » était accordée aux consommateurs par beaucoup de mar- » chands, notamment dans les villes de Gand, Verviers, Bruxel- » les, Liège, Malines, Courtrai, Bruges, etc., sur des objets qui » étaient soumis à une taxe assez élevée pour être apprécia-

» ble, eu égard aux quantités qu'on achète habituellement à
» la fois : des marchands annonçaient même cette réduction
» pour attirer les chalands.

» Pour plusieurs villes citées ci-dessus, ajoute-t-il, le fait
» est confirmé par des renseignements émanant des admi-
» nistrations locales ; si les investigations avaient été pous-
» sées plus loin, il est probable qu'un plus grand nombre
« d'exemples pourrait être donné. »

Eh bien, Messieurs, ce qui s'est produit en 1851 se repro-
duirait encore à plus forte raison aujourd'hui, où la concurrence a, comme les octrois, subi un accroissement incom-
parable.

L'état des affaires est tel, en raison de cette concurrence,
que les prix de vente, réduits au plus strict bénéfice, ne gar-
deraient pas le produit des détaxes et que les négociants se
hâteraient de diminuer d'autant le prix nominal de leurs
marchandises, afin d'attirer les clients, comme cela a eu lieu
en Belgique.

Par quoi remplacer les taxes d'octrois

Avant d'aborder l'historique de la suppression des octrois en France, nous avons enfin à répondre à la grosse
question que l'on ne manquera pas de nous poser.

Les partisans de l'octroi vont nous dire : si vous l'abolis-
sez, vous avez à le remplacer par d'autres taxes ; ce n'est
plus alors d'une diminution d'impôts qu'il faut parler, mais
d'un déplacement de charges.

C'est bien en effet un déplacement de charges que nous
demandons.

Nous avons vu ensemble que cet impôt est une criante
injustice sociale, qui nous frappe en sens inverse de nos
ressources ; que les classes ouvrières, qui en supportent le
poids le plus lourd, en profitent peu ; une bonne partie de
ses produits servant à subventionner des théâtres, percer
des boulevards dans les quartiers riches, entretenir à grands
frais de luxueuses promenades, édifier de splendides édifices
communaux, lycées, et... des hôpitaux.

De tous ces édifices communaux, nous dirons avec un
économiste de notre camp que l'hôpital est le seul dont la
la misère force l'ouvrier à se servir.

Renvoyons donc les pouvoirs publics et les législateurs français à l'exemple donné par les autres Etats européens, lorsqu'ils ont, après des études préalables sérieuses, aboli tous leurs octrois.

Veut-on nous faire croire que la France seule est incapable d'aucune réforme ?

Remarquons, Messieurs, que la majeure partie de ces Etats, sont des monarchies, et que nous vivons, nous, sous un gouvernement qui s'appelle « *une démocratie* » et qui a tant promis, mais si peu tenu, aux classes laborieuses.

Historique de la suppression des octrois en France

Nous avons déjà dit que l'octroi avait été supprimé une première fois par l'édit de 1664.

Nous le voyons encore disparaître par une délibération de l'assemblée Constituante du 19 Février 1791, ainsi conçue :

« Tous les impôts perçus à l'entrée des villes, bourgs, et « villages, sont supprimés à compter du 1er Mars prochain »

Mais le 4 Vendémiaire an VII, une résolution du Conseil des Cinq-cents, approuvée par le Conseil des Anciens le 27 du même mois, rétablit l'octroi de Paris, en lui donnant le nom d'octroi Municipal et de *Bienfaisance*.

Ce titre d'octroi de Bienfaisance était une fumisterie qui convenait bien au Gouvernement imbécile et corrompu qui était le Directoire.

Une troisième fois, en 1851, au milieu du Coup d'Etat, les représentants du peuple, sentant toute l'impopularité de ces taxes, et désireux de prouver au peuple toute leur sollicitude, décrétèrent la suppression des octrois.

M. Yves Guyot, en 1889, rappelait à la Tribune que le dernier décret de la seconde République fut celui-ci :

« Les représentants restés libres décrètent :

« Les octrois sont abolis dans toute l'étendue du territoire » de la République.

« Fait en séance de permanence le 3 décembre 1851. »

Ce décret ne pouvait avoir aucune vigueur, et ne pouvait recevoir son exécution ; la République qui l'avait rendu ayant cessé de vivre, pour faire place à l'Empire.

Cet historique nous amène à remarquer que, contrairement à ses deux aînées, la République actuelle n'a rien fait pour nous débarrasser d'une iniquité sociale qui pèse si lourdement sur nous ; nous l'avons dit en commençant, le défaut de travail, et de valeur morale, parait être la caractéristique des législatures élues depuis plus de quinze ans.

Conclusions

Nous nous résumons ainsi :

L'octroi est un reste des impôts vexatoires établis par l'ancien régime.

Il est improportionnel, pèse plus lourdement sur les classes ouvrières , et s'il a survécu, c'est que l'assiette en est facile, étant prélevé sur les denrées de première nécessité, desquelles les plus déshérités ne peuvent se passer.

Il charge les familles, qui se trouvent d'autant plus grèvées qu'elles sont nombreuses.

Le principe en étant maintenu, l'énorme progression suivie depuis un demi-siècle tendra encore à s'accroitre.

Le recouvrement en est dispendieux.

Il entrave les transactions, et porte atteinte au droit de la liberté commerciale.

Voilà plus qu'il n'en faut pour condamner radicalement une semblable institution.

Le nom de M. Yves Guyot a souvent été prononcé dans ce rapport.

M. Yves Guyot est fécond en matière d'octrois, dont il a demandé avec ardeur la suppression ; nous aimons à croire que cette ardeur ne s'est pas amoindrie lors de son passage au ministère, ou au cours de ses voyages d'inauguration restés légendaires.

Quant à nous, Messieurs, qui n'avons pas passé par le ministère, et qui n'avons pas voyagé pour inaugurer, notre vigueur à défendre notre cause est restée et restera aussi vive, tant que nous n'aurons pas obtenu satisfaction.

Que Dieu veuille nous y aider !

Cercle chrétien d'études sociales

DE SAINT-REMI DE REIMS

RAPPORT SUR LES OCTROIS

Depuis fort longtemps, la question des octrois est à l'ordre du jour ; tout le monde est d'accord ; c'est un impôt impopulaire qu'il faudrait supprimer. Cependant les législatures, les représentations municipales de villes à octroi se succèdent à périodes déterminées, et aucune modification n'est apportée dans la situation. Les bourgs mêmes qui en étaient dépourvus en créent, et il n'est pas rare de voir sur l'*Officiel* de nouvelles demandes d'autorisation dans ce but. Une fois l'octroi établi quelque part à titre définitif ou provisoire, vous pouvez être sûr qu'il y restera longtemps.

C'est une question très-complexe que celle de l'octroi. Définissons-le en quelques mots : un impôt supplémentaire prélevé sur les habitants des villes ou des bourgs pour parer à des charges locales de nature accidentelle ou permanente. L'octroi tel qu'il est établi *atteint tout le monde* **personnellement**. La taxe à payer se multiplie pour chaque consommateur, et voilà pourquoi il pèse si lourdement sur la majeure partie des familles des classes laborieuses. Il affecte les besoins ordinaires ; on peut ajouter : et les besoins extraordinaires puisque la petite goutte du matin ou la chope du soir n'est point oubliée.

Sont exceptés de ce vaste englobement quelques objets de première nécessité seulement.

Plusieurs s'imaginent que l'octroi est simplement mal réparti ; il pourrait, disent-ils, ne frapper que les classes aisées. Ce raisonnement porte à faux — il faudrait alors l'élever à un taux qui aurait tout l'air d'un taux de prohibition où l'on risquerait qu'il ne produise rien. Dans l'un ou l'autre cas, il ne répondrait plus au but. Pour que cet impôt profite à la caisse publique, et c'est pourquoi seulement on le perçoit, il faut qu'il atteigne la presque universalité des produits consommés ou employés et l'universalité des citoyens. C'est pourquoi l'on voit les limites de l'octroi s'allonger chaque jour et prendre, dans ses mailles serrées certaines parties de la population qu'y échappaient.

Il n'y a donc pas à dire : l'octroi est mal réparti ; c'est à celui-ci ou celui-là qu'il doit incomber. Si l'on réfléchit quelque peu, on arrive à cette conclusion que, du moment qu'il y a des droits d'octroi, cela ne peut être guère différent de ce qui existe.

C'est probablement pour cette raison que peu ou point de changements se sont produits en cette matière. Pourquoi ? C'est bien simple. L'octroi est fait, comme on le disait plus haut, pour subvenir à des charges accidentelles ou permanentes. Tant que les unes ou les autres subsistent, on est forcé d'y faire face — si ce n'était pas par l'octroi, ce serait par autre chose et cet autre chose ne pourrait être qu'un nouvel impôt qui d'ailleurs pourrait venir se fondre avec les autres déjà existants ; mais cela amènerait la révision de l'assiette actuelle des impôts. L'on comprend que cela dépasse la portée des études de ce modeste Congrès et qu'il ne peut s'attarder à cette question.

Si le Congrès ne peut exprimer de vœux pour la suppression radicale des octrois, ne lui est-il pas permis d'en faire pour la suppression de la partie inutile des dépenses qui les nécessitent ? Puisque cet impôt est absolument local et fait pour subvenir à des dépenses locales, ne pourrait-on apporter en général plus de discrétion dans ces dernières ?

Le Congrès ne veut en aucune façon dicter la ligne de conduite aux municipalités, mais il peut appeler leur attention sur ce fait à savoir que toute dépense municipale exagérée, même pour œuvre utile, se traduit par une augmentation sur le taux de l'octroi et en fait, retombe en fin de compte principalement sur la classe ouvrière qui en a le plus fort centième.

Le Congrès émet le vœu :

1° Qu'il soit fait par les Chambres législatives des études sérieuses tendant à aviser aux moyens d'arriver à la suppression des droits d'octroi, sauf à inscrire la contre valeur, dans ce qu'il y a d'indispensable, dans un système d'impôts plus justement établi ;

2° Qu'en attendant cette suppre sion, les municipalités des villes qui appartiennent aux régions dont ce Congrès est la représentation s'appliquent, dans la mesure du possible, à décharger les denrées et produits qui entrent en majeure partie dans l'alimentation des classes laborieuses.

Groupe chrétien d'études sociales
DE NOTRE-DAME DE REIMS
Octrois

Le groupe désire la suppression des octrois, laissant aux hommes compétents le soin d'indiquer les moyens de remplacer les ressources qu'on en tire pour l'organisation plus ou moins économe, plus ou moins bien réglée de la vie publique dans nos cités, entre autres à Reims.

Nous protestons par la même occasion contre un autre genre de charges, causées par le nombre toujours grandissant des employés de l'Etat. Il nous semble que les rouages administratifs fonctionneraient tout aussi bien, en supprimant bon nombre de gros employés grassement payés puisque, la plupart du temps, ces messieurs prennent pour faire leur besogne des secrétaires ou des fondés de pouvoirs qui l'exécutent pour un prix relativement minime, tandis que les titulaires n'ont qu'à allonger au bas du travail une signature ou griffe plus ou moins lisible.

Nous réclamons encore énergiquement contre les frais énormes de saisies mobilières, qui viennent grossir dans des proportions absolument folles le chiffre de la dette première ;

Contre les droits excessifs de succession qui dévorent les petits héritages, surtout quand il y a des mineurs; de sorte que nos enfants, qui auraient la perspective de toucher quelques centaines de francs à la mort d'un parent, en sont presque complètement dépouillés par le fisc à grands coups de papiers timbrés.

Confrérie de N.-D. de l'Usine et de l'Atelier
DE MOHON
Octrois

Dans notre ville, nous n'avons pas encore d'octrois; mais la population augmentant considérablement, dans peu de temps, on pourrait bien nous en imposer, nous protestons à l'avance contre toutes ces barrières intérieures, qui sont nuisibles à tous les intérêts, car elles favorisent le gaspillage des municipalités et pèsent plus lourdement sur les travailleurs que sur toute autre classe bourgeoise. Nous en demandons la suppression totale.

Cercle chrétien d'études sociales
DE SAINT JEAN-BAPTISTE DE REIMS

Des Octrois.

S'il fut jamais un impôt impopulaire, on peut dire que c'est celui-ci; tous les ouvriers sont unanimes à reconnaître qu'il ne porte préjudice qu'aux pauvres diables; car que peut faire au riche quelques centaines de francs de plus ou de moins sur son budget? ce n'est pas cela qui l'empêchera de faire bonne chère quand même, tandis que pour l'ouvrier il n'en est pas ainsi. C'est pourquoi tous demandent la suppression de cet impôt stupide qui est cause que l'ouvrier ne peut même pas se payer un verre de bière.

Accroissement des salariés de l'Etat.

Cet état de choses ne changera qu'avec les hommes du jour, car ils trouvent là un sérieux appoint pour leur réélection. Ce qu'il y a de sûr, c'est qu'ils ne changeront rien à ce système, à moins que le suffrage universel n'y mette bon ordre, car si tous les ouvriers sans distinction arrivaient une bonne fois à s'entendre, l'affaire serait vite réglée.

Association de Notre-Dame du Travail

DE BIENVILLE

Octrois

Leur suppression est fort désirable, non seulement parce qu'ils rendent plus chère la vie du peuple, mais surtout à cause du mauvais emploi qu'en font les municipalités urbaines.

Elles s'efforcent d'attirer à la ville la population des campagnes, tout comme Paris attire à lui la province. Les habitudes de confortable et de luxe supplantent les traditions d'ordre, d'économie, de prévoyance. Le gouvernement d'ailleurs pousse les communes dans la voie du gaspillage financier dont il donne l'exemple. Des impôts écrasants en sont la conséquence.

Les impôts à la campagne

Les impôts qui pèsent sur les campagnes sont tellement excessifs que le cultivateur ne peut plus vivre de la terre, pour peu qu'il subisse de mauvaises récoltes ou manque d'avances. Il ne désire pas donner à son fils un métier aussi ingrat et préfère le voir fonctionnaire ou employé. Plutôt que de marier sa fille à un laboureur, il la donnera à un rond de cuir quelconque habitant la ville.

C'est ainsi que la dépopulation des campagnes progresse d'une façon inquiétante. Elle a pour conséquence une baisse énorme du prix de la terre, l'appauvrissement de la France, un rapide déplacement de la fortune qui tend à passer aux mains des parvenus de la finance, principalement des Juifs.

Le nombre des cultivateurs devient dans notre contrée si insuffisant que beaucoup de terres sont mal cultivées ou même restent en friche. Elles n'en paient pas moins l'impôt qui dépasse souvent 1/4 du revenu cadastral par suite des folles dépenses de la laïcisation. Or, le revenu cadastral est aujourd'hui souvent double, quelquefois triple du revenu réel. Il s'ensuit que l'impôt, au lieu d'être 0.25, est 0.50 ou même 0,75 du produit du sol. En ajoutant l'impôt des bâtiments, de culture, des prestations et les assurances, il ne reste quasi rien pour le propriétaire. Comment s'étonner que la terre ne trouve plus d'acheteur qu'à vil prix ?

DEUXIÈME SECTION

Trois questions étaient inscrites au programme de la seconde section : l'organisation intérieure de l'usine, les contre-maîtres et les conseils d'usine. Cette partie intéressait plus spécialement les ouvriers de l'industrie lainière qui étaient très nombreux au congrès ; aussi cette réunion fut-elle assidûment suivie.

Tous ceux qui ont vécu dans les usines, ou qui ont pu être en contact avec ceux qui y travaillent, croiront sans peine que la première question — l'organisation intérieure de l'usine — a donné lieu à des réclamations quelquefois vives mais toujours sincères et parfaitement justifiées.

Ce n'est pas sans émotion que nous avons entendu de bons pères de famille se plaindre de la nécessité où ils étaient, de laisser leurs femmes et leurs enfants dans des ateliers où ils sont obligés d'entendre des propos obscènes et malpropres, de la part de certains individus qui considèrent la femme comme un être inférieur, une chair à plaisir, au lieu de voir en elle la compagne dévouée de l'homme, la gardienne fidèle du foyer, et surtout la mère de nos enfants, celle qui doit leur donner la première éducation.

La seconde section s'est également occupée de la permanence des engagements, et des mesures à prendre pour que la paie soit toujours faite par le patron au chef de la famille.

Tout le monde était frappé du bon sens avec lequel toutes ces questions si graves, si importantes à tout point de vue, étaient examinées et discutées par les congressistes.

Nous l'avons constaté surtout lorsqu'il s'est agi des contre-maîtres et des conseils d'usine. Dans d'autres milieux, ces questions auraient été traitées avec acrimonie et emportement, mais ici nous n'avons rien eu de semblable à regretter.

L'ardeur dans les discussions, la ténacité avec laquelle les ouvriers soutenaient leur opinion, n'avaient rien d'étroit, mais accusaient une conviction aussi sincère que profonde dans leur esprit.

Une des résolutions qui nous ont le plus frappé a été le

vœu voté à l'unanimité de la création d'un conseil ouvrier dans chaque usine, pour servir d'intermédiaire permanent entre le patron et les ouvriers.

Ce conseil d'usine a été énergiquement réclamé par tous les congressistes. On sentait, à leur ardeur, que ce conseil était pour eux un instrument de grosse valeur ; instrument de paix et de travail, pour la plupart des ouvriers présents ; car c'est à la suppression de la grève et de ses causes que tendent ardemment les travailleurs, quand une bonne fois ils peuvent discuter entre eux sans le pernicieux cauchemar des politiciens.

— Mais c'est contre le directeur, contre les contre-maîtres, que vous créez cette nouvelle machine de guerre ! s'est écrié un des patrons présents.

— Certainement ! lui fut-il répondu.

Nous voulons arriver au patron, par-dessus la tête du directeur et des contre-maîtres ; car si le patron était au courant de tout, s'il voyait tout lui-même, il y aurait certainement moins d'abus. Il faut donc que nous ayons raison du directeur et des contre-maîtres. Il faut qu'ils soient bien convaincus que toutes leurs injustices seront connues du patron. Rien que cela suffira peut-être pour les maintenir dans la justice et le respect de nos droits.

Voilà le conseil d'usine lancé : Que l'idée germe et grandisse, la paix sociale y gagnera.

L'assemblée générale a ratifié les vœux suivants, émis par la deuxième section :

VŒUX

ORGANISATION INTÉRIEURE DE L'USINE

1° Le Congrès émet le vœu que la journée de travail soit réduite à 11 h. sauf le cas de force majeure, et que les heures de repas coïncident avec l'heure de rentrée des enfants de l'école ;

2° Que les femmes et les jeunes filles quittent l'atelier cinq minutes avant les hommes ;

3° Que, dans les ateliers, autant que possible, les sexes soient séparés ;

4° Qu'une commission de surveillance soit nommée à l'effet de veiller à la moralité de l'usine, et de s'entendre avec le patron contre toute infraction commise en cette matière ;

5° Que, par le contrôle permanent du patron, les contre-maîtres soient souvent rappelés au sentiment de la responsabilité et au devoir de la surveillance ;

6° Que la paie soit faite au père ou à la mère de famille, ou au moins que l'on remette à l'enfant un bulletin de paie que celui-ci sera obligé de remettre aux parents.

Un délégué de Charleville propose le vœu suivant qui est ratifié :

Le Congrès émet le vœu que, dans les industries du fer où les travaux sont trop forts pour les femmes, on laisse aux vieux ouvriers fatigués ces travaux qui les aideraient à vivre et qui, par l'habitude qu'ils en ont, n'est pas au-dessus de leurs forces.

CONTRE-MAITRES

Convaincus que beaucoup des maux qui excitent les récriminations de l'ouvrier sont dus au mauvais choix et au gouvernement plus mauvais encore des contre-maîtres, le Congrès émet les vœux suivants :

1° Que pour le choix d'un contre-maître on fasse attention, non seulement à ses capacités professionnelles ou de commandement, mais encore à sa moralité, à sa probité, à son esprit de justice et d'humanité ;

2° Que le patron vérifie lui-même toute accusation, toute punition, toute amende portée contre un ouvrier ;

3° Que le patron choisisse de préférence les contre-maîtres parmi les ouvriers de l'usine reconnus dignes de cette fonction, qu'on les y prépare en leur confiant d'abord des postes peu importants, où ils apprennent peu à peu à commander.

CONSEILS D'USINES

1° Considérant que le meilleur moyen d'assurer la paix, de prévenir et au besoin d'apaiser les *différends qui menacent la tranquillité d'une usine ;*

2° Considérant que beaucoup d'ouvriers souffrent dans les ateliers, soit de la part de leurs camarades, soit de la part d'un mauvais contre-maître, qui ne partagent pas leurs idées ; que beaucoup d'ouvriers ne sont pas assez fermes pour porter ces observations au patron et en obtenir justice ;

3° Considérant, en un mot, que le meilleur moyen de prévenir tout conflit entre le capital et le travail est d'instituer l'arbitrage ;

4° Considérant la nécessité de relever l'ouvrier en lui rendant sa part de responsabilité; convaincus des avantages qui en résulteraient pour les patrons comme pour les travailleurs,

Émet le vœu que des conseils d'usine soient partout établis;

5° Le Congrès reconnaît que les conseils d'usine, composés d'ouvriers et de patrons chrétiens, sont des institutions éminemment utiles, et dont l'action bienfaisante est à renforcer et à étendre autant que possible dans tous les établissements industriels.

CONSEIL D'USINE

Le conseil d'usine a pour mission principale d'entretenir, entre les patrons et les ouvriers, des relations permanentes par l'intermédiaire des délégués.

Pour atteindre ce but, les réunions du conseil doivent être périodiques et fréquentes, soit tous les huit jours, soit tous les quinze jours et, en cas d'*utilité*, immédiatement.

Les délégués doivent avoir toute liberté d'exprimer au patron, dans ces réunions, ce qu'ils pensent et ce que pensent les camarades, sans que jamais ils aient à en souffrir pour le travail.

En cas de difficultés, le conseil d'usine donne son avis et peut entendre les parties s'il est utile.

Les conseils d'usine pourront être nommés : deux tiers par les vingt plus anciens, et un tiers par le patron, choisis parmi tous les ouvriers de l'usine, pour une durée de 3 ou 6 mois ils seront rééligibles.

5ᵐᵉ Question

DÉLÉGATION OUVRIÈRE DE FOURMIES

RAPPORT

SUR L'ORGANISATION INTÉRIEURE DE L'USINE

Messieurs,

Nous savons bien que les députés, lorsqu'ils ont voté la loi sur le travail, ont cru faire quelque chose en faveur des ouvriers ; mais ils se sont trompés du tout au tout. Telle qu'elle est, la loi nous est très préjudiciable. D'abord, comment pourrions-nous parvenir à nourrir notre famille lorsqu'elle est nombreuse, si les aînés de nos enfants ne peuvent plus travailler à partir de douze ans, comme on l'a fait jusque maintenant ? Nous demandons donc que l'âge d'admission dans les fabriques soit descendu à 12 ans. Et puis, combien y en a-t-il qui sont assez avancés pour obtenir le certificat d'études primaires ? Il n'y en a pas ou presque pas parmi nos enfants. Nous demandons donc que l'on se contente, comme précédemment, du certificat que delivraient les instituteurs à ceux qui savaient lire, écrire et un peu d'arithmétique. Mais là où nos députés nous font le plus de tort, c'est lorsqu'ils viennent ordonner que :

1° Les enfants de l'un ou l'autre sexe ne peuvent faire, lorsqu'ils n'ont pas 18 ans révolus, plus de soixante heures par semaine, soit dix heures par jour, et que 2° les femmes, quel que soit leur âge, ne peuvent faire plus de 11 heures. Cet article de loi est tout à fait inapplicable. Nous ne pouvons pas filer sans avoir nos rattacheurs et nos soigneuses ; il faut absolument et de toute nécessité que les heures de travail soient uniformes pour tous dans notre industrie, car nous ne pouvons travailler les uns sans les autres.

Une autre considération aussi, qui est toute morale, c'est qu'il est fort dangereux d'abandonner à eux-mêmes nos enfants pendant que nous serons à l'atelier. Il n'est pas possible d'admettre que, lorsqu'ils auront fait leurs 10 heures, on les renvoie pendant que nous travaillerons. Que feront-ils pendant ces deux heures ? Qui est-ce qui les surveillera ? Ils vagabonderont dans les rues au lieu de travailler et ils y prendront de mauvais vices. Nous demandons donc que tout le monde fasse 12 heures de travail; en tous cas, que les heures de travail soient uniformes pour tous. Nous demandons à travailler 12 heures, parce que nous savons bien que, dans l'état actuel des choses, il n'est pas probable qu'on puisse nous payer pour 10 heures comme pour 12 ; or, notre salaire de 12 heures nous est indispensable pour vivre. Donc il ne peut souffrir de réduction. Nous demandons qu'on ne réduise pas la journée à 10 heures de travail, à moins d'une entente internationale qui permette à nos patrons de payer le même salaire pour 10 heures que pour 12.

Enfin, nous demandons encore que le jour de repos qui nous est accordé chaque semaine soit uniformément le dimanche. C'est le seul jour où nous pouvons nous retrouver en famille, et nous ne le pourrions plus si, par exemple, nos enfants travaillant dans un autre établissement que nous étaient libres le lundi, au lieu du dimanche ; et puis, après tout, c'est le bon Dieu qui a établi le dimanche ; nous ne devons rien y changer. Voilà notre opinion.

Commissions d'Etudes Sociales

DU

VAL-DES-BOIS

5ᵐᵉ Question. — **Organisation intérieure de l'Usine**

Respect de la femme. — Le régime industriel actuel, fruit de la Révolution, est fécond en conséquences désastreuses. Une des plus désolantes, et malheureusement inévitable aujourd'hui, c'est l'introduction de la femme et de la jeune fille dans l'usine.

La femme perd nécessairement à l'atelier le goût et l'amour de son ménage; l'intérieur négligé par elle n'est plus le sanctuaire de la famille ; la plupart du temps, l'homme déserte son foyer éteint, n'y trouvant plus les biens matériels et moraux qui le lui font aimer. Et que dire des enfants privés des soins et de la surveillance de la mère ?

Quant à la jeune fille, elle s'habitue aussi dès le jeune âge à ne plus penser au foyer domestique ; elle oublie vite, si on le lui a jamais appris, son rôle futur de mère et de maîtresse de maison.

A ces inconvénients déjà graves, le mélange des sexes dans les ateliers ajoute souvent le malheur plus grand encore de l'immoralité.

Si la présence des jeunes filles et des femmes à l'usine ne peut être évitée, du moins est-ce un devoir strict, pour ceux qui dirigent, de prendre à tout prix et dans tous les détails les précautions nécessaires pour sauvegarder l'innocence des unes et la vertu des autres.

Au Val-des-Bois, on a cherché à remédier à ces différents inconvénients. D'abord, afin de diminuer autant que possible les conséquences de l'abandon du foyer, les femmes mariées travaillant à l'usine sortent de l'atelier une demi-heure avant la sortie des hommes ; de la sorte, elles ont le temps de mettre un peu d'ordre dans la maison et de préparer des aliments chauds avant l'arrivée de leurs maris et de leurs enfants. D'ailleurs, les mères de famille qui ont plusieurs enfants ne travaillent généralement plus à l'atelier ; on reconnaît vite, en effet, si l'on y réfléchit un peu, que l'absence de la mère engendre des dépenses et des pertes bien plus considérables que ne peut être son gain à l'usine.

Quant à la moralité, tout est prévu autant que possible pour la sauvegarder. Il y a séparation complète des sexes pendant le travail ; à la sortie, les femmes et les jeunes filles quittent l'atelier 5 minutes avant la cloche, et gagnent la porte de l'usine par un chemin différent de celui que suivent les hommes.

Mais malgré tout ce qu'on peut faire, la séparation n'est jamais absolue ; dans certains ateliers de femmes, il est indispensable, pour le bon fonctionnement des métiers, qu'il y ait des contre-maîtres ou des surveillants hommes. Néanmoins, on est arrivé à une surveillance active et surtout efficace, qui empêche tout désordre, par un moyen très simple. Dans chaque atelier de femmes, certaines ouvrières sont « *conseillères d'atelier* » ; à ce titre, elles ont le devoir de protéger leurs compagnes contre tous les abus, et de veiller à ce qu'elles soient respectées ; elles ont le droit de recours direct au patron pour les plaintes qu'elles peuvent avoir à faire.

L'expérience a prouvé que les conseillères prennent

très à cœur leur mission ; grâce à elles, si quelqu'un des surveillants, d'ailleurs choisis avec soin, avait parfois la pensée de sortir des règles les plus strictes de la moralité, la crainte salutaire qu'inspirent à tous les conseillères d'atelier l'arrêterait bien vite.

Paie. — La question du jour et du mode de la paie est très importante au point de vue de la paix et de l'union de la famille.

Il est utile d'espacer les jours de paie, afin d'habituer l'ouvrier à prévoir les besoins à venir, à ne pas dépenser d'un seul coup l'argent qu'il touche. Au Val-des-Bois, on fait la paie des ouvriers par quinzaine, et celle des employés par mois.

L'heure et le jour sont loin d'être indifférents : si l'ouvrier est payé le soir, il résiste difficilement à la tentation d'aller entamer au cabaret la somme qu'il vient de recevoir, et la paie arrive rarement intacte à la maison.

Ici, on paie les ouvriers le matin : l'argent rentre à la maison à la sortie de midi et il n'en sort plus que pour les dépenses utiles.

De plus on a fort heureusement choisi pour jour de paie le jour du marché : de la sorte, on favorise les achats du ménage et surtout on facilite le paiement au comptant, chose dont l'importance n'échappera à personne.

Enfin, presque partout, les enfants ou jeunes gens touchent directement leur paie : combien cela nuit au respect de l'autorité paternelle, il est facile de s'en rendre compte. Voyez tel jeune homme dont le salaire commence à devenir élevé : il donne à ses parents une partie, quelquefois minime, de ce salaire et garde par devers lui le reste. Il arrive à payer pension à ses parents ; le foyer paternel n'est plus pour lui qu'une auberge où il couche et mange en payant quand il n'a pas envie d'aller ailleurs ; et le respect du père et de la mère ne résiste pas longtemps à une situation aussi anormale.

Au Val-des-Bois, la paie se fait entre les mains du père ou de la mère de famille, le plus souvent de la mère, et cette mesure si morale est facilitée par ce fait que ce ce n'est pas le fileur qui paie son rattacheur : celui-ci est payé directement par la maison.

La Société coopérative peut, avec le consentement exprès des ouvriers, faire des retenues sur le salaire pour solder des achats de denrées : mais pour les petits salaires qui ne dépassent pas 25 fr. par quinzaine, ces retenues ne peuvent pas excéder moitié, en sorte que ces familles touchent au moins moitié en espèces, malgré le paiement du loyer, du pain, de la viande, etc...

D'ailleurs, à ce sujet, voici le tableau des retenues totales effectuées pendant les deux premiers mois de l'année 1893, du 1ᵉʳ janvier au 24 février.

Gain total. . . . . 77.967 fr. 25.

Retenues :
- Loyers . . . . 3,647 fr. 35
- Caisse de secours.. 1,233 fr. 10
- Pain . . . . 4,662 fr. 90
- Marchandises . . . . . 6,718 fr. 30
- Viande . . . . 5,370 fr. 70
- Fournisseurs divers 930 fr. 85

Total 22,563 fr. 20

Versé en espèces . . . 55,404 fr. 05

On voit que le total des retenues est loin d'atteindre le tiers du salaire total.

Stabilité des ouvriers. — On ne fait ici aucun engagement formel. La justice et la charité font plus pour la permanence que tous les traités possibles. Le tableau ci-dessous permettra de se rendre compte comment cette question est résolue au Val-des-Bois.

Résumé des familles existant à l'Usine du Val-des-Bois, ayant au moins dix années de présence ;

3 familles ont 50 ans de présence et plus ;
4 familles ont de 45 à 50 ans de présence ;
5 — 40 à 45 —
4 — 35 à 40 —
11 — 30 à 35 —
13 — 25 à 30 —
25 — 20 à 25 —
20 — 15 à 20 —
34 — 10 à 15 —

Total : 119 familles ayant de 10 à 52 ans de présence à l'usine, soit 27 familles entrées avant 1864
92 — — 1884
———
119

RÉSOLUTIONS

Considérant que la moralité de l'usine doit être l'objet

de la première et constante préoccupation des patrons, affirmant que la corruption de leurs femmes et de leurs filles arrache aux ouvriers des cris de haine plus violents que la faim elle-même, les délégués émettent les vœux suivants :

1° Que les règlements assurent dans tous les ateliers la séparation complète des sexes ;

2° Que l'institution des conseillères d'atelier s'établisse d'une façon générale, puisqu'elle a donné, là où on l'emploie, des résultats excellents ;

3° Que, vu l'importance du mode de la paie pour le bien et l'union de la famille, on étudie dans chaque usine le mode qui remplit les meilleures conditions à ce point de vue, et que surtout on adopte la mesure de payer le salaire des enfants au père ou à la mère de famille.

◆

Délégation ouvrière de Fourmies

RAPPORT
SUR L'ORGANISATION INTÉRIEURE DE L'USINE

Moralité de l'atelier

1° Les patrons doivent donner les ordres les plus sévères à leur personnel d'employés, de contremaîtres, surveillants, etc., pour que tout ce qui concerne la moralité soit l'objet de toute leur attention, surtout en ce qui concerne le respect dû aux femmes et aux filles employées dans l'usine.

2° Il serait bon d'étudier le système de deux rentrées à l'usine, une pour les hommes et une pour les femmes, de manière à éviter le rapprochement des deux sexes et empêcher ainsi les abus qui peuvent se produire dans les escaliers, couloirs, etc., des bâtiments à étages.

En ce qui concerne le tissage, séparer autant que possible les personnes des différents sexes et former des sections spéciales d'hommes et de femmes.

Faire des démarches près des pouvoirs publics pour empêcher, aux rentrées et aux sorties de l'établissement, les distributions de journaux immoraux, de suppléments illustrés avec gravures et chansons obscènes.

Donner le plus d'impulsion possible à la confrérie de Notre-Dame de l'Usine qui existe chez nous pour les ouvrières, favoriser les réunions de jeunes filles sous la direction d'un des prêtres de la paroisse.

Prévenance par huitaine ou quinzaine

Les deux ont leurs avantages et leurs inconvénients. Toutefois, nous restons convaincus que la prévenance par huitaine est préférable à la prévenance par quinzaine. Cependant, pour un bon ouvrier, il est souvent difficile de chercher une place en huit jours, quinze sont souvent nécessaires.

Paiement entre les mains des pères de famille

Il serait à souhaiter qu'en principe ce soit le père ou la mère, travaillant dans le même établissement que leurs enfants, qui touchent toujours les gages de leurs enfants jusqu'à quinze ans. Passé cet âge, le père et la mère conserveraient ce droit jusqu'à la majorité de leurs enfants, surtout si ces derniers faisaient un mauvais usage de leur argent ou s'ils l'employaient à l'inconduite où à la débauche.

En principe, nous sommes partisans que le père ou la mère de famille touchent toujours le salaire de nos enfants; exception serait faite, bien entendu, si les parents en faisaient eux-mêmes un mauvais usage.

Le paiement par quinzaine est préférable à la huitaine, en ce sens que l'ouvrier recevant moins souvent d'argent est moins exposé à le dépenser. En résumé, plus l'ouvrier sera payé fréquemment, plus il prendra des habitudes de dépenses.

Groupe Chrétien d'Etudes Sociales

DE

CONS-LA-GRANDVILLE (Ardennes)

Organisation intérieure de l'Usine

Autorité patronale

La nécessité de l'autorité patronale s'impose d'une manière évidente, tout aussi bien pour les intérêts du patron que pour ceux des ouvriers.

Si dans une usine il n'existait pas une main dirigeante, qu'arriverait-il ? Une désorganisation morale et matérielle en serait le résultat.

Le patron dans son autorité doit être ferme et juste, mais il doit aussi traiter ses ouvriers avec tous les égards qui leur sont dus et sans aucune partialité.

De même qu'un père de famille doit se faire aimer et respecter de ses enfants, tel doit être le but du patron.

Il ne doit pas abuser de cette autorité en forçant ses ouvriers à commettre des actes portant atteinte à leurs convictions religieuses ou politiques.

Sa responsabilité

1° Le patron est moralement responsable si, par sa faute, l'ouvrier n'a pas un salaire assez rémunérateur pour subvenir à son existence et à celle de sa famille.

2° Il est également responsable si, par suite d'une concurrence déloyale, il en arrive à une diminution de salaire.

3° Si, par son manque de surveillance et d'organisation, des accidents se produisent dans l'usine.

L'autorité abusive des contre-maîtres est la source de nombreux abus

Il arrive souvent que par l'inexpérience, la brutalité et l'abus des pouvoirs qui leur sont confiés, certains contre-maîtres provoquent des conflits parfois graves. Alors il existe un antagonisme qui ne peut que porter préjudice au patron et aux ouvriers, ce qui est toujours regrettable.

Moyens d'y remédier

Pour nous, les moyens d'y remédier seraient de former une commission consultative, composée du patron et d'un groupe d'ouvriers nommés par l'assemblée générale des ouvriers de l'usine. Cette commission aurait pour but, dans un différend entre contre-maître et ouvriers, de rechercher la vérité.

Organisation intérieure

Le patron pourrait, pour le règlement du travail, consulter le conseil de l'usine. A notre avis, un travail de 10 à 11 heures serait suffisant.

Précautions prises pour le respect de la femme et de l'enfant

Autant que possible les sexes doivent être séparés ; les expressions de nature à porter atteinte à la moralité doivent être formellement interdites; afin d'assurer l'exécution de ce paragraphe, il serait utile de nommer une commission de surveillance qui, en cas d'infraction, en donnerait connaissance au patron afin d'y remédier.

L'embauchage ou le renvoi d'un ouvrier doit toujours être fait par le patron.

Conseil d'usine

Le conseil d'usine est remplacé à Cons-la-Grandville par le conseil du syndicat mixte.

Il serait désirable qu'il existât un conseil d'usine dans chaque établissement.

Les réclamations individuelles ou collectives se basant sur des choses justes, soit pour le salaire, soit pour infractions aux règlements, seraient adressées au conseil de l'usine. Cette organisation rendrait l'indépendance à l'ouvrier, par le fait qu'il ne serait plus forcé de passer par la main des meneurs.

DÉLÉGATION OUVRIÈRE DE WIGNEHIES

ORGANISATION INTÉRIEURE
de l'Usine

Le syndicat mixte, auquel notre établissement, au point de vue moral, a facilité l'application, nous a permis une cohésion des forces saines qui existaient auparavant dans l'usine, mais qui ne pouvaient s'imposer, moins encore en imposer au mal qui règne si facilement en maître, grâce à la pusillanimité de beaucoup. On n'ose pas se mettre en barrière contre ceux qui agissent mal ; par contre, cette liberté laissée aux mauvais n'est pas acquise à ceux qui veulent le bien ; ils sont tournés en ridicule et, par respect humain, ils abandonnent vite les meilleures intentions Aujourd'hui, nous ne sommes pas encore la majorité, mais notre nombre oblige ceux qui ne voient pas comme nous à se taire. C'est donc déjà le silence imposé par la force des choses aux mauvais esprits. Dans des événements malheureux, nous voulons parler des grèves qui ont désolé notre village, on a vu de quel côté étaient le courage et l'énergie ; une grande partie de nos syndiqués a résisté aux mauvais conseils suivis de conséquences exécrables, tant pour les intérêts des ouvriers que pour les rapports entre les deux pouvoirs, le capital et la main-d'œuvre.

Nous avons eu des défections, avouons-le. Au début, nous acceptions toutes les volontés qui se présentaient, avec la conviction de ramener au bien des ouvriers que nous croyions mal renseignés. Par malheur, certains, est-ce par ambition de nous conduire ou par ignorance, ont persisté dans la mauvaise voie ; aussi, aujourd'hui, nous n'acceptons d'abord que ceux qui sont bons et pratiquent la religion, ou ceux qui nous paraissent susceptibles de s'améliorer. Le nombre, à notre avis, ne faisant pas la qualité, nous préférons de beaucoup des éléments plus condensés, mais sur lesquels on puisse compter. Nous nous affermissons aussi en envoyant chaque année un certain nombre d'entre nous aux retraites de Notre-Dame du Hautmont, où un tiers environ de nos ouvriers sont déjà passés.

Voilà où les caractères se mûrissent ; nous savons ce que l'on y prêche : à nous autres, la condescendance envers nos supérieurs ; à nos maîtres, qu'ils ne peuvent pas nous considérer comme des outils, mais comme des frères auxquels on doit aide et assistance.

Nous connaissons des patrons de notre région qui, avant d'aller là, nous regardaient à peine ; aujourd'hui, ils nous parlent et s'occupent de nous, à ce point que nous avons obtenu en dehors des réunions des dizainiers du syndicat, qu'on nous assemble tous chaque mois, afin de parler de nos intérêts matériels. Ces assemblées débutaient par la prière pour demander à Dieu de nous éclairer, et immédiatement on mettait la conversation sur tout ce qui concernait notre travail de filature et de tissage.

Les discours n'étaient pas les bienvenus, je vous assure ; mais chacun parlait des mille et un inconvénients, qu'il connaissait parfaitement, puisqu'il mettait la main à la pâte. On y apportait remède de suite, notre maître ne voulant pas qu'il y eût quelque chose allant mal de son fait ; son amour-propre ne le lui permettait pas.

Nos contremaîtres craignaient aussi d'être mis sur la sellette et nous aidaient beaucoup plus de leur personne et de leurs conseils. Il en était résulté une émulation extraordinaire qui s'était traduite par une production plus grande et un gain supérieur, sans que les tarifs eussent été augmentés. Certains d'entre nous faisaient connaître à leurs camarades des petits tours de main qui amélioraient le travail. Notre patron n'osait pas refuser des petits avantages qui nous donnaient plus de facilité ; et puis, voulez-vous le savoir, on sentait dans ces réunions un courant de sympathie qui fait tant de plaisir à l'ouvrier lequel pouvait approcher son supérieur en ami, et non pas comme un esclave vis-à-vis de son maître.

Là, on nous faisait pressentir les mauvais jours, comme aussi on s'empressait de nous avertir des reprises d'affaires. Tout le bien qui s'élaborait là profitait à tous, nous vous l'assurons. Les amendes dites de police (retard, lecture défendue), ont été versées à un compte spécial qui nous permet d'aider certains ouvriers dignes du plus grand intérêt, et nous évite ainsi des quêtes qui se faisaient auparavant dans ces cas-là. Ce sont cinq ouvriers qui décident à qui doivent être accordés les secours.

Nous n'avons pas de caisse de secours mutuels ; c'est un moyen d'y obvier dans une certaine mesure. Par contre, notre syndicat assure aux malades 1 fr. par jour, et ce pendant 3 mois.

Voilà, Messieurs, le peu que nous avons fait, et cependant nous en avons déjà obtenu des avantages sérieux. Que serait-ce si nous allions plus loin dans cette voie-là? Nous vous l'assurons, il est cent fois préférable de s'adonner à ces organisations, que d'entendre ces théories socialistes malsaines qui nous poussent à la guerre ; on ne sait déjà plus compter ceux qui en ont souffert.

Nous sommes nés pour travailler, et jamais on ne nous fera croire qu'il est possible d'organiser une société sans maître ni supérieur. Ils ne l'ignoraient pas, ceux qui prétendent actuellement au bouleversement général, puisqu'ils s'attribuent de suite des situations où il n'y a rien à faire que des discours ; voyez leurs mains, sont-elles calleuses? La langue seule marche.

Avant de terminer, nous voulons vous remercier de la bienveillante attention que vous nous avez accordée, et nous formulons un vœu : c'est que dans les usines où les patrons sont catholiques, et par conséquent charitables, les ouvriers, qui répondent à leurs désirs en se syndiquant, soient au moins regardés comme les autres, et nous demandons même, sans être avantagés au pied de la lettre, ce que nous ne voudrions pas, qu'ils soient toutefois l'objet d'attentions particulières.

Nous désirons aussi que, dans le recrutement du personnel, il soit tenu compte des antécédents des demandeurs ; n'y a-t-il pas plus renseigné sur les ouvriers que les ouvriers eux-mêmes? Qu'on s'informe près d'eux de leurs camarades du dehors et, nous en sommes certains, ils ne laisseront jamais introduire dans les usines de ces mauvais caractères qui causent tant de ruines autour d'eux.

Conclusion

En résumé, nous formulons les vœux suivants :

Nous désirons que tous les patrons catholiques fassent chacun dans leur établissement des réunions mensuelles, dans lesquelles chaque ouvrier pourrait développer ses idées au point de vue du travail et des bons rapports entre le patron et ses subordonnés. Ces réunions éviteraient toujours des grèves si préjudiciables à tous ;

Nous insistons vivement auprès de ces Messieurs pour qu'ils enlèvent à leurs contremaîtres le droit de renvoyer un ouvrier quelconque de l'établissement où il travaille ;

Nous demandons à ce qu'il y ait, dans chaque centre où existe un syndicat catholique, des fournisseurs privilégiés qui vendraient meilleur marché que partout ailleurs, tout en fournissant des marchandises de premier choix ;

Nous demandons également qu'il y ait un médecin attaché à chaque établissement, lequel serait rétribué au moyen d'une cotisation de dix centimes que chaque ouvrier laisserait par mois au bureau. Ce médecin pourrait toutefois, en dehors des soins qu'il aurait à rendre aux ouvriers de l'établissement auquel il serait attaché, se faire une clientèle dans la localité. Ce médecin éviterait aux ouvriers des pertes de temps et quelquefois bien des maladies ; ces derniers sachant que le médecin ne leur coûte rien ou presque rien n'attendraient pas, comme ils le font souvent en ce moment, que les germes d'une maladie grave se développent en eux pour aller trouver celui qui pourrait, au premier malaise ressenti, empêcher la maladie de suivre son cours.

Confrérie de N.-D. de l'Usine et de l'Atelier
de MOHON

Usine, organisation intérieure

Aux ateliers de chemin de fer, on travaille 10 heures par jour, mais dans les autres usines on en travaille 12. Ce qui n'est pas convenable, c'est que les usines ne prennent pas leur repas à la même heure, et il arrive souvent que, dans des familles, le père travaille dans une usine et les enfants dans une autre. Pour la paye, aux ateliers de chemin de fer, elle se fait par mois, et dans les autres usines par quinzaine ; il est préférable qu'elle se fasse par quinzaine.

Le délai de prévenance est de 8 jours ; mais au chemin de fer, on peut se faire régler sans délai.

6ᵉ Question

Commissions d'études sociales du Val-des-Bois

CONTRE-MAITRES

Malheur aux ouvriers, si l'autorité est tout entière aux mains des contre-maîtres. Le contre-maître peut être juste, il peut être personnellement un excellent homme ; dans son service, il ne peut pas être bon. Soumis à un règlement qu'il n'a pas fait, qu'il ne peut enfreindre, qu'il ne doit que défendre et faire appliquer, il est esclave de la règle. D'un autre côté, sa part d'autorité malgré tout, est faible, par le fait de son contact constant et intime avec l'ouvrier ; il ne peut y laisser porter la moindre atteinte sans s'exposer à la voir disparaître.

Au contraire, là où le contre-maître a par devoir un commandement un peu militaire, le patron peut et doit se montrer bon ; il a le droit de passer par-dessus certains règlements établis par lui, il est étranger aux petites questions privées qui créent parfois des différends entre le contre-maître et l'ouvrier, il voit les choses de plus haut, sans parti pris et avec calme.

Il est donc toujours de l'intérêt de l'ouvrier d'avoir affaire le plus directement possible au patron. Il faut donc que l'autorité du contre-maître soit restreinte.

Ici, cette autorité n'est qu'une autorité de surveillance : le contre-maître ne peut prononcer aucun renvoi ni aucun embauchage ; il peut appliquer une amende, mais celle-ci n'est valable qu'après le contrôle et l'approbation du patron qui, très souvent, la raye ou la diminue. Le chiffre des amendes est du reste très faible au Val-des-Bois : l'an dernier, il s'est élevé à la somme totale de 22 francs 65 c.

Le patron ne tient compte des observations ou dénonciations d'un contre-maître qu'après avoir entendu la partie accusée. Même si le contre-maître est insulté ou maltraité, ce qui ne se voit pas une fois dans une année, justice ne lui est rendue que s'il n'a pas lui-même provoqué l'ouvrier par des injures ou des brutalités. Enfin, à la moindre faute contre le respect dû à l'innocence, en paroles ou en faits, son renvoi est immédiat et irrévocable.

Résolutions

Convaincus que beaucoup des maux qui excitent les récriminations de l'ouvrier sont dus au mauvais choix et au gouvernement plus mauvais encore des contre-maîtres, les délégués du Val-des-Bois émettent les vœux suivants :

1° Que pour le choix d'un contre-maître on fasse attention, non seulement à ses capacités professionnelles ou de commandement, mais encore à sa moralité, à sa probité, à son esprit de justice et d'humanité ;

2° Que le patron vérifie lui-même toute accusation, toute punition, toute amende portée contre un ouvrier, en entendant au besoin l'intéressé ; qu'il donne à tous un large droit d'appel à son autorité ;

3° Qu'enfin on ne choisisse ordinairement les contre-maîtres que parmi les ouvriers de l'usine même, éprouvés et reconnus dignes de cette fonction ; qu'on les y prépare autant que possible en leur confiant d'abord des postes peu importants où ils apprennent peu à peu à commander.

Cercle chrétien d'Etudes sociales

DE SAINT-JEAN-BAPTISTE DE REIMS

Choix des Contre-Maîtres

Au sujet du choix des contre-maîtres, nous avons toujours remarqué que les patrons hostiles à nos idées ne sont pas en peine de trouver les sectaires nécessaires pour propager leurs idées et opprimer au besoin nos camarades pensant comme nous. Mais il n'en est pas toujours ainsi des patrons catholiques, car on dirait que le diable s'en mêle, et souvent c'est dans les ateliers appartenant à des patrons catholiques que l'ouvrier est encore le plus tracassé au sujet de ses idées religieuses ; aussi ces patrons assument-ils une terrible responsabilité envers Dieu et la patrie, car ils n'ont pour eux aucune excuse, puisqu'ils seraient sûrs de trouver dans nos rangs les hommes nécessaires pour remplir l'emploi de contre-maîtres. Les impies n'ont pas, que nous sachions, le monopole de la conduite et de l'intelligence ; donc si des abus contre la liberté de conscience se commettent tous les jours dans leurs usines, eux seuls en sont responsables.

Confrérie Notre-Dame de l'Usine et de l'Atelier
DE MOHON

Les contre-maîtres sont capables pour le commandement. Quant à la surveillance, elle ne laisse rien à désirer. Ils montrent l'exemple de l'assiduité au travail.

Le recrutement des contre-maîtres est fait, au chemin de fer, par le conseil d'administration de la Compagnie, et dans les autres usines par le patron ; ils devraient être choisis parmi les catholiques pratiquants.

Les amendes sont assez importantes, mais appliquées avec modération. Des ouvriers ont subi des amendes sans avoir été avertis, d'après certains rapports des surveillants. Nous demandons que le congrès insiste énergiquement pour que l'ouvrier soit demandé devant le patron pour qu'il puisse se justifier.

Association de Notre-Dame du Travail de Bienville

Le recrutement des ouvriers ainsi que leur renvoi ne doivent pas être abandonnés sans contrôle aux contre-maîtres, mais prononcés par leur patron. Le cabinet du patron est un tribunal d'appel auquel toute contestation, toute amende, toute mesure de quelque importance, doivent être soumises.

Excellent usage, trop peu répandu, que la fixation de certains jours et heures de chaque semaine, où le patron se tient à la disposition des ouvriers qui ont quelque demande ou réclamation à présenter.

Le recrutement des contre-maîtres, joignant les qualités morales à la capacité professionnelle, est extrêmement difficile. Il faudrait qu'ils fussent formés de longue main par le patron s'appliquant à préparer l'avenir au profit de son successeur. Cela ne se rencontre guère en notre temps, où l'industrie s'exerce le plus souvent sous la forme de société anonyme. Le patron est remplacé ici par un directeur qui n'est qu'un oiseau de passage et n'a reçu d'autre mission que celle de gagner de l'argent.

Septième question

Commissions d'études sociales du Val-des-Bois

CONSEILS D'USINE

L'ouvrier, dit-on, est esclave et esclave d'une machine. Trop souvent, en effet, il est réduit à ne vivre, à ne se mouvoir qu'avec sa machine : son esprit s'affaiblit, son intelligence s'éteint ou plutôt se porte uniquement sur le travail matériel et machinal de chaque jour.

Alors, il est réellement esclave, car il ne remplit plus son rôle d'homme, d'être pensant et intelligent.

Mais rendez-lui la faculté de penser, d'agir, de gouverner par lui-même, rendez-lui la part d'initiative qui donne à chacun sa personnalité, vous lui rendrez ainsi la liberté et la souveraineté auxquelles il a droit. Pour cela, que faut-il faire ? Simplement créer en lui des idées de responsabilité, en l'associant à la marche générale de l'usine, par la constitution de *conseils d'usine*.

On peut concevoir le rôle des conseils d'usine de trois façons :

1° On peut voir en eux des intermédiaires entre le patron et les ouvriers, recueillant les plaintes ou les désirs de ceux-ci pour les transmettre en les appuyant de leur autorité et de leur expérience. Il est facile de voir combien une telle fonction relève l'ouvrier qui en est investi.

Ce rôle appartient ici aux « chefs de sections. » Tous les ouvriers du Val-des-Bois sont divisés en sections de 10 à 12 hommes ayant à leur tête un chef de section, *ouvrier* ancien et estimé de tous. La composition des sections est faite de manière à rapprocher les ouvriers du même métier, et le chef de section a ainsi tous les jours ses hommes autour de lui ; il peut communiquer facilement avec eux, savoir ce qu'ils pensent, ce qu'ils désirent. Il est le véritable intermédiaire des demandes ou des plaintes des ouvriers, comme des communications amicales ou officieuses du patron en dehors des questions professionnelles.

La constitution de cette organisation a été consacrée par les « dîners de sections. » Chaque section à son tour est venue s'asseoir à la table du Bon Père et partager le repas de famille avec lui, son plus jeune fils et l'aumônier. Quelles bonnes réunions ! et qui d'entre nous peut penser sans émotion à ces soirées charmantes, où le Bon Père nous mettait si vite à l'aise en nous traitant comme ses enfants ! Vous rappelez-vous, mes amis, son sourire paternel, sa gaieté cordiale, et les conversations animées, et toutes les bonnes idées mises en commun pendant ces heures trop courtes, où l'on sentait les cœurs battre du même amour et de la même ardeur ? Nous le voyons encore, le Bon Père, faisant asseoir auprès de lui, d'un côté le plus ancien ouvrier de la section, de l'autre, le père de famille ayant le plus d'enfants ; nous le voyons encore établissant (et avec quelle gaieté !) le compte souvent compliqué des enfants représentés par tous ceux qui entouraient la table.

Ainsi le Bon Père montrait bien que les chefs de section trouveraient toujours auprès de lui un accueil cordial, qu'il serait toujours prêt à écouter paternellement leurs demandes ou leurs plaintes.

2°) Nous pouvons encore considérer les conseils d'usine comme intéressés au succès matériel et moral de l'usine, veillant au bon ordre, au bon esprit, à la sécurité et à l'hygiène, signalant les choses défectueuses, constatant les accidents et leurs causes, enfin s'occupant de l'apprentissage et de l'enseignement professionnel.

Un tel conseil existe au Val-des-Bois sous le nom de *Conseil professionnel* ; il est composé de 14 ouvriers des plus anciens, choisis de façon à ce que chaque salle soit représentée ; il se réunit tous les quinze jours sous la présidence d'un des patrons. Ce conseil réalise dans la pratique la solidarité intime qui existe entre le patron et l'ouvrier. N'est-il pas évident, en effet, que si l'usine est prospère, l'ouvrier gagne plus ? que si l'usine dépérit, l'ouvrier lui-même en souffre le premier ?

3°) Enfin, on peut voir dans un conseil d'usine un conseil consultatif aidant le patron dans les organisations qu'il projette, lui indiquant les inconvénients de certains tarifs, de certains salaires, et l'amenant, tout en respectant la hiérarchie, à des combinaisons plus conformes aux intérêts bien entendus de l'usine elle-même, lesquels se confondent plus souvent qu'on ne le croit avec les intérêts raisonnés des travailleurs.

Ce conseil servirait aussi, à l'occasion, à trancher à l'amiable certains différends entre patrons et ouvriers, et à éviter des conflits et des grèves.

Ces deux fonctions sont également remplies ici par le « conseil professionnel. » Nous avons appris que de pareils conseils fonctionnent dans certaines usines de Belgique.

En outre, pour développer l'initiative privée et les idées de responsabilité, un grand nombre de conseils élus et de commissions nommées par les conseils sont organisés ici, pour le gouvernement du Syndicat, de la Coopération et de la Mutualité, ainsi du reste qu'on peut le voir dans nos règlements. Près de 150 ouvriers donnent ainsi leur part d'activité et de dévouement ; ainsi tout ce qui se fait dans l'usine est vraiment l'œuvre commune.

Résolutions

Considérant la nécessité de relever l'ouvrier en lui rendant sa part de responsabilité et d'initiative, convaincus des avantages qui en résulteraient pour les patrons comme pour les travailleurs, les délégués du Val-des-Bois émettent le vœu que les conseils d'usine soient établis sous la triple forme exposée ci-dessus : d'intermédiaires, de comités professionnels et de conseils consultatifs ; en outre, que les institutions soient multipliées avec des conseils distincts, de façon à permettre à un plus grand nombre d'exercer leur dévouement.

Cercle chrétien d'études sociales

De St-JEAN-BAPTISTE de REIMS

Les ouvriers reconnaissent que la chose est possible, qu'elle est même désirable ; seulement nous prévoyons bien des difficultés pour en assurer le bon fonctionnement et lui faire rendre les services qu'elle est appelée à rendre.

Il y a tout d'abord le mode d'élection et la durée de gestion. Par qui le conseil sera t-il nommé, et pour combien de temps? S'il est choisi purement et simplement parmi les ouvriers et nommé par eux, le patron y trouvera-t-il l'assurance d'une entente parfaite, en cas de désaccord survenu entre patron et ouvriers? D'un autre côté, si c'est le patron seul qui choisit les hommes nécessaires pour faire partie de ce groupe, chargé de concilier les intérêts de leurs camarades et ceux du patron, il y a beaucoup de chance pour que les ouvriers leur refusent toute confiance. A notre avis, les pères de nombreuses familles, choisis parmi les plus anciens de chaque usine, devraient seuls faire partie du conseil.

Confrérie de Notre-Dame de l'Usine et de l'Atelier
De MOHON

Dans nos ateliers et usines, il n'y a pas de Conseils, ni aucune institution pour les remplacer. Si l'ouvrier a une réclamation à faire, elle est souvent rejetée. Les rapports des contre-maîtres et même des surveillants sont presque toujours acceptés. Nous demandons qu'il y ait des conseils d'usine, où l'élément ouvrier soit représenté en assez grand nombre, et que ces Conseils aient plein pouvoir de défendre nos intérêts et de faire donner des augmentations, soit aux plus méritants, soit aux plus anciens. A l'usine des clouteries réunies de Mohon, il est défendu aux ouvriers d'assister au pesage des fers.

TROISIÈME SECTION

L'étude de la question du salaire et de l'organisation de l'usine, malgré tout l'intérêt qui s'y rattache et l'attention dont elle a été l'objet au Congrès, a moins préoccupé l'assemblée cependant que les syndicats et les confréries.

Les syndicats, sagement et fortement organisés, c'est la reconstitution même de la puissance du travail et l'effort indispensable pour arriver au relèvement des salaires.

Procéder autrement, c'est mettre la charrue devant les bœufs. On obtiendra des palliatifs ; on appliquera des remèdes plus ou moins superficiels à « la misère imméritée » des ouvriers de telle ou telle usine, mais on ne traitera pas à fond l'injustice que la libre-pensée économique fait peser sur les travailleurs, les faibles, les petits.

La puissance que l'individualisme leur a enlevée, l'association doit la leur rendre. Cette vérité devient banale à force d'être redite ; il est regrettable seulement de voir que les socialistes en sont beaucoup plus convaincus que les ouvriers sérieux et pacifiques.

L'association a donc été au premier rang des préoccupations du congrès, et les vœux formulés au sujet des syndicats et des confréries montrent assez quelle large part a été faite à cette question dans les travaux de l'assemblée.

Dans la 3ᵉ section, où la question des syndicats était à l'étude, les ouvriers de la région devaient dire franchement ce qu'ils pensent du syndicat mixte et du syndicat ouvrier dans les circonstances actuelles, et exprimer leur préférence pour le premier ou le second.

Or, le vœu du congrès sur ce point n'a pas été celui qu'on pouvait prévoir et, pour un bon nombre d'hommes qui s'intéressent à ce genre de travaux, la résolution de l'assemblée aura peut-être une part d'inattendu.

Les congressistes se sont prononcés pour la formation de syndicats ouvriers.

Au surplus, les rapporteurs sur cette question n'ont pas manqué de bonnes raisons pour justifier leur préférence.

Le syndicat mixte réclame, pour donner ses fruits, une tranquillité sociale relative que nous sommes loin d'avoir. Trop de passions s'agitent aujourd'hui, trop d'inquiétudes et de défiances se manifestent de tous côtés, et, pour ramener la paix, il faut songer à un autre spécifique.

Là même où l'expérience du syndicat mixte a été tentée, elle est loin d'avoir donné ce qu'elle promettait.

L'enquête, dont on a fait précéder le Congrès, révèle à ce sujet une manière de voir à peu près uniforme chez tous les ouvriers, et la plainte qu'on retrouve au fond de toutes leurs doléances, on la devine aisément : ils reprochent au syndicat mixte de *manquer de sincérité*.

Et puis dans l'Encyclique du Pape *sur la condition des ouvriers*, qui doit servir de thème d'études au Congrès de Reims et à tous ceux qui suivront, on ne trouve pas un mot de blâme, ni même trace de suspicion pour ce genre d'association. Au contraire; Léon XIII approuve sans réserve *les sociétés, soit composées d'ouvriers seuls, soit mixtes, réunissant à la fois des ouvriers et des patrons; et il est à désirer, continue-t-il, qu'elles accroissent leur nombre et l'efficacité de leur action.*

Le congrès est donc en règle avec le Pape,

Si la 3ᵉ section du congrès s'était contentée d'exprimer ces vœux, elle n'eût pas accompli toute sa tâche. Elle eût fait une œuvre incomplète et même dangereuse.

Un congrès décide, aux applaudissements de tous ses membres, la formation d'un syndicat...

Le lendemain on s'occupe de rédiger les statuts et d'en faire le dépôt légal... On recueille des noms ; deux ou trois cents ouvriers adhèrent...

Le syndicat est constitué... Que reste-t-il à faire? Tout : Je veux dire que le syndicat est privé de son élément essentiel tant qu'on ne s'est pas préoccupé de lui donner comme point d'appui la moralité de ses membres, et un congrès qui ne s'inspire point de cette nécessité dans les vœux qu'il formule fait une œuvre mauvaise. Il remplace ou plutôt il prétend remplacer la conscience par une institution.

Et pourtant, l'expérience qui nous vient tous les jours montre bien que ce procédé aboutit aux pires désastres.

Quel avenir peut se promettre un syndicat large ouvert aux débauchés, aux orgueilleux, aux paresseux et aux révoltés ?

Quel avantage économique peut résulter du conflit de toutes ces passions ?

Peut-il sortir une conclusion pratique et féconde de ces discussions où les uns auront mis leur orgueil et leur haine, les autres, leur égoïsme, leur injustice, leur impatiente colère ?

Non, et l'histoire de ces dernières années montre trop clairement que ce qui n'est pas semé dans le champ de la foi est une moisson qui lève inévitablement pour le socialisme.

Si nous ne voulons pas donner des forces au socialisme en travaillant à la réorganisation du monde ouvrier, nous avons le devoir de nous rappeler qu'en matière d'association l'Eglise est une maîtresse d'une compétence sans égale, et que les associations qu'elle a fondées n'ont eu la solidité et la grandeur que nous savons que parce que l'édifice avait la foi pour point d'appui et la morale chrétienne pour ciment.

Le congrès de Reims s'en est souvenu, et voilà pourquoi, après avoir voté les conclusions que nous venons de rapporter, les ouvriers ont acclamé, à l'unanimité, la confrérie comme base du syndicat.

Ce vœu ne fait-il pas grand honneur aux travailleurs du congrès de Reims qui l'ont acclamé ? Ils comprennent ce que dit l'Église quand elle déclare que, sous la crise économique, se cache un déficit d'ordre moral, et ils concluent que, pour améliorer matériellement leur sort, ils doivent d'abord, au sein de leur archiconfrérie, restaurer parmi eux les mœurs chrétiennes.

Sans doute, le syndicat et la confrérie seront deux organisations absolument distinctes, puisque leur but est différent; mais c'est dans la seconde que la première trouvera son point d'appui, sa vitalité et les vertus qui la rendront prospère.

Souhaitons de voir bientôt, en opposition aux syndicats socialistes violents et tumultueux, nos syndicats ouvriers de Reims donner ce fortifiant exemple d'associations de travailleurs, faisant triompher leurs légitimes revendications avec cette énergie tranquille et cette obstination invincible qu'ils puiseront dans l'étude simultanée de leurs devoirs et de leurs droits.

Voici les vœux émis par la 3ᵉ section, qui ont été approuvés à l'assemblée générale:

VŒUX

SYNDICATS

1ᵒ Le Congrès ouvrier de Reims se prononce pour la constitution, dans chaque métier, de syndicats composés exclusivement d'ouvriers parallèlement à la constitution de syndicats de patrons du même métier ;

2ᵒ Les deux syndicats auront à désigner, chacun de leur côté, le même nombre de délégués pour constituer le conseil du métier, auquel appartiendra de

discuter et de trancher toutes les questions intéressant les syndicats ;

3° En cas de non entente entre les délégués ouvriers et les délégués patrons, un arbitre sera désigné pour trancher le différend ; cet arbitre doit
être accepté par les délégués ouvriers et par les
délégués patrons ;

4° Le conseil syndical peut décider que cet arbitrage sera permanent au sein du conseil syndical ;

5° L'objectif du syndicat doit atteindre le salaire,
la durée du travail des hommes, des femmes et des
enfants, l'assurance sous toutes ses formes, et tout
ce qui peut redresser les griefs légitimes des ouvriers et favoriser l'ascension sociale par le développement matériel, intellectuel et moral des ouvriers.

CERCLES CHRÉTIENS D'ÉTUDES SOCIALES

Considérant que le syndicat doit être l'incarna-
tion des idées de justice sociale et d'aide mutuelle ;

Considérant qu'une institution peut difficilement
se fonder utilement avant que les adhérents ne
soient pénétrés des idées que l'on veut incarner ;

Le congrès émet le vœu que les « Cercles chrétiens d'études sociales » soient formés et précèdent
la fondation des syndicats, car c'est le moyen
d'instruire et de bien comprendre l'idée syndicale.

CONFRÉRIES

Considérant qu'aucune œuvre sociale ne peut se
fonder sans la base du principe religieux, c'est-à-
dire sans la justice et la fraternité chrétiennes ;

Considérant que le principe religieux, pour être remis en honneur et recouvrer toute son influence sur la société, a besoin d'être organisé solidement par le moyen des confréries ;

Considérant que le Souverain-Pontife recommande instamment la création des confréries pour la régénération du monde du travail, et que d'un autre côté Léon XIII a comblé de faveurs et étendu à l'univers entier l'Archiconfrérie de « Notre-Dame de l'Usine et de l'Atelier, patronne du travail et des corps d'états », la signalant ainsi à toutes les catégories de travailleurs ;

Le congrès émet le vœu que l'Archiconfrérie de Notre-Dame de l'Usine et de l'Atelier, patronne du travail et des corps d'états, soit établie dans toutes les usines, les ateliers, les associations ouvrières, etc., avec la faculté de choisir, parmi les titres de l'archiconfrérie, celui qui conviendra le mieux aux traditions ou au langage de la population;

Si une association locale existe sous un vocable accepté de tous, mais qu'elle ne jouisse pas de faveurs spirituelles et n'ait pas d'existence canonique, le congrès émet le vœu qu'elle garde son autonomie complète, mais qu'elle s'affilie à l'archiconfrérie de Notre-Dame de l'Usine, afin de resserrer les liens qui doivent unir toutes les associations chrétiennes.

Rapport sur les Syndicats

Leur personnalité civile

Messieurs,

Permettez-moi d'appeler l'attention du congrès ouvrier de Reims sur un point qui me paraît de la plus haute importance pour le développement des syndicats professionnels : je veux parler de la reconnaissance légale de leur personnalité civile.

Mais avant d'aborder l'examen de cette question, je voudrais vous glisser un conseil.

Il n'y a point d'exemple dans l'histoire que des réformes sociales durables se soient opérées tout d'un coup, sauf à Sparte où elles se firent au détriment des malheureux. Si le programme socialiste pouvait s'imposer un beau matin, on verrait, les premiers jours de terreur passés, se soulever tous les spoliés, fort nombreux assurément, et tous ceux, très nombreux aussi, qui ne retrouveraient pas, dans le nouvel état de choses, la réalisation des rêves dont ils s'étaient bercés.

Dans l'ancienne Rome, les plébéiens ont lutté deux siècles pour obtenir l'égalité civile et politique et ils n'ont jamais obtenu l'égalité sociale. Nos pères n'ont pas lutté moins longtemps pour obtenir au moyen-âge la liberté de la commune.

On est moins patient dans notre siècle de vapeur et d'électricité et on veut dévorer le temps comme on dévore l'espace. Aller vite c'est bien, mais encore ne faut-il pas dérailler.

Quand les Anglais, qui sont gens pratiques, veulent imposer une réforme au parlement, ils commencent par étudier la question sous toutes ses faces, puis leurs journaux et leurs orateurs ne négligent rien pour en démontrer la justice, l'utilité et la possibilité, pour créer en faveur de leur projet un courant d'opinion. Sont-ils battus ils ne se découragent point, ils reprennent la lutte et finissent généralement par l'emporter. Il fallut aux partisans du libre échange plus de trente ans pour faire prévaloir leurs idées, et voilà bientôt un siècle que la pauvre Irlande combat contre la toute-puissante Angle-terre pour lui arracher pièce à pièce la réparation d'une trop longue injustice.

Réclamer trop de choses à la fois nous semble une erreur de tactique qui, en menaçant trop d'intérêts, multiplie les adversaires. Les ouvriers se montreraient plus habiles en classant leurs revendications, en ne poursuivant d'abord que celle dont l'équité est facile à démontrer, en y préparant l'opinion par un exposé clair, ferme et modéré, en refusant de voter pour quiconque refuserait de s'engager à la soutenir, en acceptant pro-visoirement un demi-succès et en concentrant leurs efforts sur les questions économiques, au lieu de les éparpiller sur des questions politiques, qui ne sont le plus souvent que des questions d'ambition personnelle et qui finiront par les diviser eux-mêmes.

On veut jeter bas la maison : mais où loger en atten-dant qu'on la relève. Ne serait-il pas plus sage de la restaurer peu à peu ? Quand on réfléchit sur notre état social actuel, on arrive forcément à cette conclusion que le seul moyen de donner satisfaction aux légitimes reven-dications des ouvriers laborieux, sans porter atteinte au droit de propriété individuelle, au droit de l'intelligence et du travail sans constituer l'État seul propriétaire, seul dispensateur des professions et des salaires, sans re-noncer au droit d'avoir son foyer, sa famille, sa liberté sans se jeter, en un mot, sans recours possible, dans la plus effroyable des tyrannies, le seul moyen, dis-je, est la constitution de syndicats libres, comme le père de fa-mille, comme les sociétés commerciales et industrielles, de posséder, d'accroître leurs biens et de les faire valoir au mieux de leurs intérêts, quitte à supporter leur part des charges publiques.

Les syndicats existent ; c'est quelque chose, sans doute, mais la loi qui leur a donné le droit de naître sans la permission de M. le maire, ni de M. le préfet, ne leur a guère laissé le droit de vivre et de se développer ; il semble que nos législateurs aient eu peur de leur œuvre, qu'ils aient craint de voir les syndicats ouvriers surtout devenir trop plantureux et se permettre un beau jour de penser, d'agir avec indépendance et de n'accepter plus le mot d'ordre qu'ils recevaient jusque-là avec une entière docilité au jour des batailles électorales.

Cette crainte s'est réalisée, mais précisément parce

que les ouvriers, ne trouvant pas dans les syndicats la possibilité d'améliorer leur position d'une manière sérieuse, se sont jetés dans la politique qu'ils considèrent comme l'unique moyen d'obtenir tout au moins des lois plus larges et plus équitables. Ils se disent qu'ils sont le nombre et qu'avec le suffrage universel ils peuvent devenir les maîtres, et c'est vrai. Plaise à Dieu que les bulletins ne s'égarent pas sur des incapables et des indignes.

Encore une fois, qu'ils poursuivent et qu'ils ne poursuivent pour l'heure que la personnalité civile des syndicats. Une fois obtenue, qu'ils créent, soit isolément, soit en se groupant avec d'autres syndicats, des banques populaires, faisant recueillir chaque semaine les économies libres des familles en même temps que les cotisations. Les fonds ainsi réunis seraient placés non obligatoirement à la caisse d'épargne ou à la caisse des dépôts et consignations, mais sur première hypothèque, ou convertis en valeur de tout repos, comme les obligations françaises des villes, des départements ou des grandes compagnies de chemin de fer, ou bien employés à acheter ou à bâtir des maisons qu'on louerait de préférence aux membres syndiqués à des prix modérés. Une maison a cet avantage qu'on ne peut l'escamoter aussi facilement qu'une liasse de billets de banque, ce qui n'est pas à dédaigner aujourd'hui que tant de financiers éprouvent le besoin d'aller prendre le frais en pays étranger.

Du reste, avant de songer à ces placements, les syndicats voudraient sans doute avoir à eux des œuvres économiques qui allégeraient singulièrement leurs charges tout en réservant une portion de bénéfice pour grossir le capital corporatif.

D'anciennes corporations avaient leurs hôpitaux qu'elles administraient elles-mêmes, faisaient élever à leurs frais les orphelins dans le besoin, et, dans les temps de disette, dépensaient largement pour donner du pain à ceux de leurs membres qui en manquaient. Pourquoi, tout en tenant compte de la différence des temps, nos syndicats feraient-ils moins bien ? Est-ce que, s'ils étaient vraiment organisés en vue d'améliorer la situation de leurs membres, il se trouverait beaucoup de patrons, et, en dehors des patrons, beaucoup de gens riches ou même aisés qui refuseraient de leur venir en aide ? J'affirme que non.

Et ainsi, avec le temps sans lequel on ne fait rien de durable, les syndiqués se trouveraient assurés contre la maladie et le chômage, grâce au crédit que le syndicat leur accorderait dans ses magasins. Ils pourraient même arriver à jouir d'une pension de retraite qui pourrait se payer partie en argent, partie en pain, en charbon, en vêtements.

Ce serait, à mon avis, bien aussi sûr que des retraites payées par l'État et que l'État pourrait se trouver dans l'impossibilité de servir en cas de révolution, de guerre étrangère ou de débâcle financière, et cela précisément dans le moment où l'on en aurait le plus besoin.

Si ces réflexions vous paraissent fondées, il y aurait lieu de proposer au congrès d'émettre le vœu suivant :

Le congrès ouvrier de Reims :

Considérant qu'il est urgent, au point de vue de la paix sociale, d'assurer aux travailleurs leur part de la fortune nationale ; que ce but peut être atteint sans spoliation, par la reconnaissance de la personnalité civile des syndicats ;

Considérant que l'État ne semble pas pouvoir, sans danger pour lui-même et pour les intéressés, se charger de pourvoir aux besoins de tous, ni même d'assurer à tous une retraite dans leur vieillesse ;

Que le plus clair d'une telle mesure serait de multiplier encore les employés de l'État déjà trop nombreux, et d'absorber des sommes considérables qui seraient plus utilement employées en subsides aux syndicats ;

Pour ces motifs :

Le congrès sollicite la reconnaissance de la personnalité civile aux syndicats, le droit illimité de posséder des biens meubles et immeubles, de recevoir des dons et legs de quelque nature qu'ils soient, quitte à supporter leur part des charges publiques.

Groupe chrétien d'études sociales de Notre-Dame
DE REIMS

LES SYNDICATS

Il n'y a que les syndicats mixtes et même que les syndicats chrétiens qui puissent rétablir et maintenir la paix dans l'ordre social.

Cette paix est la conséquence naturelle et nécessaire de l'entente cordiale qui s'établit entre les ouvriers et les patrons discutant sans passion, sans parti pris, leurs intérêts communs et ne craignant pas d'entrer dans la voie des concessions mutuelles, la seule qui soit réellement féconde.

Mais il ne faut pas oublier que l'esprit de conciliation qui aplanit tous les obstacles est lui-même un des fruits de l'esprit de foi qui nous détache en quelque sorte de nous-mêmes et nous fait abandonner de bonne grâce les quelques droits que nous pouvons posséder sur les choses de la terre en nous montrant la riche compensation que nous trouverons plus tard dans les biens de la vie future.

Les syndicats uniquement composés de patrons ou d'ouvriers, ou ceux qui n'ont d'autre mobile que la poursuite des biens d'ici-bas, suivent une pente irrésistible qui les conduit tôt ou tard, jouets de l'instabilité des choses humaines, aux voies de l'égoïsme, de l'injustice et même de la violence.

La loi de 1884, en interdisant aux syndicats la possession d'immeubles, les a privés d'une ressource précieuse qui a contribué puissamment à la prospérité des corporations du moyen-âge et avec laquelle ils ont pu soutenir victorieusement la lutte contre toutes les misères qui remplissent la vie du travailleur ; elle nous enlève un fonds solide de réserve et de secours sans lequel un grand nombre d'institutions de crédit ou de bienfaisance deviennent impossibles ou sans vigueur. Cette interdiction impose enfin aux syndicats l'obligation de chercher dans le principe un peu étroit de la mutualité des compensations qui n'auront jamais la même puissance.

L'exclusion des adjudications publiques est encore une autre restriction regrettable de la loi ; elle place les syndicats dans un état d'infériorité vis-à-vis des entrepreneurs privilégiés, elle leur ôte l'occasion de montrer leur puissance créatrice, leur merveilleuse organisation pour se prêter à toutes les exigences, en même temps qu'elle éloigne des grandes entreprises des hommes qui ont pour ainsi dire fait vœu d'humilité et pris l'engagement de tendre toujours au travail le plus parfait.

Il semble que la loi, jalouse des syndicats, ait eu peur de leur action sociale et que, contrainte en quelque sorte de les créer, elle ait voulu paralyser par avance leur développement et annuler la résistance que leur forte organisation eût pu opposer plus tard aux envahissements du pouvoir.

Fondation d'un syndicat

La fondation d'un syndicat mixte chrétien dans une société sans foi, désagrégée par l'égoïsme et divisée par l'envie est une œuvre difficile, devant laquelle se dressent de nombreux et sérieux obstacles : nous nous contenterons de signaler les principaux.

Incertitude de la voie

Un homme est parvenu, je suppose, à réunir un certain nombre de patrons et d'ouvriers chrétiens. En énumérant les avantages d'un syndicat chrétien, c'est-à-dire l'appui mutuel, la mise en commun des intelligences, des capacités pour le perfectionnement du travail; la mise en commun des capitaux pour les réaliser, la fondation possible de sociétés de secours, de prévoyance, de crédit, etc., etc., il a pu provoquer un mouvement, un élan d'espérance vers un avenir meilleur et recueillir un nombre d'adhésions suffisant pour un début, pour une marche en avant. Le mouvement va se produire, tout le monde l'attend et voilà que des semaines, des mois se passent dans l'inertie la plus complète, bien plus, les défections commencent, s'accentuent, et il ne reste bientôt plus qu'un noyau de fidèles qui ont conservé l'espérance parce que leur foi est plus robuste, plus détachée et qu'ils ont entrevu dans un avenir plus ou moins éloigné, des larmes essuyées, des souffrances apaisées, des âmes ramenées à Dieu.

Qu'est-il donc arrivé ?

Il est arrivé que la voie à suivre n'a pas été trouvée, que la direction a manqué et que l'ardeur s'est éteinte faute d'aliments, c'est-à-dire faute d'avoir trouvé des institutions qui eussent été pour les uns un appel au dévouement et pour les autres un appel à l'espérance.

Indifférence publique

Le syndicat, je le suppose toujours, a pu ne pas subir cette crise ou il a pu la traverser tant bien que mal ; parmi les promesses faites aux associés, celle de leur garantie du travail est l'une des plus importantes. Pour un peuple qui jouit de cette liberté que le christianisme est venu faire connaître à la terre, le travail est le bien nécessaire qui est la source de tous les autres. On a donc pour tenir cette promesse faite à toute la clientèle chrétienne, un appel qui est en même temps une protestation de foi et une prière de venir en aide à des frères qui ont le droit de compter sur le secours de leurs frères.

Cet appel, discret sans doute, a eu un certain retentissement, et, en éveillant chez plusieurs l'espoir d'un gain légitime, il a provoqué de nouvelles adhésions.

Or, il est arrivé deux choses : l'une, ou le public a répondu à l'appel qui lui a été fait et il a pris l'habitude de nouer avec le syndicat des relations d'affaires qui donnent à celui-ci les moyens de se développer et de tenir ses promesses ; ou, ce qui arrive presque toujours, il est resté sourd à cet appel parce qu'il n'a pas compris la mission du syndicat, parce que beaucoup de personnes chrétiennes, même très chrétiennes, ont été mal conseillées, mal dirigées par ceux en qui elles ont confiance et qu'elles ne choisissent pas avec assez de discernement ; parce qu'ils ont des habitudes, des attaches plus puissantes que leur foi, que leur charité ; parce qu'il aurait fallu faire un petit sacrifice d'argent, de personne, qu'on ne veut même pas tenter ; on se cantonne donc dans son ignorance ; dans son égoïsme, on laisse le syndicat s'épuiser en efforts stériles pour la régénération sociale et on prête ainsi la main à nos pires ennemis qui n'ont pas, pour accomplir leur œuvre néfaste de destruction, d'auxiliaires plus précieux que notre coupable indifférence.

Inertie des ouvriers

Les ouvriers hésitent en général à entrer dans les syndicats et cela tient à plusieurs causes. Parmi les causes générales, je citerai premièrement l'isolement de l'individu savamment organisé par la Révolution pour le dominer et qui est devenu pour lui comme une seconde nature ; deuxièmement, la division profonde, l'antipathie qui existe entre le patron et l'ouvrier, antipathie qui est encore l'œuvre des doctrines révolutionnaires et qui éloigne l'un de l'autre ces deux hommes que le travail devrait unir

De plus, il n'y a rien d'étonnant que ceux des ouvriers qui se sont laissés séduire par les illusions brillantes du socialisme et qui attendent de la terre seule la réalisation de leurs rêves de bonheur, aient peu de goût pour la vie paisible mais toute de travail et de médiocrité promise par le syndicat. L'indifférence en matière de foi éloigne encore un grand nombre d'ouvriers de tout ce qui porte le cachet d'une œuvre chrétienne ; soit par respect humain, soit parce qu'ils ne croient pas à l'alliance possible des œuvres de la terre et du ciel. Enfin, il y a toujours, même chez les ouvriers chrétiens, une certaine défiance en face des promesses du syndicat, défiance qui ne cédera que lorsque le syndicat aura donné des preuves évidentes de sa vitalité, et, malheureusement, ces preuves font souvent défaut ou se laissent attendre trop longtemps.

Inertie des patrons

Les devoirs que le syndicat et surtout que le syndicat naissant, où tout manque, où tout est à créer, impose au patron sont une très lourde charge.

Il ne doit y entrer qu'avec la ferme résolution de faire œuvre de dévouement et de sacrifice et de payer généreusement de son temps, de son influence, de sa bourse et de sa personne. Il est vrai que le fardeau s'allège avec le temps, dès que les institutions qui y ont pris naissance et dont il a affermi les premiers pas au prix de mille peines sont quelque peu mûres et commencent à se suffire à elles-mêmes.

Si le manque de foi, en rabaissant toutes les aspirations de l'ouvrier, le condamne à se bercer d'espérances irréalisables, à se débattre dans une impuissance absolue de connaître ses véritables intérêts et à nourrir des sentiments de défiance et d'envie contre le patron, près duquel il passe la moitié de sa vie, éloigne l'ouvrier du syndicat, ce même manque de foi est également un obstacle au recrutement des patrons.

Ceux-là surtout à qui leur situation de fortune et l'aisance acquise font un devoir de patronner le syndicat et d'en devenir les soutiens, ceux-là répugnent à cette obligation, par cela même qu'elle leur impose le sacrifice de quelques jouissances et l'oubli de cet orgueil que l'on déguise dans le monde sous le nom de dignité.

Les patrons moins heureux et qui ont à soutenir une lutte plus âpre avec les difficultés du travail sont moins rebelles à l'esprit du syndicat, ils se recrutent avec assez de facilité, mais trop souvent ils intervertissent dans leurs préférences le double but poursuivi par le syndicat, tenant les affaires de la terre à plus haut prix que les affaires du ciel, parce que les premières sont bien plus prochaines et que les autres se laissent perdre de vue par leur éloignement.

Quant à ceux qui n'ont pas même la foi, qui n'entrent dans l'association que par méprise et pour se couvrir d'un drapeau qu'ils savent être estimé de tous, ils ne font que paraître et ils disparaissent dès qu'on agite la question de sacrifice.

Il en est enfin qui reculent devant quelques obligations un peu dures, telles que celle du repos du dimanche, parce qu'ils ne savent pas que l'oubli de cette obligation a la plus grande part dans cet effondrement moral où nous sommes tombés et qu'il n'y a plus d'avenir pour les peuples qui la violent ouvertement.

La prospérité des syndicats nous paraît intimement liée au réveil de la foi dans notre pays ; ils auront peut-être encore bien des épreuves à traverser parce que les blessures faites à la foi d'un peuple ne se guérissent pas en un jour et que l'anémie morale de notre société, qui languit dans l'indifférence et dans l'égoïsme, ne cédera peut-être qu'à des remèdes énergiques et à de violentes secousses.

Que les syndicats chrétiens ne se découragent pas cependant ; qu'ils s'essayent à trouver dans les inspirations de la foi et de la charité le principe des institutions qui seront la règle et la prospérité des corporations de l'avenir ; qu'ils se rappellent les encouragements, les éloges mêmes donnés par le Saint-Père aux efforts tentés par des âmes généreuses pour sanctifier le travail et le ramener aux prescriptions de la loi divine ; qu'ils restent au milieu de l'abandon général les fidèles enfants de l'Eglise, se rappelant que c'est à la seule barque dirigée par le successeur de Pierre et à ceux qu'elle porte qu'il sera donné de braver les efforts de la tourmente qui se prépare et de reconstruire un monde chrétien sous le souffle de l'Esprit de Dieu.

Je ne puis quitter ce sujet sans essayer, malgré mon impuissance, de formuler quelques timides conseils pour ceux qui voudraient fonder des syndicats.

Il faut tout d'abord profiter de l'élan, de l'ardeur imprimée aux âmes par l'exposition des bienfaits du syndicat, pour les entraîner dans la voie de l'action, pour obtenir du patron une promesse de dévouement, de sacrifice, des ouvriers, une promesse de patience et de résignation, pour obtenir de tous la promesse d'une fidélité inébranlable à la Sainte Eglise et d'une confiance sans bornes en la Providence de Dieu.

L'action consistera pour les patrons à faire un appel chaleureux à la clientèle chrétienne.

Cet appel sera, comme nous l'avons dit, une protestation de foi, une affirmation de principes chrétiens, une exposition du but poursuivi par le syndicat et une prière de l'aider à remplir sa mission.

L'action consistera ensuite à créer des institutions qui serviront à prouver sa vitalité et à l'entretenir. Parmi ces institutions nous plaçons en première ligne le bureau de placement et toutes les œuvres du Secrétariat du peuple, telles que la caisse de prêts gratuits, plus ou moins élargie, suivant qu'elle devra servir à des nécessités véritables ou à des besoins professionnels ; les consultations médicales et juridiques gratuites, les caisses de secours, le patronage des familles nécessiteuses, des membres agrégés, etc., etc.

Pour ces institutions que les patrons doivent fonder et soutenir, l'argent est moins nécessaire que l'esprit de dévouement et le don de soi-même, l'argent seul est presque toujours impuissant à gagner le cœur de l'ouvrier, tandis que les prévenances et l'affection l'emportent toujours d'assaut.

Je voudrais qu'aux fêtes patronales il y eût des encouragements et des récompenses décernés à quelques ouvriers d'élite et que la fête fût couronnée par un banquet où tous les syndiqués seraient admis et les places d'honneur réservées aux ouvriers.

En ce qui concerne leurs intérêts propres, les patrons d'une même profession peuvent faire leurs achats en commun, s'entendre pour la poursuite d'une affaire, se porter même garants les uns pour les autres, dans une certaine mesure, pour une acquisition qui dépasserait les forces d'un seul, s'organiser en comité de résistance pour paralyser une concurrence déloyale ; le syndicat peut même accepter des commandes qui intéressent plusieurs professions en se réservant le droit de la répartition, etc., etc.

Toutes ces choses, pour être fécondes, exigent absolument que toutes soient guidées par l'esprit de fraternité et que personne ne se cantonne dans son égoïsme et se conduise comme s'il était seul.

C'est parce qu'ils apportent et parce qu'ils conservent dans le syndicat l'esprit de lutte et de concurrence qui dirige aujourd'hui les affaires et qui constitue toute la doctrine du travail, que la plupart des syndicats végètent et que quelques-uns finissent par mourir.

Formule d'un syndicat

J'entends par formule d'un syndicat l'ensemble des statuts.

Cette formule doit être très courte ; dans les formules aujourd'hui en vigueur, l'énumération des professions est toujours trop longue et malgré cela très incomplète ; la meilleure est, suivant moi, une définition générale, courte, que l'on complète avec le texte même de la loi.

La composition du conseil syndical, son renouvellement sont de la dernière importance. Pour que l'esprit primitif se conserve, il faut faire la part la plus petite possible aux élections en assemblée générale et pourvoir aux vides et au renouvellement des conseillers en donnant au conseil syndical le droit de se recruter lui-même dans une très forte proportion.

Quelques réflexions sur la coopération et la mutualité

La forme coopérative paraît devoir être la seule qui puisse affranchir le travailleur et le petit commerce de la tutelle, disons le mot, de la servitude où les réduisent les grandes entreprises qui se fondent tous les jours par la concentration des capitaux.

Elle est aussi, à mon avis, la seule qui puisse se concilier avec l'avènement du peuple au pouvoir que bien des symptômes permettent d'entrevoir comme le gouvernement de l'avenir.

L'esprit de la mutualité est bien plus étroit que celui de la charité. Dans une mutualité, chacun a droit au bénéfice en proportion de sa mise et il ne viendra pas à la pensée d'un mutualiste qui a engagé une somme considérable de partager avec celui qui a engagé beaucoup moins.

Le principe de mutualité n'est autre chose que celui de la justice qui rend à chacun ce qui lui est dû. Il est certainement un bienfait pour un groupement d'hommes qui n'ont pas la foi ; mais une association chrétienne qui vit de la charité n'a rien à envier à une association mutuelle qui ne vit que de justice.

Toutefois, les syndicats qui sont de la loi de 1884 et à qui il est interdit de posséder des immeubles et de constituer par là un fonds solide qui eût alimenté de nombreuses institutions de charité, sont aujourd'hui obligés d'avoir recours aux mutualités qu'ils perfectionnent d'ailleurs en y infiltrant le principe de charité.

***

Cercle chrétien d'études sociales St–Remy de Reims

RAPPORT SUR LES SYNDICATS

En abolissant les corporations de métiers, 89 ne sut pas distinguer en elles le bon d'avec le mauvais, en décrétant leur abolition brusque, pure et simple, il décréta le laisser-faire.

Le laisser-faire, autrement dit le chacun pour soi, devait fatalement engendrer l'insolidarité d'où est née cette concurrence effrénée que bêtement on appelle l'âme du commerce.

En effet, que voyons-nous aujourd'hui ? Concurrence du patron contre le patron, lutte du capital contre le capital, antagonisme entre les intérêts de l'entrepreneur et ceux de l'ouvrier, lutte du capital contre le travail, guerre des ouvriers entre eux, lutte fratricide du travail contre le travail, partout des intérêts rivaux en présence, partout des conflits, partout la compétition acharnée, la discorde, la haine, la soif de vengeance, la coalition à l'atelier, et, résultat terrible, la guerre sociale dans la rue. Comment réagir contre ces alternatives anormales de travail fiévreux et de chômage forcé dont nous sommes les témoins et les victimes ? Comment éclairer d'un rayon de soleil ces enfers du travail, les fabriques ? Comment raviver, comment faire renaître ces rapports de solidarité entre tous plus que jamais nécessaires ?

Par un seul moyen, nous n'hésitons pas à l'avouer : par les groupements corporatifs.

Tout en reconnaissant que le gouvernement peut et doit faire quelque chose pour le bien du plus grand nombre, nous ne croyons ni ne voulons du socialisme d'État.

L'union véritable, franche et féconde des travailleurs ne saurait être l'œuvre de littérateurs, d'avocats et de déraillés qui ne vivent que de la politique, trop malins, quelle que soit leur incapacité dans les questions d'affaires, pour ne pas comprendre que le rôle de faiseurs de dupes, dans lequel ils sont très capables, cessera d'être aussi aisé et surtout aussi lucratif quand cette union, que nous appelons de tous nos vœux, aura passé du domaine spéculatif dans celui des faits accomplis.

Nous devons donc préconiser les groupements corporatifs pour les biens de tous.

Trop souvent, on oppose aux revendications ouvrières les lois de l'économie commerciale, la concurrence étrangère : ce sont des lois fictives, c'est une concurrence insensée dérivées toutes deux d'un organisme social à contre-sens.

Les syndicats professionnels sont les jalons qui doivent indiquer aux salariés la route de la coopération. C'est à eux qu'il appartient d'éclairer l'avenir des sociétés coopératives, d'y préparer les ouvriers en les instruisant, en les apprenant à se bien connaître, à se juger sainement et à discerner les capacités honnêtes pour y arriver.

Hélas ! les machines se sont faites les complices de l'idée politicienne mise en pratique avec succès dans le cours de l'histoire : diviser pour régner ; part très belle pour les politiciens de tout acabit qui savent profiter de l'aveuglement de l'ouvrier.

Il suffit que les travailleurs se rendent bien compte de cet état de choses si grave, si préjudiciable à leurs intérêts pour qu'ils se déterminent enfin à réagir vigoureusement à l'aide de ce puissant levier d'avenir, fétu de paille aujourd'hui, bélier d'airain irrésistible demain : les syndicats ouvriers.

Travailleurs, vous êtes les pionniers de l'avenir et non des exhumateurs du passé. Ce qu'il faut, c'est que les adhérents aux syndicats ouvriers soient nombreux, qu'ils comptent dans leur sein, tous les membres d'une même corporation.

Un syndicat unique ne peut menacer personne, chacun étant libre d'en faire ou de n'en pas faire partie ; mais il donnerait à la corporation et, par extension, à tous les travailleurs, quelle que soit leur profession, une force immense par le groupement, par la cohésion ; il permettrait enfin de réclamer, avec certitude d'être écouté, les améliorations et les réformes dont se compose le problème social, tout en prenant pour devise :

« Pas de révolutions violentes.

« Le progrès par les institutions. »

Etre à même de raisonner de la matière première, de sa provenance. de son prix de revient, du prix de la main-d'œuvre dans tel ou tel pays, des marchés d'écoulement pour les produits fabriqués, ne sont-ce pas là autant de questions dont on a laissé l'ouvrier complètement ignorant ? Le jour où l'ouvrier aura fait son éducation professionnelle et commerciale, il pourra envoyer tous les politiciens et sectaires explorer la lune pour y établir leurs supercheries. Avec les groupements corporatifs, les ouvriers feront graduellement leur éducation économique à peine ébauchée ; ce qui permettra à nos jeunes générations de continuer et d'achever l'œuvre régénératrice sans dévier du chemin tracé par leurs pères.

Or, ce n'est qu'en solidarisant les intérêts, d'abord entre les travailleurs d'un même corps d'état, puis entre patrons et ouvriers, ensuite entre les diverses industries d'un même pays. Ce n'est qu'ainsi que le travailleur pourra sans trembler voir venir la vieillesse, certain qu'il sera désormais, d'être à l'abri de la misère et des humiliations sans nombre qui de nos jours empoisonnent les dernières années d'une existence toute de travail.

Caisse de prévoyance contre les maladies et les chômages ; écoles d'apprentissage commercial et professionnel ; caisses de retraites pour les invalides et les vieillards, que les ouvriers en soient bien convaincus, toutes ces choses ne naîtront que de leur action collective soutenue par une volonté persévérante, énergique, sous l'égide des groupes corporatifs ayant à leur base leur vraie vitalité inébranlable, la confrérie chrétienne.

Abolir la guerre industrielle, substituer la coopération émulatrice des associés à la concurrence homicide du travail, la solidarité à la compétition, le sentiment du devoir et du droit à l'impitoyabilité des intérêts individuels, la justice à l'iniquité, la raison à la force, la prévoyance et le christianisme au hasard, la concorde à la division, voilà le but que doivent poursuivre les syndicats ouvriers.

Les anciennes corporations, avec leur confrérie qui donnait à l'ouvrier le bien-être relatif et la sécurité:

Voilà le passé.

Les grèves, c'est-à-dire les convulsions de la haine et de la faim qui mettent en péril l'existence du corps social:

Voilà le présent.

Les syndicats corporatifs, avec la religion pour base et que les révolutions violentes seront toujours impuissantes à faire dévoyer:

Voilà l'avenir.

Notre foi profonde c'est que dans ces syndicats ouvriers et mixtes ensuite se résoudra la question si redoutable à l'ordre du jour,

La question sociale.

Groupe chrétien d'Études Sociales
DE NOTRE-DAME DE REIMS
Salaires et Syndicats

En présence de l'insuffisance constatée des salaires dans un trop grand nombre de cas, nous regardons comme pouvant porter en partie remède à ce mal:

La création de Syndicats professionnels, composés d'hommes sérieux et modérés, traitant énergiquement, mais sagement de toutes les questions qui touchent aux intérêts matériels et moraux des ouvriers de la profession.

A ce sujet, nous blâmons vivement l'inertie plus ou moins volontaire apportée dans ces institutions par les patrons que l'on a essayé d'y enrôler, inertie qui étant arrivée à faire supprimer les réunions après 2 ou 3 essais seulement, a annulé les bonnes volontés et les efforts commencés.

Les ouvriers ne doivent donc compter que sur eux-mêmes, pour former les Syndicats professionnels en ayant bien soin d'exclure les violents et les brouillons, qui la plupart du temps font échouer les revendications les plus justes.

Quand un groupe nombreux ainsi composé aura présenté à plusieurs reprises aux patrons des réclamations justes, des observations sérieusement étudiées et formulées en termes convenables, ceux-ci gagnés par la sagesse des réclamants, et convaincus que ces groupements sont pour eux le meilleur appui contre les tentatives des hommes de désordre, demanderont d'eux-mêmes à en faire partie, ainsi seront formés les syndicats mixtes.

Ces Syndicats ne doivent perdre aucune occasion de réclamer le droit de posséder, qui centuplera leurs moyens d'action pour améliorer le sort de leurs adhérents.

Et pour donner plus de poids à leurs justes revendications, ils devront s'unir à d'autres syndicats analogues pour présenter leurs réclamations en commun aux députés.

La masse arrachera ainsi pacifiquement aux pouvoirs publics les concessions que l'on a toujours refusées aux individus. Car on l'a déjà dit souvent, pour nos hommes actuels, la crainte de l'électeur est le commencement de la sagesse.

Donc, groupons-nous, unissons nos intérêts : « L'union fait la force. »

Groupe chrétien d'études sociales
DE CONS-LA-GRANDVILLE

Syndicats divers

A) Les syndicats ouvriers, qui en théorie paraissent donner des avantages, sont souvent désabusés quand on en arrive à la pratique et pour la raison bien simple que souvent la politique au lieu d'y être écartée, fait plutôt l'objet des réunions, ce qui assurément ne peut que compromettre les vrais intérêts des ouvriers ; parfois il arrive que pour une réclamation d'un ou de plusieurs ouvriers, il faut malheureusement en arriver aux grèves, qui en se prolongeant, sèment la haine et la discorde et ruinent beaucoup de familles; il est donc préférable de rechercher d'autres moyens de faire droit aux légitimes revendications des ouvriers.

Le Syndicat des patrons métallurgistes des Ardennes ne paraît pas donner toutes les satisfactions désirables au sujet des moyens de la pacification, nous ne comprenons pas que patrons et ouvriers ayant les mêmes intérêts communs à défendre ne s'associent pas pour écarter des luttes qui sont toujours au désavantage de l'un et l'autre et finissent souvent par éloigner les articles du pays au lieu de ramener beaucoup de travaux, si la bonne entente existait. Selon nous il n'est pas utile d'avoir des syndicats de patrons seuls, formons des cercles chrétiens d'études sociales en y invitant les patrons à titre consultatif, ce qui équivaut à des syndicats mixtes.

Nous demandons à ce que la loi du 21 mars 1884, qui n'accorde pas aux syndicats le droit de posséder des immeubles soit modifiée ; car il est essentiel et même indispensable que tout syndicat ait l'entière liberté de posséder comme toute association ou société quelconque. Nous demandons également à ce que les syndicats aient le droit de participation aux adjudications publiques.

Confrérie de N.-D. de l'Usine et de l'Atelier

DE MOHON

Syndicats

Il existe à Mohon, un syndicat des Chemins de fer, mais aucun de nous n'en fait partie, car on y fait plutôt de la politique que de s'occuper des affaires de l'ouvrier.

Nous protestons énergiquement contre la loi de 1884, qui est incomplète et nous demandons d'avoir les mêmes privilèges que les patrons et les sociétés anonymes.

Association de N.-D. du Travail
De BIENVILLE

Troisième Section. — **Syndicats divers**

Les essais de Syndicats d'usine dans notre région n'ont pas donné jusqu'ici de résultat appréciable.

Mais M. l'abbé Lebland, directeur de l'école primaire d'agriculture de Malroy, a fondé le syndicat du Bassigny, qui groupe un grand nombre de cultivateurs de ce pays et il a obtenu un véritable succès. Cette institution qui ne date que de trois ans, rend déjà de grands services et prend un rapide développement. Il y a lieu d'espérer que les cultivateurs du Bassigny, trouveront des imitateurs.

RAPPORT
SUR LE
SYNDICAT MIXTE DE L'INDUSTRIE ROUBAISIENNE
PRÉSENTÉ AU
CONGRÈS OUVRIER DE REIMS
PAR
UN OUVRIER, Membre du Syndicat

MESSIEURS,

Nous venons, au nom des ouvriers faisant partie du Syndicat mixte de l'industrie textile de Roubaix, vous dire pourquoi nous avons préféré cette forme de Syndicat, comment il fonctionne, les résultats qu'il a produits jusqu'ici et ceux que nous sommes fondés à en attendre. Nous indiquerons en passant les critiques qu'il a soulevées et nous nous efforcerons d'y répondre sans acrimonie et sans prétendre condamner les organisations différentes de la nôtre.

Nous avons pensé et nous pensons encore que la question sociale ne peut être résolue que peu à peu et par une entente loyale entre les patrons et les ouvriers ; nous croyons que les Syndicats uniquement composés d'ouvriers d'une part et de patrons de l'autre, seront généralement animés d'un sentiment de défiance réciproque, à moins qu'ils ne s'entendent pour constituer un conseil arbitral chargé d'apaiser les différends et d'étudier de concert les questions d'intérêt commun, ce qui les rapprocherait alors des Syndicats mixtes.

Pour qu'un Syndicat mixte fonctionne avec chance de réussite, il est nécessaire qu'on y fasse une large place, dans l'administration, à l'élément ouvrier. Vous jugerez si cette place est suffisante dans notre Syndicat, notamment pour les œuvres d'épargne ou économiques.

Le Conseil Syndical est composé d'un patron par usine et d'un ouvrier également par usine: élu par ses camarades syndiqués. Chacune des deux catégories nomme cinq de ses membres pour former le Bureau. Le vice-président est de droit un ouvrier.

Vous vous demanderez peut-être, Messieurs, si les ouvriers osent parler dans les réunions. Oui, certes, et on leur rappelle souvent que c'est d'eux qu'on attend les renseignements utiles au Syndicat, qu'ils doivent recueillir les plaintes et les désirs des ouvriers syndiqués et les transmettre au Conseil. On se montre toujours heureux de leurs observations, on les provoque, et celles qui ont un caractère d'utilité sont objet d'une étude sérieuse.

La *Société de Secours Mutuels* d'hommes est administrée, sous le contrôle du Bureau Syndical, par un conseil d'usine comprenant le patron, un vice-président ouvrier et six assesseurs tous ouvriers élus par les sociétaires de l'usine. Il admet provisoirement les nouveaux sociétaires, fait percevoir les cotisations et porter les secours aux malades par les dizainiers. C'est véritablement la cheville ouvrière de l'œuvre.

Un Bureau Central, composé d'un directeur et de six membres élus par les vice-présidents des conseils d'usine, concentre tous les renseignements, étudie les propositions à faire au Conseil Syndical, veille à l'observation des Statuts, en fixe provisoirement l'interprétation en cas de doute ou de contestation, et s'occupe en particulier des sociétaires qui n'appartiennent pas ou n'appartiennent plus aux usines syndiquées.

La *Société de Secours Mutuels* établie pour les femmes a une organisation analogue ; mais ce sont les dames des patrons qui y remplacent leurs maris.

La *Caisse des Retraites pour les employés* est gérée par un Conseil composé de trois patrons et d'un employé par chaque usine qui compte des sociétaires.

Quant aux *Institutions économiques*, elles sont dirigées par un seul et même conseil, formé d'un directeur assisté d'un délégué par usine ; ses décisions sont absolues. Les patrons n'interviennent que pour fournir des fonds quand besoin est.

Pouvons-nous raisonnablement demander davantage ? Mais, nous dit-on, les sociétaires doivent pouvoir discuter entre eux et faire connaître leurs désirs. Oui, certes ; mais ils se voient tous les jours : qui donc les empêche de causer à leurs moments libres avec leurs camarades, surtout avec ceux qui font partie des conseils d'usine et du Conseil syndical ? Ceux qui ont assisté aux réunions générales de certaines sociétés coopératives savent qu'elles se passent le plus souvent en récriminations et en injures. On n'y discute pas, on s'y querelle. Tout le monde sait aussi que, dans les assemblées délibérantes, le travail utile se fait dans les commissions et non dans les séances publiques où l'on parle trop souvent pour plaire à la galerie plutôt que pour élucider les questions. Nous avons cependant notre assemblée générale annuelle où chacun est libre de faire telle proposition qu'il lui plaît, mais nous devons dire qu'on n'y a point encore disputé, ce dont nous sommes loin de nous plaindre.

Qu'a produit notre Syndicat ?

Rien, nous disent très sérieusement des gens très sérieux.

Exposons simplement la vérité : elle répondra pour nous.

La cotisation syndicale est de 0 fr 10 centimes par mois. Le patron en paie dix autres par ouvrier ; il paye de plus une cotisation fixe de 100 francs portée à 200 francs en 1891. Les recettes se sont élevées, pour cette année 1891 à 12.750 fr. 05 dont 3.800 fr. fournis par les patrons et 2.910 fr. 10 par les ouvriers, le reste provenant des cotisations de membres honoraires.

Le Syndicat comptait 1.433 membres au 31 mars dernier ; il pourvoit aux funérailles des sociétaires, aux dépenses du cercle ouvert gratuitement à tous les membres du Syndicat. Disons en passant que le cercle qui a coûté pour l'année qui nous occupe, 5,930 fr. 40 n'a rapporté que 2.385 fr., preuve que les ouvriers n'y sont pas trop exploités.

Le reliquat est versé au patrimoine Syndical pour aider à de nouvelles fondations. Les patrons syndiqués ont souscrit en outre de ce chef 130.000 francs.

Jusqu'ici le Syndicat a fondé

1°. *En 1889.* — Une société de secours mutuels d'hommes.

La cotisation hebdomadaire est de 0 fr. 25 c., versés 0 fr. 15 c. par le sociétaire et 0 fr. 10 c. par le patron. Elle comptait au 31 décembre dernier 887 membres. Ses recettes se sont élevées à 12.548 fr. 60 dont 4.082 fr. 20 versés par les patrons, et les dépenses à 13.381 fr. 10 dont 11.038 fr. pour secours aux malades. C'est un déficit de 838 fr. 50 c. ; mais le Syndicat fait les avances nécessaires et au besoin les patrons augmentent leur cotisation de 0 fr. 05 c. par sociétaire et par semaine.

L'année 1891 avait donné 627 fr. de boni et permis d'accorder quelques secours aux veuves d'anciens sociétaires, dans la gêne. Le secours réglementaire est de 12 fr. par semaine pendant les 3 premiers mois et de 6 fr. pendant les 3 mois suivants.

2°. *En novembre 1890.* — Il a été formé une Société de Secours Mutuels pour les femmes. La cotisation hebdomadaire des ouvrières est de dix centimes comme celle des patrons. Les malades reçoivent 9 fr. par semaine pendant les 3 premiers mois et 4 fr. 50 c. pendant les 3 mois suivants. En cas de couches, il est accordé 20 fr. aux femmes mariées.

Les recettes pour 1891 ont été de 7.045 fr. dont 3.497 fr. 50 de cotisations patronales. et ses dépenses de 8.040 fr. 35, soit un déficit de 1.004 fr. 35 que les dames se sont chargées de combler. Il convient de faire remarquer que c'était l'année du début et qu'il y a eu des frais d'impression de livrets assez élevés.

3° *En septembre 1890.* — *Une caisse de retraites pour les employés.*

Elle compte 32 membres et a versé : en 1891, un total de 2.800 fr. La réduction graduelle du taux de l'intérêt pour les sommes déposées à la caisse des Retraites de l'Etat a enrayé le développement de cette Société.

4° *Caisse d'épargne.*

Les ouvriers, en général, craignent que leurs patrons et surtout leurs voisins, ne sachent qu'ils ont des ressources. C'est cette défiance qui a, jusqu'ici empêché la mesure de se généraliser. Cependant les deux usines qui se sont chargées de recueillir les économies de leurs ouvriers et de les transmettre à la caisse d'épargne s'en trouvent bien. Elles ajoutent une prime à chaque dépot.

5° *En mars 1890. — Fourniture de charbon à domicile.*

En 1891 il a été livré 412.083 kil. de charbon d'excellente qualité par quantité de mille kilogs et au-delà donnant 3 fr. 42 de ristourne par tonne et 1146 hectolitres de 80 kilogs avec ristourne de 0 fr. 44 par hectolitre, ce qui représente 5 fr. 50 par mille kilogs, vous voyez que les moins heureux ne sont pas ici les moins bien traités.

Actuellement le charbon se vend 23 fr. par mille kilogs et 2 fr. par hectolitre de 80 kilogs, ristourne à déduire. En 1892 on a livré 518.280 kilogs et 1369 hectolitres.

6° *En octobre 1890. — Pommes de terre à domicile*

Il a été livré en 1891, 107.900 kilogs de bonnes pommes de terre, à un prix inférieur au cours, néanmoins il y a eu une ristourne de 0 fr. 38 par cent kil.

Les patrons avancent volontiers les fonds nécessaires à leurs ouvriers pour ces provisions d'hiver et constatent avec plaisir qu'ils n'ont pas à le regretter.

7° *En 1891. Pain. — En décembre 1892. Boulangerie.*

Le Syndicat, désireux de ne pas ajouter aux embarras du petit commerce, lui proposa de servir à prix réduit, moyennant garantie de paiement, aux ouvriers syndiqués, les objets dont ils auraient besoin. Mais les démarches faites en ce sens ont échoué et l'expérience qui a eu lieu pour le pain n'a point satisfait les ouvriers, qui ont réclamé l'établissement d'une boulangerie. Ouverte le 1er décembre dernier, elle cuit déjà plus de 9.000 pains par semaine. Quoique ayant baissé le pain de 0,10 c. par pain, il a été possible d'accorder, fin mars, une prime de 14 0/0.

8° *Au 1er juillet 1891. Produits pharmaceutiques.*

Le Syndicat a traité avec des pharmaciens de divers quartiers pour la fourniture aux ouvriers du Syndicat et à leurs familles, moyennant un rabais de 20 0/0, des produits pharmaceutiques compris dans le codex. Le rabais ne s'étend pas aux spécialités.

9° *1891. Lainages.*

Il a été fourni en 1891, à la demande des sociétaires, 73 couvertures avec un rabais de 5 1/2 0/0. En 1892, il a été livré 264 couvertures d'une valeur de 2.925 fr. 75.

Le défaut d'emplacement n'a pas permis jusqu'ici d'organiser la vente de la toile et des lainages, réclamée par un grand nombre de sociétaires ; mais cet obstacle va disparaître fort heureusement, car les ouvriers achetant généralement à la semaine, paient toujours leurs vêtements bien au-dessus du prix réel. Or, il n'est pas juste que les ouvriers qui paient soient obligés de couvrir les marchands contre les faillites de ceux qui ne paient pas.

10° *Bureau de consultation.*

Il avait été, dès le début, organisé un bureau de consultation ; aujourd'hui, c'est notre secrétaire qui s'en charge avec autant d'expérience que de dévouement.

11° *Placement des ouvriers.*

C'est également le secrétaire qui est chargé du placement des employés et ouvriers syndiqués ; mais comme nos syndiqués, le fait est à noter, ne changent pas souvent d'usine, ce sont surtout des étrangers au Syndicat qui profitent de cette institution fort appréciée, comme vous le pensez bien.

12° *Vestiaire.*

Ajoutons que les dames et les demoiselles des patrons ont fondé un vestiaire où elles vont confectionner des vêtements pour les familles les plus nécessiteuses.

13° *Petites Sœurs de l'Ouvrier.*

Les Petites Sœurs de l'Ouvrier attachées aux usines, aux frais des patrons, sont chargées de l'instruction religieuse des jeunes ouvriers, de sauvegarder la moralité des jeunes filles, de visiter à domicile les ouvriers malades, syndiqués ou non, et de leur remettre des secours de la part des patrons. Pour la seule année 1891, au cours de laquelle ce service a été régularisé, les sœurs ont distribué 14.000 fr. de secours en argent : quant aux secours en nature (vins, viande, objets de couchage ou d'habillement) nous ne pouvons en évaluer l'importance.

Les sœurs d'ailleurs signalent aux patrons les situations qui leur semblent les plus dignes d'intérêt, et, généralement, les patrons vont eux-mêmes visiter, consoler et soulager ces infortunés.

C'est aussi grâce aux indications des sœurs, le plus souvent, que les patrons se sont attachés, partout où la chose était possible, à séparer les hommes et les femmes dans les salles de travail, pendant les repos et aux heures de sortie ; un très grand bien a été produit de la sorte.

Est-ce à dire qu'il n'y a plus rien à faire : ce n'est ni notre pensée ni celle des patrons et ils auraient fait plus sans les tâtonnements inévitables du début, sans les longues études qu'exige l'organisation nouvelle d'œuvres communes à plusieurs usines, sans l'indifférence et l'hostilité auxquelles on s'est heurté.

A l'heure qu'il est, nous croyons pouvoir affirmer qu'on régularisera bientôt le service des caisses d'épargne d'usines, qu'on fonde une bibliothèque, et, si faire se peut, qu'on instituera des conférences techniques ; des fêtes seront données aux familles des syndiqués dès que la nouvelle salle sera prête. Viendront ensuite les constructions des maisons d'ouvriers ou d'employés, où les petites épargnes trouveront un placement sûr et rémunérateur. Enfin l'apparition de votre programme a fait constituer, séance tenante, un comité d'études et va généraliser les conseils d'usine qui fonctionnent depuis quelques années déjà dans certaines maisons à la commune satisfaction des ouvriers et des patrons.

Mais les résultats précédents ne sont pas les seuls à relever ; nos adversaires eux-mêmes ont constaté que dans les usines vraiment syndiquées, dans celles où le patron paie de sa personne, la nature des rapports avec les ouvriers s'est complètement modifiée ; on s'y respecte mutuellement.

Affirmons encore, puisqu'on le nie, que dans nos usines chacun est absolument libre de faire ou non partie du syndicat, de participer à toutes ou à quelques-unes de ses institutions et de s'en retirer. On en expose les avantages, mais chacun reste juge de ce qu'il doit faire ; de pression, jamais. Ceux qui prétendent avoir été congédiés pour s'être tenus à l'écart du syndicat savent très bien que leur renvoi tient à d'autres motifs. Notre déclaration ne convertira sans doute pas nos détracteurs, qui obéissent, eux, sans mot dire à des comités occultes qui ne souffrent pas d'objection.

Mais, dit-on encore, les patrons se doivent également

à tous leurs ouvriers : en plaçant l'esprit religieux à la base de votre syndicat, vous exercez sur les ouvriers une pression morale, vous attentez à la liberté de conscience, vous faites des hypocrites.

Nous pensons, nous, que les patrons ont le devoir de veiller à la moralité comme à la santé de leurs ouvriers ; nous pensons encore que la moralité est toujours difficile si elle ne s'appuie sur les principes religieux : or, personne ne s'aviserait de reprocher à un patron d'avoir dans son établissement une salle de bains où chaque ouvrier serait libre mais non forcé de se rendre : pourquoi ce même patron ne pourrait-il avoir dans son usine une salle où vont prier en commun ceux qui le désirent ?

Si ce même patron offrait à ses ouvriers la facilité d'aller prendre des bains de mer ou autres, qui ne l'en louerait ? Mais qu'il leur offre d'aller faire une retraite et de s'y rafraîchir le cœur, oh ! alors, ce n'est plus qu'un attentat à la liberté de conscience de l'ouvrier.

Au fond, ce qu'on veut, c'est chasser Dieu des usines. Ce qui est vrai, c'est que quand nous avons mangé, causé, prié avec nos patrons, ils nous connaissent et nous les connaissons, et la vie de l'usine, au lieu d'être toute pétrie de haine ou tout au moins de défiance, devient une vie de confiance mutuelle.

Les patrons ne doivent pas distinguer entre leurs ouvriers. Que nos adversaires nous donnent l'exemple. Quand nous verrons toutes les carrières ouvertes aux catholiques comme aux autres, quand nous les verrons admis dans certains syndicats, sans renoncer à leurs principes et à leurs pratiques de religion, alors nous nous dirons : imitons-les ; mais à l'heure qu'il est, quand les catholiques sont repoussés des moindres emplois, quand, dans la plupart des usines, ils sont l'objet de tracasseries continuelles, les patrons manqueraient au premier de leurs devoirs, s'ils n'allaient pas à eux, s'ils ne leur tendaient la main, s'ils ne les encourageaient et ne les protégeaient avec fermeté.

Est-ce que par hasard les patrons devraient réserver leurs faveurs à ceux qui conspirent contre eux et n'avoir que du dédain pour leurs amis ? Cela ils ne le font pas, et ils continueront de laisser de ridicules colères égayer de leurs facétieux échos les voûtes du Palais Bourbon et réveiller les morts endormis dans les oubliettes de Notre-Dame du Haut-Mont.

Mais ils font des hypocrites, vos patrons. On nous accordera qu'ils n'en ont pas inventé l'espèce et que celui qui promettait à Mme Eve d'être semblable à Dieu si elle lui volait ses fruits, n'était rien moins qu'un hypocrite fieffé. Hypocrite, Caïn ! hypocrites les fils de Jacob ! hypocrite Judas ! et pourtant cela n'a pas empêché Notre-Seigneur de créer le Syndicat des Apôtres, le grand Syndicat de l'Eglise, Syndicat mixte assurément.

Des hypocrites, mais il y en a partout. Est-ce que la peur fait autre chose que des hypocrites ? et n'y a-t-il pas des Syndicats ouvriers où c'est principalement la peur qui amène des recrues ?

Laissons passer, Messieurs, ces accusations ; défendons la vérité et la justice sans nous laisser intimider par les cris de colère de ceux qui veulent chasser Dieu de nos cœurs, de la terre et du ciel, et continuons de nous aimer les uns les autres, là est le salut.

Toutefois, n'oublions pas d'étudier et de réclamer, avec prudence et fermeté, l'amélioration de notre position : frappons et l'on nous ouvrira, et puis les hommes sont comme les bouteilles d'eau gazeuse : il faut presser dessus pour en faire sortir la liqueur, mais que gagnerait-on à briser la bouteille ?

Archiconfrérie de Notre-Dame de l'Usine
DE SAINT-REMI A REIMS

Rapport sur la situation de la Caisse de Famille de l'Archiconfrérie de Notre-Dame de l'Usine

Cette Société de secours mutuels, établie dans l'Archiconfrérie au profit des associés et des membres des Cercles, a donné l'année dernière les résultats suivants :

Les recettes se sont élevées à 2,516 fr. 75 et les dépenses à 2,276 fr. 25.

Il a été payé 427 journées d'indemnité à 1 fr. 50, soit 640 fr. 50, et les frais de médecins et de pharmaciens se sont élevés à 1,073 fr. 20.

L'encaisse actuel de la Société est de 3000 fr. environ, et le nombre actuel de ses membres est de 134, dont 112 membres actifs et 22 membres honoraires.

La cotisation mensuelle, payable le 1er dimanche de chaque mois, est de 1 fr. 50 ; les femmes des sociétaires sont admises moyennant 50 cent. en plus, soit 2 fr. pour le mari et sa femme ; les sociétaires ont droit : 1° aux soins du médecin ; 2° aux médicaments gratuits ; et 3° à une indemnité journalière de 1 fr. 50 pendant 3 mois et 1 fr. 25 pendant 3 autres mois ; les femmes n'ont droit qu'au médecin et aux médicaments ; en cas de décès, une somme de 40 fr. est remise à la famille pour pourvoir aux frais des funérailles, et une messe basse est dite dans le courant du mois à l'église paroissiale du défunt.

Notre Société fonctionne régulièrement et légalement ; ses statuts ont été approuvés par le Préfet de la Marne il y a deux ans.

Ainsi que vous venez de le voir par le rapport financier, nous rendons de réels services à la classe ouvrière prévoyante et économe, nous travaillons modestement, sans éclat, mais nous allons **sûrement**, et nous demandons à toutes les œuvres ouvrières de Reims de nous aider à étendre les bienfaits de la mutualité, en nous envoyant de nouvelles recrues ; ce n'est pas en se divisant et en cherchant à créer de nouveaux groupes que l'on deviendra fort ; c'est au contraire en unissant ses efforts sur le même but et du même côté que l'on assurera l'avenir de la Société de Secours Mutuels de l'Archiconfrérie.

On nous reproche de ne pas être, en même temps, Société de retraite pour la vieillesse ; nous ne demandons pas mieux, mais alors il nous faudrait des capitaux que nous n'avons pas encore, ou bien il faudrait augmenter de *beaucoup* la cotisation ; et de fait il n'est pas difficile de s'en rendre compte puisque la Société, *par excellence*, de Retraite fondée par M. Lesage, demande à ses membres la même cotisation que nous, pour pouvoir servir à ses sociétaires une rente de 1 fr. par jour à 60 ans ; donc, pour arriver au même résultat, il faudrait demander au moins 3 fr. 50 au lieu de 1 fr. 50.

Une personne, qui s'occupe d'œuvres catholiques à Reims nous a cité la Société de Saint-Pierre comme ayant une caisse de Retraite ; eh bien nous nous sommes renseignés.

Cette société existe depuis 1827, c'est à dire 66 ans, elle a donc acquis des capitaux que nous ne pouvons pas encore avoir ; dans cette société, la cotisation est de 1 fr. 50 et elle n'a qu'un seul retraité qui touche en ce moment

30 fr. par an depuis l'âge de 70 ans ; c'est tout ce que la Société peut faire.

Vous voyez donc, Messieurs, que pour faire quelque chose il faut aller doucement, et ne pas prendre des engagements que nous ne pourrions remplir mathématiquement et théoriquement avec nos ressources actuelles.

Soyez certains que, lorsque nous le pourrons, nous mettrons cette question à l'étude ; mais en attendant encore une fois, aidez-nous, procurez-nous des membres honoraires et des membres actifs ; en un mot intéressez à notre œuvre le plus de monde possible, et ainsi vous aurez fait faire un grand pas à cette question économique dont vous vous préoccupez à si juste titre.

Groupe chrétien d'études sociales
DE CONS-LA-GRANDVILLE

Confréries, associations d'aide mutuelle

1° Avez-vous une confrérie ? Est-elle prospère ?

Il y a à Cons-la-Grandville une Confrérie de N.-D. de l'Usine, érigée en 1890, qui a pour but principal de ramener les ouvriers à la religion. Depuis sa fondation, cette Confrérie a toujours eu une marche progressive :

a) Au point de vue du recrutement ; elle comptait au début 10 membres fondateurs, aujourd'hui elle en compte 47.

b) Au point de vue religieux :

« Les sentiments chrétiens s'affirment de plus en plus
» chez les associés, et se manifestent par une assistance
» plus régulière aux offices du dimanche et par la
» communion pascale : deux points essentiels, qui
» d'ailleurs sont des articles du règlement et la condi-
» tion de l'admission dans la confrérie. Cette condition
» est observée et l'on constate un sensible affaiblisse-
» ment du respect humain. »

Chaque mois, le 1er dimanche, les membres de la confrérie sont convoqués à l'église à un salut qui est suivi d'une assemblée générale dans une salle mise exclusivement au service de l'œuvre. Les associés sont divisés par dizaines à la tête desquelles est un membre du conseil appelé dizainier. Chaque dizainier tient une liste de ses neuf confrères et travaille au recrutement de la Confrérie.

2° Quelles institutions a-t-elle fondées ?

Une œuvre sortie du sein de la confrérie et qui s'y rattache de près est le syndicat mixte qui réunit patrons et ouvriers, favorise les bons rapports des uns et des autres et contribue à déterminer la mesure des droits et devoirs de chacun. Ce syndicat a été fondé en 1891. Il compte actuellement 62 membres actifs. Les conditions d'admission au syndicat ne sont pas aussi strictes que celles de la confrérie, ce qui fait l'entrée plus large et ce qui explique le nombre plus considérable d'adhérents.

La confrérie de N.-D. de l'Usine a fondé encore un comité de la *Croix* pour la diffusion du bon journal. Ce comité se compose de 10 membres qui ont pour mission de provoquer et de recueillir des abonnements.

L'Archiconfrérie établie à Cons-la-Grandville a été affiliée à l'Archiconfrérie érigée dans la basilique de Saint-Remi de Reims.

La pensée des fondateurs de cette œuvre a été de ranimer l'esprit chrétien pour en faire la base d'institutions charitables et économiques, et développer parmi les associés des sentiments d'affection mutuelle.

L'union vraiment chrétienne des travailleurs devra nécessairement engendrer des actes de justice, de charité mutuelle, autant de garanties qui contribueront à faire renaître la confiance et à éloigner la discorde. La religion, étant devenue le flambleau qui éclaire les hommes, les dirigera toujours dans la bonne voie ; au patron elle apprendra qu'il doit faire bon usage et de son autorité et de sa fortune ; elle lui défendra de se départir jamais, au détriment de l'ouvrier, des règles de la justice et de l'équité en visant à des gains rapides et disproportionnés ; elle lui rappellera qu'il doit traiter l'ouvrier non pas comme un esclave, comme une matière à production, mais qu'il doit tenir compte de sa dignité d'homme rehaussée de celle de chrétien. Les enseignements de la religion ne seront pas moins utiles à l'ouvrier ; elle lui enseignera la résignation et le courage dans son travail ; dès lors il saura reconnaître l'autorité de son patron, il ne lui en coûtera pas de la respecter, il ne prêtera pas l'oreille aux théories subversives, qui le pousseraient à la révolte.

L'ouvrier chrétien apprendra aussi les vertus qui gardent l'aisance au foyer domestique. Voilà les résultats que pourrait produire l'association chrétienne, et certes elle a déjà fait ses preuves.

Moyens de propagande

Ce n'est que par la bonne presse, c'est-à-dire la bonne lecture, les bons journaux, qu'il faut répandre dans les familles, que l'on arrivera à former de bonnes associations ; que chacun cherche à rappeler les hommes égarés, les tièdes, les peureux, à comprendre les vraies croyances qui nous sont enseignées ; il faut chercher à convaincre les incrédules, dans les cafés, ateliers, réunions publiques ; il faut répondre avec fermeté et sans emportement aux questions posées ; on doit aussi engager les enfants à faire partie de l'Archiconfrérie de N.-D de l'Usine, bien entendu avec l'autorisation des parents.

◆

Association de Notre-Dame du Travail
de BIENVILLE

Neuvième Question. — *Confréries, Associations d'aide mutuelle*

Saint-Dizier, Eurville, Bienville, ont des Confréries de Notre-Dame du Travail. Elles ne comprennent malheureusement qu'un petit nombre de membres et n'ont pas jusqu'ici assez d'importance pour exercer une action sociale appréciable. Elles sont néanmoins fort utiles dans leurs modestes débuts en ce qu'elles offrent un centre de ralliement à des hommes animés de sentiments chrétiens mais qu'eût paralysés le respect humain.

◆

Confrérie de N.-D. de l'Usine et de l'Atelier
de MOHON

Neuvième question.—*Associations d'aide Mutuelle Confréries*

Nous avons à Mohon, une Confrérie de Notre-Dame de l'Usine, mais elle laisse à désirer. Il serait bon de les propager, car l'union des travailleurs est propre à établir la paix et à éloigner les aigreurs qui divisent souvent la société. Les moyens de propagande sont la bonne presse, les conférences populaires, etc.

QUATRIÈME SECTION

Dans la 4e section, les sujets à l'ordre du jour étaient les suivants : la coopération, la mutualité, les cités ouvrières et l'épargne.

Nous n'avons pas à indiquer ici les conclusions que l'on retrouvera du reste dans les rapports que nous reproduisons plus loin.

Un fait nous a frappé : c'est la tendance bien naturelle de l'ouvrier à réclamer une législation exempte de ce formalisme et de cette étroitesse, qui sont une entrave si sérieuse pour l'exécution des œuvres les plus utiles et les mieux comprises.

C'est à l'abri du syndicat et dans le syndicat que le travailleur voudrait établir les institutions diverses de nature à améliorer sa situation.

Son bon sens lui fait demander que les lois désormais soient conçues dans un plus large esprit de liberté. N'est-il pas déplorable de dissoudre un syndicat parce qu'on s'y est occupé de religion.

Celle-ci du reste a bien son importance même au point de vue économique.

Un fait intéressant a été signalé. Les caisses de prêts gratuits ont fait, à Reims, aux ouvriers, depuis 18 mois, des avances dont le total est de dix-sept mille francs.

Or la perte est de 300 fr. seulement ce qui prouve que si l'on s'était soucié de demander aux emprunteurs un intérêt même très minime, il eût été facile de réaliser un boni.

Mais d'où vient que les rentrées s'opèrent avec cette régularité qui fait si grand honneur aux obligés de la caisse ?...

Il a été dit que l'on ne prêtait qu'aux membres de la confrérie de Notre-Dame de l'Usine, à des chrétiens par conséquent.

Que conclure ? que bien des institutions peuvent fonctionner à merveille dans une société chrétienne, qui ne réussiraient pas ailleurs.

Cette conclusion résultant d'un fait positif, vécu, pour employer l'expression consacrée, vaut la peine d'être soumise à la méditation des lecteurs.

Voici les vœux qui ont été émis sur les différentes questions du programme.

Vœux

Coopération

La 4ᵉ section du Congrès reconnaissante des avantages attribués à la coopération par la Chambre des députés émet le vœu que le Sénat les approuve et les sanctionne définitivement et au plus tôt par son vote.

Elle reconnaît que les sociétés coopératives de consommation doivent être fondées par de petits noyaux ouvriers avec ou sans le concours des patrons, que les fondateurs doivent commencer par constituer eux-mêmes tout le personnel de direction, de gestion et de ventes, afin d'arriver au minimum des frais généraux et qu'ils doivent commencer par faire leurs achats par l'intermédiaire des grandes sociétés coopératives afin d'arriver à faire leurs achats aux meilleures conditions de prix et de qualités.

Ces sociétés doivent chercher leur développement par le recrutement local dans les maisons voisines et dans le même quartier entre gens se connaissant et s'estimant les uns les autres, car les coopérateurs ne seront des acheteurs fidèles que s'ils demeurent tout près du siège social.

Elles doivent vendre au prix du commerce local sans essayer de lui faire la concurrence. Elles ne doivent chercher la supériorité sur le commerce que dans la supériorité des produits, le bon poids, la bonne mesure et les services rendus à leurs membres par des institutions annexes de prévoyance.

Elles doivent adopter le principe de la vente au comptant, mais en admettant pour leurs associés, momentanément gênés, le crédit dans la mesure des 2/3 au versement qu'ils ont fait sur leur part sociale.

Elles doivent de plus, aussitôt que possible, créer au moyen d'une retenue sur leurs bénéfices, une caisse de prêts pour permettre à des ouvriers dans l'embarras d'entrer dans la société, de payer leur première mise et de faire leurs achats au comptant.

Les sociétés coopératives de consommation doivent greffer sur leur mécanisme propre des institutions de secours et de mutualité alimentées par les bénéfices, fournir par exemple le pain aux sociétaires malades ou aux veuves et organiser les pensions de retraite.

Elles doivent répartir leurs bonis au prorata des achats sans attribuer au capital aucun autre avantage que l'intérêt fixé.

Quand les sociétés prennent une grande extension, elles devront, en général, éviter de créer des succursales qui augmentent toujours beaucoup les frais généraux et introduisent le caractère administratif dans le fonctionnement au lieu du caractère intime et familial qui doit être la base des associations ouvrières. Elles doivent, au lieu de succursales, créer de nouvelles sociétés indépendantes s'administrant elles-mêmes.

Le concours des femmes doit être activement cherché et sollicité. Il faut les amener à être partisantes de l'association.

L'assemblée déclare enfin que les économats et les fournisseurs privilégiés ne sont souvent qu'un mécanisme insuffisant et ne fournissent pas une solution. La forme la plus recommandable est la société coopérative proprement dite qui constitue le mieux la mise en œuvre des forces vives des ouvriers, les rapproche et les unit, les instruit et les prépare à un rôle social plus élevé.

Les chefs d'industrie et tous les détenteurs de la fortune sont invités à favoriser les progrès et l'expansion de la coopération comme de la mutualité en prêtant leur concours aux sociétés et en portant leur générosité, leurs dons et leurs legs sur les institutions ouvrières plutôt que sur celles d'assistance publique.

Les sociétés coopératives de consommation doivent créer entre elles des fédérations régionales, économiques, étrangères à toutes questions politiques et religieuses pour l'achat de leurs marchandises de même que pour l'étude et la défense de leurs intérêts communs.

Mutualité

1° Les sociétés de secours mutuels doivent jouir du droit d'association et avoir la liberté de disposer de leurs capitaux, sous un contrôle à déterminer.

2° La liberté des sociétés de secours mutuels doit notamment leur permettre de recevoir, d'acquérir et de conserver des dons et legs, même immobiliers.

3° Jusqu'au moment où la liberté leur sera rendue, les capitaux de ces sociétés détenus par l'État doivent jouir de la fixité du taux de 4 1/2 d'intérêt pour les fonds libres et du taux de faveur de 5 0/0 pour la capitalisation des pensions alimentaires, c'est-à-dire ne dépassant pas 360 fr.

4° Il est extrêmement désirable et d'un grand intérêt social que dans l'avenir ces mêmes taux soient assurés et que les subventions proportionnelles continuent d'être accordées aux sociétés de secours mutuels qui créent leurs pensions à capital réservé, au moyen d'un fonds social versé à la caisse nationale des retraites.

5° Les distinctions accordées pour services rendus à la mutualité doivent être accordées à tous ceux qui les méritent, et aussi bien aux membres des sociétés autorisées qu'à ceux des sociétés approuvées ou reconnues. Ces distinctions doivent être assimilées à toutes les autres, quant au port des insignes.

6° Il est désirable que les sociétés de secours mutuels soient subventionnées beaucoup plus par l'État, par les départements et par les communes.

7° Il est désirable qu'elles soient toutes exonérées : 1°) du timbre quittance, 2°) du droit des pauvres pour les fêtes qu'elles organisent, et surtout que les dons et legs qui leur sont faits soient encouragés par une remise totale ou partielle du droit d'enregistrement.

8° Le congrès demande formellement que, jusqu'au moment où se réaliseront les promesses qui leur ont été tant de fois prodiguées, on accorde aux sociétés de secours mutuels : 1°) la liberté, 2°) les avantages de leur ancienne législation, qu'on déclarait insuffisants.

En conséquence, le congrès demande :

1°) la révision de la loi de 1886, en ce qui concerne les pensions alimentaires ;

2°) déclare inique, spoliateur et despotique le projet de loi contre les sociétés de secours mutuels, dont la commission de la Chambre lui propose l'adoption ;

3°) proteste contre la mise hors la loi des sociétés de secours mutuels, proposée par le nouvel article 25 du projet de loi sur la caisse des retraites ouvrières, transformé par la commission.

Epargne

1° Le congrès exprime le vœu qu'il soit donné des encouragements sérieux aux caisses d'épargne scolaire ;

2° Le congrès cite en exemple la caisse des prêts gratuits de Reims qui sur 17.000 francs de prêts d'honneur n'a perdu en 2 ans que 300 fr. et il émet le vœu :

1° qu'on établisse le plus possible des caisses de prêts gratuits sur le modèle de la caisse de Reims ;

2° que dans les villes où des caisses de prêts gratuits auront réussi, on forme ensuite des banques populaires ouvrières avec ou sans coopération;

3° Le congrès émet également le vœu que les associations de prévoyance et notamment les sociétés de secours mutuels ainsi que les patrons servent d'intermédiaires entre les ouvriers et employés pour les versements à la caisse d'épargne et à la caisse de retraites.

Cercle chrétien d'études sociales de St-Remi
de REIMS

COOPÉRATION, MUTUALITE

La commission chargée par le Cercle d'étudier les diverses questions ayant trait à la coopération, à la mutualité, aux cités ouvrières et à l'épargne, après plusieurs réunions où ces diverses questions ont été agitées, a résolu d'émettre au congrès les vœux suivants :

Dixième et onzième question

Révision dans le sens de la liberté des lois concernant les sociétés coopératives, syndicats, sociétés de secours mutuels.

Qu'il soit permis à ces diverses sociétés et notamment aux syndicats de disposer librement de leurs capitaux, sans que l'État cherche à susciter constamment à cet égard des misères et des difficultés.

C'est dans le syndicat même que l'ouvrier pourrait arriver plus aisément à créer des sociétés coopératives et de secours mutuels et des caisses de retraite pour la vieillesse.

C'est à peu près pour lui le seul moyen pratique d'améliorer sa situation au point de vue matériel.

Si nous mettons en avant la question des syndicats, c'est qu'elle domine en quelque sorte les autres. Il ne nous semble pas possible qu'un ouvrier père de famille puisse verser directement les cotisations pour caisse de secours, caisse de retraite, indépendamment des cotisations à une chambre syndicale, étant déjà obligé la plupart du temps de s'imposer des privations et de se passer bien souvent du strict nécessaire.

Il faut donc créer des syndicats, qui, eux, formeraient des sociétés coopératives, premièrement avec les cotisations des syndiqués, deuxièmement, avec les dons et legs des personnes généreuses qui voudraient bien s'intéresser à l'œuvre vraiment sociale de la vie à bon marché.

Il est bien entendu ici (disons-le par parenthèse), que, pour les denrées alimentaires demandant de grands capitaux dont ne disposerait pas la coopération ouvrière, on se bornerait à avoir des fournisseurs privilégiés lorsqu'il n'y aurait pas de bénéfice ni même possibilité à agir autrement.

Quoi qu'il en soit, s'il ne peut déjà pas arriver à vivre, comment veut-on qu'un ouvrier puisse se conformer à la loi qui exige des coopérateurs d'être actionnaires à la société de coopération? C'est lui dire : « Tiens, voilà un moyen d'améliorer ton sort, mais tu n'y toucheras point. Ce moyen, il n'y aura que ceux qui ne seront pas chargés de famille qui pourront s'en servir, parce qu'ils sont relativement aisés, toi, tu as charge de famille, partant tu as beaucoup de besoins, tant pis, cela ne nous regarde pas, tu iras si tu veux grossir l'armée déjà si nombreuse des revoltés, cela nous est parfaitement égal, quand vous deviendrez trop remuants, eh bien, nous avons les Lebel ! »

Nous disions donc, création de syndicats, qui non seulement auraient pour but de veiller aux intérêts corporatifs, mais encore de créer des sociétes de coopération, de voir différents commerçants et traiter avec eux pour avoir des remises d'un tant pour cent, à débattre, bien entendu, car l'on ne peut raisonnablement fixer un taux à l'avance.

Maintenant, nous pensons que les bénéfices ainsi réalisés pourraient être répartis de la manière suivante :

Une moitié serait remise à l'acheteur au prorata des achats qu'il aurait faits, il lui serait possible, si cela lui plaisait, de la laisser pour être versée dans une caisse de retraite.

L'autre moitié serait affectée à la caisse de secours en cas de maladie.

Ou bien, l'on pourrait, sur le boni total par associé, prélever une certaine somme pour la caisse de secours et lui remettre le reste avec faculté de le laisser à la société pour la retraite en tout ou en partie.

Pour terminer et en concluant, nous émettons à nouveau le vœu que la loi n'entrave en rien l'ouvrier dans l'œuvre d'amélioration et de progrès qu'il essayerait d'entreprendre.

Délégation ouvrière de Gespunsart

COOPÉRATION

Nous n'avons pas encore dans notre commune une société coopérative ; cette question est seulement à l'étude, néanmoins, nous pouvons fournir quelques renseignements sur une société de ce genre.

Elle s'appelle la *Moissonneuse*. Son siège est à Paris, 15, rue Keller. Elle est civile, anonyme, à personnel et à capital variables. Sa fondation remonte au 19 août 1874 ; Sa durée doit être de 99 ans. Le fonds social fut fixé au début à quinze mille francs représentés par trois cents actions de cinquante francs dont le dixième a été immédiatement couvert. Le capital ne peut être réduit au dessous du dixième couvert. Aucun sociétaire ne peut être possesseur de plus d'une action ; la responsabilité des adhérents est limitée au montant de leur action.

En entrant dans la société chaque adhérent est tenu de verser un franc pour droit d'admission et il signe son adhésion sur un registre spécial. Il n'est définitivement sociétaire que lorsqu'il a acquis le dixième de son action, soit 5 fr., exigibles par la loi.

Chaque sociétaire est porteur d'un livret signé par lui et par le secrétaire de l'administration. Ce livret contient les statuts de la société et des feuillets où l'on inscrit les dates et les sommes de ses approvisionnements.

Ce livret est à la charge du sociétaire.

Les marchandises achetées par la société servent exclusivement à la consommation de ses membres.

Toutes contraventions à ces articles restent à la responsabilité du sociétaire contrevenant.

Aucun sociétaire, à quelque titre que ce soit, ne peut être fournisseur de la société.

La société est administrée par un conseil de 23 membres dont 15 sont nommés en assemblée générale pour un an et renouvelables par quarts tous les trois mois, et huit sont pris à tour de rôle, à partir du centre, sur la droite et sur la gauche, d'après les numéros d'inscription, et ce pour trois mois seulement, conformément à l'article 26 de la loi du 24 juillet 1867.

Les membres sortants ne sont rééligibles qu'un an après l'expiration de leur mandat.

Une commission de contrôle, composée de 11 membres, est nommée en assemblée générale.

Elle est renouvelable par moitié tous les six mois. Cette commission se réunit chaque fois qu'elle en reconnaît l'utilité. Les procès-verbaux de ses séances sont inscrits sur un registre spécial.

Elle est chargée particulièrement de surveiller et de contrôler les actes du conseil et de ses délégués. Tous pouvoirs lui sont donnés à l'effet d'exercer son mandat. Si les intérêts de la société lui paraissent compromis, elle a le droit et le devoir de convoquer immédiatement une assemblée générale extraordinaire.

Tous les six mois, le premier dimanche de janvier et de juillet, il est fait un inventaire d'après lequel un bilan général établissant la situation de la société, le paiement exact des frais généraux, est dressé par le conseil d'administration sous la surveillance et le visa du contrôle. Les bonis sont restitués aux sociétaires dans la proportion de leurs versements constatés sur les livres de répartition. Ces restitutions sont inscrites sur le livret du sociétaire et servent à former l'action de cinquante francs. Une fois cette action complète, le sociétaire touche le montant du bon semestriel en marchandises.

La Moissonneuse compte aujourd'hui plusieurs milliers de sociétaires. Elle dispose d'un capital et d'un crédit qui lui permet d'acheter aux conditions les plus avantageuses comme prix et qualité. Quand ses achats sont rentrés en magasin, on établit le prix de revient auquel on ajoute une majoration qui sert à couvrir les frais généraux. Le reste des bénéfices forme le dividende qui est restitué semestriellement aux sociétaires au prorata de leurs achats. Ce dividende varie de 10 à 15 0/0.

Nous pensons que l'on peut prendre comme type l'organisation de la Moissonneuse si l'on veut créer une société coopérative de consommation.

Groupe chrétien d'études sociales

de NOYELLES-sur-l'ESCAUT

Quatrième section. — *Dixième question*

COOPÉRATION DE CONSOMMATION

Nous n'avons aucune société. Nous reconnaissons cependant que ces sociétés poussent l'ouvrier à payer comptant ce qui est son salut.

Il vaut mieux vendre au prix courant.

Le boni, dans ce cas, s'accumule et peut devenir la base d'une petite fortune.

Il nous semble qu'il serait peut-être bon de commencer par les fournisseurs privilégiés, afin de ne pas mécontenter au début le petit commerce.

Ensuite, il serait bon de répandre un petit tract dans lequel on exposerait l'histoire des *Equitables pionniers de Rochedale, en Angleterre*, puis ce qu'a fait la société coopérative de N. D. de l'Usine de Reims et les résultats obtenus.

Confrérie de Notre-Dame de l'Usine et de l'Atelier
DE MOHON

Quatrième section. — *Dixième question*

COOPÉRATION DE CONSOMMATION

Nous avons une société coopérative pour les ouvriers du chemin de fer, les autres n'en ont pas. La situation est bonne. Pour la prospérité d'une société, il faut un président énergique, prévoyant et surtout économique. S'il n'a pas ces qualités, la société ne peut durer. Les avantages économiques sont excellents, mais les avantages moraux n'existent pas. Il vaut mieux vendre au prix de revient et retenir la somme nécessaire pour couvrir les frais généraux, car de cette façon on peut éviter des gaspillages ; il est arrivé que n'ayant pas de fonds suffisants pour verser les dividendes aux sociétaires, on vendait les marchandises plus cher et de plus mauvaise qualité pour arriver à servir des dividendes.

Onzième Question
Délégation Ouvrière d'Angers

SOCIÉTÉS DE SECOURS MUTUELS
Sociétés mixtes

Une société de Secours mutuels, fondée soit par un syndicat professionnel, soit par un groupe de personnes appartenant à diverses professions, a généralement pour but, moyennant une cotisation imposée aux adhérents, de fournir une indemnité aux sociétaires malades, de leur donner les soins du médecin et les fournitures pharmaceutiques.

Pour que cette répartition de secours soit faite avec équité et justice, la Société doit comprendre non-seulement les hommes mais aussi la femme et les enfants du Sociétaire.

Longtemps la femme a été exclue des Sociétés, c'est un tort très grand, car il ne faut jamais chercher à diviser la famille, rejeter la femme de la Société de secours, c'est faire une œuvre d'injustice et d'imprévoyance. Que les Syndicats n'admettent que les hommes pour discuter et défendre leurs intérêts professionnels, c'est très bien ; mais lorsqu'il est question d'œuvres économiques et de secours mutuels, il faut faire place à la femme, car elle est l'égale du mari dans le ménage, elle a droit aux mêmes égards et aux mêmes secours ; c'est la femme qui épargne et qui prélève sur les dépenses du ménage de quoi payer la cotisation de la Société de secours, et si la femme n'est pas admise Sociétaire, souvent, par économie, elle négligera les soins qui lui sont nécessaires pour des indispositions qui lui semblent insignifiantes dans les debuts et qui venant à s'aggraver sont la ruine de sa santé. Ménager la santé de la femme c'est sauver celle de l'enfant et c'est préserver l'avenir du pays. C'est donc faire un acte de justice, d'humanité et de patriotisme en admettant les femmes Sociétaires.

Groupement des Sociétés

La grande préoccupation d'une Société de Secours mutuels est de donner le plus de secours possible en exigeant une cotisation relativement minime. Ce résultat ne peut être obtenu dans beaucoup de circonstances que par le groupement en Syndicat des Sociétés de Secours mutuels d'une même localité.

Chaque Société conserve son autonomie et sa gestion particulière, mais pour défendre leurs intérêts communs elles doivent former un Syndicat de Sociétés et par cette union elles obtiennent des avantages que jamais elles ne pourraient avoir si elles étaient isolées.

En étudiant les différents secours qu'une Société bien comprise doit fournir, il sera facile de voir que le groupement de 49 Sociétés sur 63 qui existent à Angers, en Syndicat consultatif de Sociétés de Secours mutuels, a plusieurs fois procuré des avantages très sérieux.

Service médical

En plus de l'indemnité pécuniaire accordée pour chaque journée d'incapacité de travail, le service médical est un des principaux secours donné par les Sociétés. Quel est le système le plus pratique et le plus économique pour les Sociétés, pour traiter avec les médecins appelés à donner leurs soins aux Sociétaires ? C'est une question qui n'a pas encore été résolue d'une manière absolue. Quelques Sociétés paient le médecin à la visite et à la consultation, mais ce système peut entraîner à de très grosses dépenses, car n'ayant pas de limite il peut arriver que, soit par une épidémie, soit pour une autre cause, le service médical occasionne une dépense dépassant les ressources de la Société. D'autres Sociétés paient à l'abonnement, une somme fixe par an et par famille de Sociétaires. Ce système est celui qui paraît le meilleur car il est plus facile d'établir son budget et il est celui qui est le plus pratique à Angers. Les Sociétés paient les unes 5 francs, les autres 6 francs par an et par famille.

Service pharmaceutique

Ce service est celui qui, jusqu'à ce jour, a créé le plus d'ennui et de difficultés aux Sociétés. Les uns payant à l'ordonnance d'après un tarif accepté par les pharmaciens et les Sociétés, mais les dépenses étaient souvent très élevées ; la moyenne de ces dépenses s'élevait à Angers de 4 fr. 30 à 4 fr. 60 par an et par tête de Sociétaire. Quelques Sociétés ont même vu cette moyenne s'élever jusqu'à 10 fr., c'était au-delà de ce que pouvait payer une Société sans courir à sa ruine.

D'autres Sociétés payaient à l'abonnement, soit 3 fr., 3 fr. 50 et 4 fr. par an et par tête, mais comme aucun contrôle n'était possible, beaucoup de Sociétaires et même des médecins se plaignaient de la qualité des remèdes fournis. Si la Société était mécontente de son pharmacien, elle en choisissait un autre, et souvent elle était encore plus mal servie. Aussi cette question a été une des premières à l'étude du Syndicat consultatif et il a résolu le problème en traitant au nom de 36 Sociétés avec un pharmacien, en lui disant : « Nous vous offrons « la clientèle de 3 à 4,000 ménages, nous voulons des « médicaments de première qualité que nous ferons « contrôler quand nous voudrons, et à la première fraude « nous vous quitterons, c'est une affaire sérieuse pour « votre pharmacie. »

Le Syndicat a pu traiter, au nom de ces Sociétés, à raison de 2 fr. par an et par tête, et depuis le 1er juillet 1891 que ce traité est en vigueur il n'y a pas eu de plaintes sérieuses adressées contre le pharmacien. Une commission nommée par le Syndicat contrôle les opérations et a pu constater que ce prix d'abonnement, qui semble minime à beaucoup de personnes, laisse un bénéfice qui ajouté à celui de sa clientèle qui a presque doublé en dehors de celle des Sociétés assure une belle situation à ce pharmacien.

L'intérêt du pharmacien est une garantie pour les Sociétés, car s'il ne remplissait pas ses engagements le Syndicat s'adresserait chez un de ses confrères et ce serait la ruine pour lui.

Ce résultat, très avantageux pour les Sociétés ne put être obtenu que par leur union en Syndicat, une seule n'aurait pu avoir les mêmes avantages avec les mêmes garanties.

Dispensaire

Le but d'une Société est de permettre au Sociétaire, lorsqu'il est malade, d'être soigné dans sa famille. L'indemnité pécuniaire, les soins du médecin et la fourniture des médicaments ne suffisent pas toujours pour obtenir ce résultat ; car souvent, pour des maladies longues ou pour des blessures, il n'y a pas dans le ménage les appareils ou le linge nécessaire et il faut dans beaucoup de cas avoir recours à l'hôpital. Pour éviter cette mesure qui est toujours pénible il faut donc avoir un dispensaire.

Ce dispensaire doit être, comme à Angers, la réunion de tous les objets nécessaires pour donner les soins à un malade ou à un blessé : Lit, literie, linge de corps, draps, linge à pansements, fauteuils, montauban, baignoirs, bains de siège, bains de pieds, béquilles, appareils pour fractures, etc., etc. Tous ces objets sont prêtés pour un mois sur la demande du médecin, le prêt est prolongé lorsqu'il est reconnu que c'est utile.

Pour obtenir le bon fonctionnement d'un dispensaire, il faut le groupement des Sociétés ; chacune verse une cotisation minime au prorata de ses membres ou demande une cotisation supplémentaire aux Sociétaires ; des dons viennent s'ajouter à ces sommes, surtout pour l'acquisition des premiers objets. La ville peut être sollicitée pour avoir une subvention (500 fr. par an sont accordés par la municipalité angevine). Un conseil, formé de un ou deux délégués par société adhérente, est chargé de la gestion et de la surveillance. Un Sociétaire est de service tous les soirs, de huit à neuf heures, pour donner les objets demandés et recevoir ceux qui sont rendus. Chaque

Sociétaire est, à tour de rôle, de service pendant une semaine.

Par ce système, le blessé ou le malade peut rester dans sa famille, il s'y trouve mieux soigné et par conséquent la guérison vient plus vite, ou si Dieu en juge autrement et l'appelle à lui, c'est entouré des siens que le Sociétaire rend le dernier soupir ; c'est donc une œuvre morale et sociale que l'établissement d'un dispensaire.

Gardes-Malades

Un malade a quelquefois besoin de soins continuels et et il faut quelqu'un pour passer les nuits à ses côtés et la famille ne peut suffire à donner ces soins. Le dévouement de ses camarades ne fait jamais défaut ; l'ouvrier, malgré la fatigue de sa journée et la perspective d'un lendemain aussi pénible, n'hésite jamais pour rester une nuit auprès d'un ouvrier malade ; c'est très beau, cet **acte de solidarité** que l'on voit tous les jours est digne d'éloges assurément ; mais, malgré toute la bonne volonté c'est insuffisant. D'abord l'ouvrier, fatigué de sa journée, ne peut souvent résister à ce surcroît de fatigue et de plus il peut être très habile dans sa profession et faire un très mauvais garde-malade ; il faut l'habileté, la délicatesse et le cœur d'une femme pour donner tous les soins nécessaires à un malade ; de là vient la nécessité de s'occuper de cette question.

Si toutes les villes avaient comme Angers la bonne fortune de posséder des *Petites Servantes des Pauvres*, cette question serait vite résolue car il suffit de les prévenir pour les voir, *sans rétribution*, assister jours et nuits le malade pauvre qui a besoin de leurs services. Mais, malgré leur zèle et leur dévouement qui n'a pas de limite, elles ne peuvent suffire à toutes les demandes qui leur sont adressées et il faut alors chercher ailleurs la personne qui pourra donner des soins au malade. Il est donc de toute nécessité pour les syndicats de sociétés d'étudier cette question. La meilleure solution serait, dans les endroits où il n'y a pas de gardes, de faire venir ces religieuses modèles, les vraies amies de l'ouvrier, les *Petites Servantes des Pauvres*, leur procurer des ressources et même de prélever sur le budget des sociétés pour obtenir ce résultat, ou, dans l'impossibilité d'avoir ces religieuses, chercher à fonder une institution de femmes gardes-malades.

Orphelinat

Un père ou une mère de famille sur son lit de mort a toujours une grande inquiétude : l'avenir de ses enfants. Il est triste pour un ouvrier de dire : Je pars. Dieu m'appelle et je laisse derrière moi des petits enfants sans ressource. Qui les protègera ? Qui veillera sur eux ? C'est le rôle d'une société de secours mutuels d'assurer cette protection et c'est ce qui a été compris par presque toutes les sociétés d'Angers.

Presque toutes les sociétés ont une caisse d'orphelinat, les unes (3°) se sont réunies pour avoir une caisse commune, les autres ont leur caisse spéciale. Une cotisation supplémentaire de 0,10 c. par mois est demandée à chaque sociétaire et cette somme jointe à des dons et subventions forme un capital suffisant pour donner jusqu'à l'âge de 16 ans de 7 à 10 fr. par mois à l'orphelin d'un sociétaire ; ce qui permet d'élever ces enfants dans leurs familles. Mais ce n'est pas le seul but qu'une société doit avoir en possédant une caisse d'orphelinat, il en est un autre plus grand et plus moral. La société adopte les enfants des sociétaires décédés, ils sont ses pupilles et elle a charge de veiller avec soin sur leurs intérêts et leur éducation, elle les suit pas à pas dans la vie, elle pèse de toute son influence sur les tuteurs légaux de l'enfant pour qu'ils le guident toujours dans la bonne voie et cherche par tous les moyens à en faire un bon chrétien et un bon français. C'est une œuvre sociale et le père sur son lit de mort est plus tranquille pour l'avenir de ceux qu'il laisse, car il sait que ses enfants auront une famille qui ne les abandonnera jamais.

Réassurance ou Union générale

Toute société de secours mutuels bien comprise limite le temps pendant lequel elle peut donner les secours pécuniaires à ses sociétaires malades (6 mois généralement), et souvent le secours cesse d'être versé lorsque le ménage, appauvri par les dépenses de la maladie, a le plus grand besoin de ressources ; de là est née l'Union générale, à Angers.

Les sociétés se sont unies et elles versent dans une caisse commune 0,15 par mois, et lorsqu'un sociétaire, après 6 mois de maladie, n'est plus payé par sa société, il touche de cette caisse 1 fr. 50 par jour pendant trois mois, et ensuite 1 fr. par jour pendant le reste du temps de son incapacité de travail. Des secours variant de 500 à 2.000 fr. ont été versés de la sorte à des sociétaires infirmes et cette subvention leur permit de rester dans leur famille et de n'avoir pas recours à l'hôpital.

Le versement de la cotisation des sociétaires est insuffisant à Angers pour suffire à tous les besoins, mais quelques dons, une subvention de 500 fr. et une tombola annuelle forment un supplément de ressource très suffisant.

Caisse de retraite

Complément obligatoire de toute société de secours bien comprise, car la retraite, toute minime qu'elle puisse être, est souvent suffisante pour permettre au vieillard de rester dans sa famille. Le peu que la société lui donne aide aux enfants à conserver près d'eux le père et la mère qui ont usé leur force à les élever ; ils ne sont plus obligés, dans la plupart des cas, d'avoir recours aux asiles pour la vieillesse et ils peuvent fermer les yeux entourés de ceux qui leur sont chers ; c'est donc faire une œuvre morale et sociale que de favoriser la prospérité des caisses de retraite.

Malheureusement, cet avantage n'est pas toujours bien compris de la part de nos gouvernants, ils sont trop disposés à donner à l'assistance publique et à diminuer les avantages faits aux caisses de retraite ouvrières. C'est un faux calcul et un danger. Donner à l'assistance publique, c'est favoriser le vagabondage qui est une plaie actuelle, et c'est donner une prime à l'imprévoyance ; c'est détacher l'ouvrier de toute initiative, c'est le décourager de tous les efforts qu'il pourrait faire pour arriver à se suffire à lui-même. A quoi lui sert d'épargner s'il sait que l'assistance publique lui donnera ce qu'il a besoin et qu'il n'a qu'à tendre la main pour avoir ? Au lieu que s'il économise, s'il épargne pour ses vieux jours, les avantages qui en résulteront pour lui seront presque nuls, parce que l'Etat n'a aucun encouragement à lui donner et que même il diminue les avantages qui lui avaient été garantis par le décret de 1852, ce qui a lieu par la réduction de l'intérêt des fonds déposés à la caisse des retraites.

Cette mesure doit attirer l'attention de tous les esprits soucieux de l'avenir des sociétés. En 1852, l'Etat passe un contrat avec les sociétés en leur disant: Versez dans ma caisse vos capitaux destinés à fonder des retraites et je vous donnerai 5 0/0 d'intérêt. Par suite de la moins-value de l'argent, l'intérêt fut réduit à 4 1/2, puis à 4 et dernièrement à 3 1/2, et si le caprice prend à quelqu'un de nos gouvernants, demain il peut être à 3 0/0 et même au-dessous.

Le contrat est donc violé si l'État, comme le disent les économistes, ne peut plus payer l'intérêt de 5 0/0, parce que ce serait une grosse perte pour lui, s'il ne peut plus remplir ses engagements, il faut qu'il laisse aux sociétés la liberté de retirer l'argent qu'elles ont à la caisse des retraites et leur donne l'autorisation d'acquérir des valeurs mobilières de premier ordre, tels que emprunts départementaux, communaux, etc. Qu'il ne serve qu'un intérêt de 3 1/2 pour les versements actuels, c'est juste, mais l'intérêt de 5 0/0 doit être assuré pour les versements antérieurs, ou bien liberté pour les sociétés de disposer de leurs capitaux.

Pour obtenir satisfaction, il faut que les sociétés se groupent, adressent des pétitions, emploient, en un mot, tous les moyens possibles et légaux. Il faut que justice soit rendue et il faut prouver partout que le meilleur moyen pour soulager le budget de l'assistance publique est de favoriser et d'encourager l'épargne ouvrière.

Assistance judiciaire

Lorsque l'assistance judiciaire fut établie en 1851, les sociétés de secours mutuels n'existaient pas encore et il n'y eut que les individus à en bénéficier. Il est à désirer que ce bénéfice soit applicable aux sociétés de secours ; ce serait justice leur rendre.

En effet, de grandes difficultés pourraient être évitées aux sociétés de secours si elles pouvaient bénéficier de l'assistance judiciaire ; il suffit quelquefois d'un mauvais conseil donné à un sociétaire grincheux pour que ce sociétaire vienne réclamer une somme qui ne lui est pas due par la société. Cet homme obtient l'assistance judiciaire et fait un procès, il ne court aucun risque à poursuivre. La société est dans une plus triste situation ; il lui faut ou accorder ce qu'elle ne doit pas, ou courir les risques d'un procès qui, malgré le gain de cause obtenu, lui occasionne des frais souvent plus élevés que la somme demandée, et comme l'avoir d'une société est formé avec les cotisations de personnes qui individuellement obtiendraient l'assistance judiciaire, il est de toute justice d'étendre ce bénéfice aux sociétés.

Cette demande doit être adressée par toutes les sociétés à nos représentants.

Cette étude abrégée de la mutualité angevine et des réformes demandées montre qu'avec l'union et la persévérance, l'ouvrier peut, dans une large mesure, améliorer sa situation, mais il faut surtout que, par son épargne, il soit le propre artisan de cette amélioration et qu'il se souvienne toujours de cette parole :

Aide-toi, le ciel t'aidera.

Groupe chrétien d'Études sociales

DE NOTRE-DAME-DE-REIMS

MUTUALITÉ

Les ouvriers du Cercle Chrétien d'Études sociales, membres de diverses Sociétés de Secours mutuels, demandent qu'il soit donné connaissance au Congrès, de la marche de la Mutualité à Reims et d'examiner à nouveau certaines questions traitées dans le dernier Congrès tenu à Bordeaux.

La Mutualité qui compte à Reims plus de 40 Sociétés, s'est développée sensiblement surtout depuis 1870 ; les jeunes Sociétés qui se sont fondées depuis cette époque, ayant apporté avec elles quelques modifications avantageuses dans leur réglementation ont vu dès leur début, le nombre de leurs adhérents devenir sensiblement supérieur à celui des plus anciennes Sociétés, particulièrement créées par des ouvriers attachés aux mêmes groupes d'industrie ; aussi ces dernières sont-elles généralement plus faibles en effectif et ne peuvent-elles maintenir leur capital qu'avec l'aide de quelques généreux Membres honoraires, sans l'appui desquels elles verraient bientôt, leurs réserves entamées et, finalement absorbées, en emportant à grands pas la disparition de ces Sociétés.

Pour remédier à cet état de choses, les Mutualistes du Cercle Chrétien expriment ici, le désir de voir les

Sociétés anciennes dont le personnel diminue chaque jour, malgré les sacrifices de toute nature qu'elles s'imposent en vue du recrutement de nouveaux Sociétaires, rechercher près la 4ᵉ section du Congrès, quels moyens mettre en pratique pour arriver au même niveau d'effectif des Sociétés nouvelles. Une fusion entre elles peut-elle être rendue possible au point de vue de l'apport des capitaux ?

D'autre part, pour remédier en cas de litige entre Sociétaires et Sociétés ou toute autre cause pouvant amener une procédure, ils formulent le vœu qu'l soit accordé bientôt à toutes Sociétés le droit inaliénable d'être autorisées à ester en justice sous le bénéfice de l'Assistance judiciaire, droit qui semble devoir être acquis en raison des services rendus par la Mutualité à la question sociale.

Ils demandent, en outre, qu'elle se rallie aux *desiderata* émis dernièrement au Congrès de Bordeaux, au sujet, soit de la fixité de l'intérêt ou dans l'allocation d'une subvention annuelle, comme équivalence aux pertes d'intérêt des Sociétés qui ont déposé leurs fonds dans les caisses de l'Etat, sous la garantie de la loi de 1851 qui leur accordait un intérêt fixe, soient le plus promptement possible portés en discussion devant le Parlement.

Les Mutualistes du Cercle Chrétien d'Etudes sociales ont la certitude que ces diverses questions seront examinées et discutées avec la plus haute compétence par les honorables défenseurs des intérêts des Sociétés et qu'ils aboutiront à une solution heureuse en faveur de la Mutualité française, sauvegarde des ouvriers prévoyants.

Délégation Ouvrière de l'Usine
de MM. DEMOULIN et DROULERS (*Roubaix*)

MUTUALITÉ
Résultats obtenus au Syndicat

La Mutualité existe déjà parmi nous sous différentes formes, quoique sur une petite étendue elle n'en rend pas moins à chaque instant d'immenses services. Nous pouvons citer notre caisse des malades qui fonctionne au syndicat. Cette caisse est alimentée par les cotisations que versent les patrons et ouvriers syndiqués, et sert à payer aux ouvriers malades une indemnité de 1 franc pendant le cours de leur maladie — dans ce cas le règlement prévoit — une indisposition de moins de cinq jours ne donne pas droit à l'indemnité; pour une indisposition de moins de quinze jours on décompte les cinq premiers jours et pour une indisposition de plus de quinze jours on compte à partir du premier jour et cela pendant trois mois — après ce temps échu, si le malade ne peut pas encore reprendre son travail, le conseil syndical décide si oui ou non on doit continuer les secours. — Notre caisse des malades n'a pas pu fonctionner dès le début de notre syndicat, car il fallait le temps de se former et d'avoir un peu d'encaisse ; ainsi notre syndicat date de janvier 1889, la caisse des malades elle, ne date que du mois de Mai 1890; elle a donc maintenant près de 3 ans d'existence et pendant ces trois années elle a distribué 2000 journées entre 170 sociétaires. — Notre syndicat compte en ce moment 320 membres, donc il arrive maintenant que la moitié d'entre nous ont déjà touché des indemnités. — C'est là un grand chemin de fait au point de vue de la mutualité, supposons qu'il existe à Fourmies et Wignehies qui comptent des milliers de travailleurs, plusieurs syndicats comme le nôtre, ou bien que tous les ouvriers fassent partie d'une association dans laquelle les idées mutuelles soient mises en pratique comme nous le faisons, jugez des misères que l'on arriverait à soulager ; ainsi sur 300 d'entre nous 170 ont déjà été secourus et cela avec la modique somme de 0 fr. 50 centimes que nous versons chaque mois.

Croyez-vous que nous serions arrivés seuls à d'aussi beaux résultats, non, si nous n'avions eu avec nous des hommes de cœur, des chrétiens qui ont pris l'initiative de s'intéresser de leurs ouvriers et de travailler à leur faciliter les moyens de vivre heureux. — Aussi nous formons des vœux à ce sujet, c'est qu'il y en ait beaucoup de semblables et les misères trouveront toujours où se réfugier pour s'y guérir.

En plus de la caisse des malades on a distribué des secours extraordinaires pour la somme de 150 francs, ces secours ont été distribués à des malades qui avaient terminé le délai de trois mois que leur accordait la caisse des malades, à des ouvriers qui pendant le chômage de leur usine s'étaient trouvés dans la gêne, dans un cas pour payer les frais d'accouchement de la femme d'un syndiqué malade et un autre cas pour la naissance d'un huitième enfant. Certes il serait à souhaiter que les ressources permettraient de pouvoir donner plus largement pour ces sortes de besoins.

Nous avons aussi distribué 140 fr. d'indemnités de décès à 7 membres du Syndicat que la mort nous a enlevés; comme il arrive souvent que les ouvriers qui meurent se trouvent dans la misère par les suites de la maladie ou des dépenses en médecin, pharmacien, et à autres choses qu'il n'est pas besoin de citer ici, il est bon de reconnaître le bien que l'on fait en donnant cette indemnité de 20 fr. Nous souhaitons aussi sur ce sujet d'arriver à faire mieux encore.

Fourneaux Economiques

Un fourneau économique fonctionne depuis trois hivers dans une salle du Syndicat, il dure pendant les trois mois les plus froids de l'hiver; il est alimenté par la générosité de personnes charitables, qui, non contentes de donner leur argent pour cette bonne œuvre, vont encore chaque jour distribuer la soupe, les légumes et la viande aux pauvres de la ville qui y viennent. On avait organisé un moyen pour faciliter les ouvriers qui voudraient en profiter, on avait décidé de faire pour eux les portions plus fortes et de les faire passer par une autre porte pour ne pas les faire attendre et qu'ils ne se trouvent pas dans la mêlée avec les pauvres, mais les difficultés qu'occasionnaient le dérangement d'aller le chercher en ont laissés beaucoup indifférents. Néanmoins il faut constater que c'est une manière de faire la charité, car pendant cette période de l'hiver combien de malheureux se trouvent sans chauffage et sans vivres quelquefois.

Le comité d'initiative a eu une idée très ingénieuse; quelques jours avant l'ouverture des fourneaux économiques il a envoyé à toutes les personnes riches de la ville des bons avec une invitation à en faire charité aux malheureux qu'ils pourraient connaître, beaucoup de ces gens qui n'avaient jamais eu la moindre idée de venir en aide à leurs semblables, ont trouvé le moyen très simple, ont distribué ces bons et quelquefois en redemandaient; d'autres ont renvoyé leurs bons avec un petit mot, disant qu'ils ne s'intéressaient pas à cela, mais joignaient une petite somme pour soutenir cette bonne œuvre qui distribuait en moyenne 5 à 600 portions par jour.

Coopération

Cette question mérite d'être examinée avec beaucoup de délicatesse, dans notre pays la vie coûte très chère et l'ouvrier est obligé de s'approvisionner sur les lieux mêmes en subissant les prix que vendent les fournisseurs; nous croyons que l'on devrait faire quelque chose de ce côté, la question peut se résoudre par les moyens bien simples que M. Harmel est venu nous expliquer, d'abord en payant comptant pour profiter de l'escompte que feraient les fournisseurs privilégiés, ensuite par l'union des ouvriers pour protester contre les fantaisies des marchands qui vendent quelquefois du mauvais pour du bon.

Assurances

Nous croyons que sur ce sujet l'on pourrait faire beaucoup; les assurances contre les accidents sont une sécurité pour l'ouvrier, il y a beaucoup de manières de s'assurer, mais nous signalons tout particulièrement le système d'assurances qui existe dans notre établissement. — Nous versons la somme de 1 fr. 50 par mois, moyennant ce versement, nous avons droit aux soins du médecin, aux médicaments gratuits et en cas de blessure à la moitié du salaire journalier, en cas de mort ou d'incapacité permanente de travail, nous touchons une indemnité qui varie entre 400 et 800 fois le salaire d'une journée. Il est vrai que le versement que nous laissons ne suffit pas à payer entièrement les primes d'assurances, les frais de médecins et de pharmaciens, la caisse de l'établissement paie la différence.

Comme projet ne serait-il pas possible au Syndicat de fonder une caisse d'assurances contre les accidents, il faut bien penser que partout les chefs d'établissements n'ont pas la préoccupation du sort de leurs ouvriers, et bien pour les ouvriers qui font partie du Syndicat l'on fonderait une caisse d'assurances contre les accidents où les syndiqués des usines qui n'assurent pas leurs ouvriers pourraient verser une petite somme pour s'assurer contre les accidents, avoir en ce cas les secours du médecin et du pharmacien.

Ne pourrait-on pas organiser aussi un genre d'assurances pour assurer les femmes et les enfants contre les maladies et arriver par la mutualité à donner les soins du médecin et du pharmacien gratuits, nous croyons que l'on ferait beaucoup de bien avec cette œuvre ; l'on attendrait plus d'être tout-à-fait malade pour se faire soigner et on éviterait ainsi beaucoup d'ennuis qu'occasionnent les maladies.

Afin d'encourager ces actes de prévoyance de la part de l'ouvrier, la caisse syndicale ne pourrait-elle pas participer pour une certaine part dans les versements que nécessiteraient ces assurances ; ce serait un grand acte de prévoyance vis-à-vis de la classe ouvrière, pour laquelle on doit multiplier les sociétés de tous genres qui lui permettent de parer à toutes les éventualités de la vie.

Caisse d'Epargne

N.-B. — Cette partie du rapport était incomplète — par suite d'une erreur qui n'est imputable à personne — de sorte que nous avons dû la supprimer.

Nous regrettons vivement ce contre-temps qui nous prive d'un travail vraiment sérieux sur cette question.

SYNDICAT DE FOURMIES

Mutualité

L'étude de notre réunion des syndics non collectionnés, ayant pour but de traiter certaines questions du Congrès de Reims entre autres celles-ci :

Assurance contre les accidents professionnels
Caisse de prévoyance de famille et de Retraites
pour la vieillesse

a décidé ce qui suit :

Les syndics à l'unanimité ont formulé les vœux suivants :

1° Que tout établissement garantisse ses ouvriers, par une assurance contre les accidents de quelque nature qu'ils soient.

Que cette assurance dure l'espace du temps que l'ouvrier est présent sur la propriété de l'établissement.

2º Que pour répondre à un but humanitaire tous les syndicats catholiques de France aient une même origine.

Qu'il soit fondé un secrétariat général, pour administrer une caisse spéciale dite de prévoyance en cas d'épidémie.

Chaque syndicat prélèverait à ce sujet 2 0/0 sur les cotisations.

Un comité mixte composé moitié ouvriers, moitié patrons, aurait l'administration de cette caisse.

3º Qu'il soit fondé dans chaque association une caisse particulière de Retraite pour la vieillesse, et que cette caisse soit prélevée par un supplément aux cotisations habituelles soit 10 0/0.

4º Que ces deux caisses puissent admettre les dons des bienfaiteurs qui voudraient l'honorer de leur générosité.

Avec l'espoir que notre étude portera au moins quelques fruits,

Recevez, Monsieur, en mon nom et celui des syndics réunis, l'hommage de notre dévouement à notre cause et de profond respect.

Votre dévoué,

F. LEBON.

Confrérie de Notre-Dame de l'Usine et de l'Atelier
DE MOHON

IIᵉ Question. — MUTUALITÉ

Nous avons une société de secours mutuels en formation, mais nous n'avons aucune autre société en tant que confrères de Notre-Dame de l'Usine. Des sociétés de prévoyance existent dans des usines de la localité. Les ouvriers se plaignent de n'en pas contrôler la gestion. Nous voudrions voir ces sociétés pouvoir posséder des immeubles, par ce moyen, elles pourraient se former un bon capital et ainsi donner les soins nécessaires aux ouvriers malades ainsi qu'à leur famille. Aux ateliers de chemin de fer nous avons la société des malades et l'association fraternelle des employés et ouvriers des chemins de fer français,

Cercle Chrétien d'Etudes Sociales

DES FORGES D'EURVILLE

12ᵉ Question. — Cités ouvrières

Habitations ouvrières

L'administration des Forges, ayant reconnu l'insuffi-sance et la mauvaise disposition des logements d'ouvriers, comme salubrité et moralité dans les grosses familles, en a fait construire plusieurs, sur un type suffisamment confortable, pour une famille de plusieurs enfants, avec jardin attenant, leur prix de revient est de 3300 fr.

Le comité a étudié la difficulté pour la masse des ouvriers, d'acquérir une maison neuve construite comme le type ci-dessus ; l'administration la faisant construire à son compte, amortissable par annuités de 240 fr. au taux de 4 0/0, il faudrait à l'acquéreur pour devenir propriétaire 20 ans 129 jours.

Un ouvrier qui aurait son terrain plus 500 fr. serait 13 ans 270 jours pour amortir le reste du capital soit 2,500 francs.

Un autre ouvrier qui aurait son terrain plus 1,000 fr., serait 10 ans, 121 jours.

Vu les différentes épreuves, qui peuvent survenir pendant ce temps, comme maladies ou accidents, le comité trouve que c'est trop long, et qu'il serait mauvais d'exciter l'ouvrier dans cette voie.

Conséquemment, étant donné le désir légitime d'être propriétaire, le comité a pensé qu'il était bon d'exciter les ouvriers à acheter un champ, parce que ce champ, peut procurer à l'ouvrier devenu vieux, des ressources supérieures à celles du capital qu'il représente, et qu'à la mort des père et mère plus de facilité de partage aux enfants qu'une maison.

Comme superficie, le comité a jugé qu'au minimum 4 ares 50 centiares, suffisaient pour un ménage âgé et que ce champ se trouve près d'un chemin, afin de faciliter à l'ouvrier, le transport à loisir de l'engrais nécessaire.

Association de Notre-Dame du Travail
de BIENVILLE

Cités ouvrières

Un logement sain, propre, agréable, contribue beaucoup à la moralité de la famille ouvrière, dispose à l'ordre, à l'épargne, à la prevoyance. Il est très important qu'il soit complété par un jardin. Ce sera un grand profit si l'on peut y ajouter une étable pour élever un porc, une chèvre, tout au moins des poules et des lapins.

Si les enfants recevaient à l'école quelques principes de culture maraîchère, que l'on facilitât aux ménages ouvriers l'acquisition d'engrais chimiques en leur enseignant la manière d'en user, les produits du jardin seraient un précieux adjuvant du salaire.

Groupe chrétien d'études sociales
de NOYELLES-sur-L'ESCAUT

12e question. — Cités ouvrières

Nos logements sont souvent construits, suivant la coutume du pays, pignon sur rue.

Il n'est pas facile d'aérer complètement dans ces conditions, car il n'y a généralement de fenêtres que d'un côté.

Souvent l'ouvrier n'a qu'une pièce où tout le monde couche, père, mère, enfants. Cependant plusieurs se construisent de petites mansardes dans leur grenier.

Il est certain qu'il faudrait une chambre pour les parents, une pour les garçons et une pour les filles !

C'est *nécessaire* pour que la moralité soit sauvegardée.

Mais alors le loyer serait plus cher.

Il faudrait donc que les salaires fussent plus élevés ou au moins que des institutions économiques augmentassent les ressources de l'ouvrier.

Nos logements ne sont pas chers : avec 5 ou 6 francs par mois on peut louer une petite maison d'ouvrier avec petit jardinet.

Confrérie de N.-D. de l'Usine et de l'Atelier
de MOHON
12e question. — Cités ouvrières

Nous n'avons aucune organisation pour les logements. Nous louons à des propriétaires et les prix sont trop élevés et ne concordent pas toujours avec le salaire.

L'influence des logements est à la fois économique, morale et familiale ; il serait vraiment nécessaire de s'en occuper sérieusement.

Une association de garantie ferait baisser les prix. Des sociétés de logement où l'épargne des mutualistes serait heureusement employée, permettraient de réunir tous les avantages avec des loyers modérés.

Mohon, le 1er mai 1893.

Pour la Confrérie de Notre-Dame de l'Usine

Le Secrétaire

Cercles chrétiens d'études sociales
de SAINT JEAN-BAPTISTE de REIMS

12e Question. — Cités ouvrières

Le cercle de Saint-Jean-Baptiste, insiste pour que la question des cités ouvrières soit étudiée avec soin, car le logement joue un grand rôle dans l'existence de l'ouvrier.

Ne pourrait-on pas trouver des hommes dévoués pour se mettre à la tête d'une société anonyme, qui laisserait de côté toute idée de spéculation, et qui se contenterait d'un revenu très minime, dans le genre des caisses d'épargne par exemple ; car c'est un fait certain, et je l'entends souvent répéter, qu'un propriétaire, pour compenser les pertes, est obligé d'établir ses loyers sur une base de 6 0/0. Par conséquent ce sont les ouvriers honnêtes qui payent pour ceux qui ne payent pas.

Donc si l'ouvrier trouvait des logements avec une réduction de 50 0/0, beaucoup de ceux qui ne payent pas, arriveraient à pouvoir s'en tirer.

Le Secrétaire.

Groupe chrétien d'Études sociales

DE NOYELLES-SUR-L'ESCAUT

TREIZIÈME QUESTION

ÉPARGNE

Ici on ne place guère à la Caisse d'Épargne.

On accumule dans un bas de laine ou dans un coin de son grenier.

Ou bien encore on achète une petite maison à crédit à long terme : on paie peu à peu, et le désir de devenir propriétaire fait faire des tours de force d'économie.

C'est ainsi que deux d'entre nous ont acheté leur petite maison, sans qu'elle soit encore payée.

L'un de nous ne gagne que 2 francs par jour ; sa femme gagne l'un dans l'autre, avec son aiguille, 50 centimes par jour, tout en soignant ses cinq enfants dont l'aînée va faire sa première communion.

Eh bien ! il trouve moyen de payer peu à peu sa maison.

L'autre gagne davantage, et sa femme, ouvrière habile et courageuse, entreprend des sarclages de champ, etc., à la tâche, et mange l'ouvrage, — ce que tout le monde ne saurait pas faire, au même degré il est vrai. — Mais, pour devenir propriétaire, elle sait se donner de la peine.

La Caisse d'Épargne scolaire est une excellente institution et nous désirons la voir établie. Les enfants prendraient l'idée et le goût de l'épargne, et au lieu de dépenser *trois francs* pour leur dimanche, comme cela n'est pas rare, ils les mettraient de côté pour monter leur ménage.

En épargnant 2 francs par dimanche pendant trois ou quatre ans, ils auraient 3 ou 400 francs de part de mariage : ce qui n'est pas à dédaigner.

Mais au lieu de cela, les jeunes gens vont au cabaret et les jeunes filles font de la toilette.

Comment détruire cet amour excessif du cabaret et de la toilette ?

Nous le demanderons aux ouvriers du Val-des-Bois

qui vivent si largement et s'accumulent de petites épargnes.

Nous pensons que la pratique religieuse n'est pas étrangère à cet heureux résultat.

Groupe chrétien d'Études Sociales
DE NOTRE-DAME DE REIMS

CAISSES DE PRÊTS GRATUITS

Le Comité paroissial de la Cathédrale a fondé sous la direction active de M. l'abbé Lecomte, une Caisse de Prêts gratuits, sur les mêmes bases que celle de Saint-Remi et celles des autres paroisses de la ville qui sont toutes dotées aujourd'hui de cette institution.

Les fonds nécessaires, capital et fonds de roulement, sont fournis par des dons ou des avances d'argent sans intérêts, faits par des personnes amies des œuvres.

La Caisse a commencé ses opérations le 6 décembre 1891, nous avons arrêté nos comptes au 7 mai 1893, soit 17 mois de fonctionnement.

Détail des Opérations :

Avec un fonds de roulement de **405** fr., sur **54** demandes qui nous ont été adressées, nous en avons écarté **7** et avons consenti :

44 prêts pour la somme de.... ..... Fr.		1.685
dont 27 totalement amortis pour.......	1.032	
16 partiellement amortis pour....	343	
sur 17 en cours, reste dû...........	310	
Somme égale.....	1.685 ci	1.685

Ce chiffre vous montre que malgré les hésitations du début, nous avons renouvelé plus de quatre fois notre capital en 17 mois.

Le chiffre des prêts varie de 12 à 50 francs. Nous en avons eu :

8 de 12 à 20 fr.

9 de 25 à 30 fr.

6 de 35 à 45 fr.

21 de 50 fr., qui est le maximun accordé par les caisses jusqu'à présent.

44

Ces prêts ont été répartis comme suit entre diverses professions :

1 à tisseur,
1 à horloger,
1 à charpentier,
1 à commissionnaire,
1 à tailleur,
1 à sculpteur,
2 à camionneurs,
2 à peintres,
3 à ferblantiers,
3 à employés,
4 à ouvriers de caves,
4 à trieurs de laine,
4 à maçons,
7 à cordonniers,
9 à manœuvres,
——
44

Nous devons dire que plusieurs prêts successifs ont été consentis aux mêmes personnes qui avaient rempli régulièrement leurs engagements antérieurs.

Ces emprunts ont été demandés pour les causes suivantes :

1 pour frais de changement de domicile.
2 pour frais de première communion.
3 pour solder des billets.
3 pour rentrées qui ne se font pas contre travail fourni.
5 pour achats de mobilier, outils, vêtements.
6 pour retraits d'objets du Mont-de-Piété.
6 pour retard de loyer et arrêter menaces d'huissiers.
6 pour achats de matières premières nécessaires au métier.
6 pour retards divers par suite de chômage.
6 pour retards chez fournisseurs par suite de maladie.
——
44

Les rentrées, par sommes de 1 à 5 fr. par semaine, se font assez régulièrement, mais plus facilement chez les ouvriers que chez les employés.

Sur les 1,685 fr. ainsi mis en circulation, nous prévoyons une perte de 88 fr. qui sera causée par deux emprunteurs du début, dont l'un a quitté la ville et n'a pas répondu depuis plusieurs mois à nos réclamations, et dont l'autre habite encore Reims mais dans une situation assez précaire et de plus fait preuve de peu de bonne volonté.

Cette déconvenue dans nos espérances de succès complet montre qu'il faut de la prudence dans l'administration de ces Caisses.

Ce chiffre d'ailleurs n'a qu'une importance relative, et des pertes avaient été prévues puisque pour y remédier on a créé un fonds de réserve au capital de garantie formé de dons faits sans restrictions.

Ce capital pour notre Caisse est de 650 fr. déposés en Banque. Nous n'y toucherons que pour faire face aux pertes que subirait le fonds de roulement ou satisfaire aux reprises d'argent des personnes qui nous ont fait les avances nécessaires à ce fonds de roulement.

Vous voyez qu'avec une telle garantie nous pourrions augmenter considérablement le chiffre de nos opérations sans risquer pour nos bailleurs de fonds, le comité administrateur ayant en outre profité des leçons de l'expérience.

Que de services on peut rendre à l'aide d'une somme relativement minime.

Les frais d'application sont nuls : les fonctions sont gratuites, les frais de bureau, assez peu élevés du reste, ont été couverts par des personnes généreuses, il n'est resté à la charge de la Caisse que les frais d'affranchissement de certaines correspondances, soit environ 2 fr. pour 17 mois d'exercice et 1,685 fr. d'opérations.

Pour conclure, disons que les résultats que vous venez de constater sont tout à l'honneur de l'ouvrier, puisque la principale garantie de l'exécution des engagements pris repose sur la bonne foi des emprunteurs ouvriers.

Les Prêts Gratuits à Reims

RÉSUMÉ DES OPÉRATIONS DES CAISSES

	MONTANT DES PRÊTS EFFECT.	NOMBRE	RENTRÉES	PRÊTS ÉTEINTS	EN COURS	NOMBRE D'EMPR.
SAINT-THOMAS	3.024	90	1.998	42	1.026	48
St-JACQUES..	798	27	507	16	291	11
St-JEAN-BAPte	2.450	87	1.745	42	433.50	25
SAINT-ANDRÉ.	1.750	51	1.411.60	27	338.40	24
St-MAURICE..	180	7	141 50	3	38.50	4
Se-GENEVIÈVE.	1.700	57	1.243.50	34	456.50	23
NOTRE-DAME.	1.685	44	1.375	27	310	17
SAINT-REMY..	5.620.80	172	4.735.30	112	885.50	60
	17.207.80	535	13.156.00	303	3.779.40	212

RAPPORT GÉNÉRAL

SUR LES

QUESTIONS DU PROGRAMME

PRÉSENTÉ PAR

Un groupe d'Ouvriers cloutiers de Gespunsart
(Ardennes)

Les ouvriers ont bien voulu nous désigner pour les représenter au Congrès des 20, 21 et 22 mai prochain.

Nous avons été heureux d'accepter cette mission pour répondre à votre bienveillant appel ainsi qu'au désir de nos compatriotes. Étant nous-mêmes des ouvriers, nous ferons toujours tous nos efforts pour l'amélioration du sort des travailleurs. Nous avons donc l'honneur, Messieurs, de vous exposer ci-dessous notre situation ainsi que les vœux que nous faisons tous pour la réalisation du programme que vous nous avez soumis.

Notre joli bourg est situé à 3 kil. de la Belgique. Sa population qui, il y a une trentaine d'années, était de 2.300 âmes, n'est plus actuellement que de 1.800, soit 500 âmes de diminution. On comprendra plus loin la cause de cette énorme réduction.

La principale industrie de notre pays est la clouterie forgée et tous les articles qui s'y rattachent. L'agriculture y offre peu de ressources ; sauf la pomme de terre et le foin naturel, les autres récoltes y sont insignifiantes : le sol y est très ingrat.

Pour la fabrication du clou au marteau, nous n'avons nullement besoin d'usine; chaque cloutier a son petit atelier et sa forge où il travaille à loisir et comme il l'entend. Il façonne les commandes qui lui sont remises par des intermédiaires que l'on nomme facteurs, qui sont des agents agréés par les négociants de Charleville. Ces facteurs transmettent aux ouvriers les commandes, ils en opèrent la réception et ils en effectuent la livraison à Charleville, moyennant une commission qu'ils prélèvent sur la main-d'œuvre ; mais cette commission n'étant fixée par aucun tarif, il arrive que les facteurs abusent quelquefois de cette situation équivoque au détriment de l'ouvrier. Cependant, la distance qui nous éloigne de Charleville donne à ces représentants quelque raison d'être, quoique, à la rigueur, on pourrait se passer de leur intermédiaire qui est un obstacle aux rapports qui devraient exister entre les patrons et les ouvriers. A ce point de vue, les facteurs ont été nuisibles à notre industrie, mais ce qui l'anéantit ce sont les clouteries mécaniques qui, depuis dix à quinze ans, se sont emparé petit à petit de presque toutes nos diverses sortes de clous. Il n'y a plus à lutter contre ces machines qui produisent d'énormes quantités de marchandises, et, dans un temps rapproché, la clouterie forgée aura disparu. Les commandes deviennent chaque jour plus rares ; les négociants qui se fournissent aux mécaniques deviennent envers nous plus difficiles à satisfaire : il ne nous est plus possible de faire des apprentis ; seuls, les ouvriers qui sont dans la fleur de l'âge peuvent trouver de l'ouvrage ; quant aux enfants et aux vieillards, il n'y a plus d'occupation pour eux. Encore si les privilégiés retiraient de leur travail un salaire honnête qui puisse les faire vivre, eux et leurs familles ! Mais, hélas ! les plus habiles arrivent à peine à produire 1 fr. 50 par jour ! Autrefois, on comptait ici six cents ouvriers et ouvrières occupés à la clouterie, aujourd'hui, il en reste à peine deux cents. Le reste chôme. Quelques-uns ont pu trouver, dans les localités voisines, une occupation quelconque. Parmi ceux-là, il en est qui ont eu la bonne fortune d'être embauchés par des fabricants qui ont leur établissement à Cons-la-Grandville, village qui se trouve à 4 kilom. du nôtre. Leur industrie est la ferronnerie. Cette partie peut se rattacher à la clouterie forgée par bon nombre de petits articles.

Nos cloutiers ont trouvé dans MM. Hénon frères des patrons excellents qui ont su, ce qui est rare, s'attirer le respect et la sympathie de tous leurs ouvriers. D'un caractère sérieux, honnête et bon, ces messieurs sont les amis et les protecteurs de ceux qu'ils occupent. Ils embauchent eux-mêmes leur monde, mais ils savent le recruter en dehors des ennemis de la religion, de la morale, de la famille et de la propriété. Pour être renvoyé de chez eux, il faut un cas grave, mais cela arrive rarement. Nous nous plaisons à constater qu'en ce moment, une cinquantaine d'ouvriers de notre localité sont occupés par cette maison modèle et que tous sont satisfaits du salaire qu'ils en reçoivent. Nous ajoutons que, grâce à MM. Hénon, le groupe d'ouvriers dont il est question a fondé, dans notre paroisse, une confrérie de N.-D. de l'Usine et de l'Atelier, qui, aujourd'hui, marche dans d'excellentes conditions.

Voyant la situation qui était faite à la clouterie depuis la création des mécaniques, on s'est beaucoup préoccupé de l'avenir dans notre commune. Quelques cloutiers des plus entreprenants se mirent à forger des boulons et des écrous. Pendant quelque temps, cela marcha assez bien, mais, bientôt, les grands ateliers de notre contrée parvinrent à fabriquer ces articles mécaniquement. Aujourd'hui, ils n'offrent guère plus d'avantage que le clou et l'ouvrier y fatigue beaucoup plus. La boulonnerie ainsi que la clouterie forgées ne sont donc plus une ressource pour nous et il faut qu'une autre industrie vienne ici pour remplacer celle qui disparait.

Notre administration municipale, elle aussi, s'est préoccupée de cette grave question. Elle a fait déjà plusieurs essais, mais soit que les entrepreneurs, avec lesquels elle s'est mise en rapport, n'offraient pas toutes les garanties nécessaires comme capacités industrielles ou comme ressources pécuniaires, soit pour toute autre cause, les résultats furent à peu près nuls, malgré ce qu'elle avait fait pour encourager ces entreprises et favoriser leur développement.

Il y a cinq ans, à la suite d'une grève qui éclata entre les facteurs et les cloutiers ceux-ci formèrent un syndicat. Cette institution eut l'air d'aller assez bien pendant quelque temps, puis elle nomma pour l'administrer des individus incapables et imbus des idées anarchistes qui découragèrent bientôt ce qu'il y avait d'honnête et de respectable parmi les syndiqués. Ceux-ci ne tardèrent pas à donner leur démission en laissant le syndicat se débattre dans l'ornière où son imprévoyance l'avait jeté.

La situation de notre cher village est donc déplorable. La faim s'y fait sentir ; la misère et les privations y creusent des rides de vieillesse prématurée ; l'anémie se lit sur bien des visages, malgré la jeunesse, et si une épidémie survenait, la mort y ferait de nombreuses victimes, ainsi que cela eut lieu, il y a à peine un an, où l'influenza enleva plus de trente personnes en quelques semaines !

Autrefois, quand on gagnait trois francs par jour, on vivait heureux ici ; le village était florissant ; on élevait sa famille ; la gaieté et la vie se reflétaient sur tous les visages. On travaillait la semaine avec cœur et le dimanche était réservé et respecté. L'église était fréquentée ce jour-là ; on pouvait, avec une tenue propre et décente, assister aux offices, tandis qu'aujourd'hui bon nombre de malheureux ne vont plus à la messe parce qu'ils manquent d'un vêtement convenable pour y assister !

Que nos trois francs par jour reparaissent donc et cet état de misère aura vite disparu ! La vie, ici, n'est pas plus coûteuse qu'autrefois ; la sobriété des habitants est remarquable ; mais ce n'est pas en forgeant des clous et des écrous que nous obtiendrons jamais ce salaire désiré.

Il faudrait qu'un industriel sérieux, honnête et bien inspiré vienne nous apporter une occupation nouvelle. Notre population si hospitalière et si sympathique, l'accueillerait à bras ouverts ! Que d'avantages il pourrait récolter ici ! Les ouvriers qu'il paie ailleurs 5 ou 6 fr. par jour, il les trouverait parmi nous à 3 fr. Les loyers et autres frais seraient réduits dans les mêmes proportions. Pour les transports, une ligne de chemin de fer se reliant à celle de l'Est est en voie de construction. Nous avons aussi un cours d'eau qui arrose notre village et assez considérable pour faire mouvoir une usine d'une certaine importance. Assurément la commune, comme elle l'a fait déjà, se ferait un plaisir de prêter son appui à une entreprise dont ses habitants profiteraient tous. Puisse notre voix être entendue !

Nous venons d'exposer notre situation et nous avons dit ce qu'il faudrait pour l'améliorer, il nous reste à formuler les vœux suivants en faveur de tous les travailleurs en général.

D'un commun accord, tous les membres de notre groupe en sont ralliés à ce qui suit :

1° Que l'instruction soit donnée aux jeunes filles en vue d'en faire des femmes de ménage et de bonnes mères de famille. Que la religion y ait sa large part. Que les garçons soient de bonne heure habitués aux travaux de l'agriculture, du jardinage et de l'atelier. Qu'il soit créé à cet effet des écoles professionnelles ainsi que cela existe à Paris ainsi que dans d'autres villes.

Il faudrait aussi obliger les instituteurs à conduire et à surveiller leurs élèves aux offices du dimanche. L'enseignement laïque a fait une vilaine chose en supprimant cet usage.

2° Que le repos du dimanche soit imposé par une loi sévère. L'ouvrier qui travaille toute sa semaine a besoin de repos, il ne saurait travailler sans relâche sans nuire à sa santé.

3° Que la journée de travail soit fixée à dix heures et que les repas coïncident avec ceux des écoles afin d'éviter aux mères de famille un double travail et pour rendre plus fréquents les rapports des enfants avec leurs parents.

4° Que les octrois soient abolis; que les saisies judiciaires exercées contre les ouvriers soient supprimées; que le nombre des salariés de l'État soit réduit. Nous voyons, en Belgique, la douane percevoir les impôts directs et indirects. En France, nous avons trois services différents pour cela. Pourquoi ne pas admettre le système belge?

5° Qu'il soit formé des syndicats mixtes concurremment avec les syndicats anarchistes afin de renouer entre les patrons et les ouvriers les bons rapports qui existaient autrefois.

Nous avons ici une Chambre syndicale d'ouvriers, mais, ainsi que nous l'avons dit déjà, cette institution a fait beaucoup de mal dans notre village en provoquant des grèves qui n'ont abouti qu'à faire la misère plus grande en surexcitant les syndiqués contre les patrons et contre les ouvriers libres qui ne voulaient pas se soumettre à ses exigences.

Une confrérie de N. D. de l'Usine fait échec à ce syndicat. Cette confrérie, en voie de prospérité, a déjà fondé un comité de *La Croix* et une société coopérative pour procurer de la houille à des conditions avantageuses à tous les cloutiers qui en veulent, même à ceux qui ne font pas partie de la confrérie. Les bénéfices que ces houilles produisent sont affectés aux besoins de l'œuvre. Nous espérons d'ici peu faire fonctionner un syndicat mixte ainsi qu'une société coopérative de consommation. Nous avons aussi réuni un groupe de la Ligue catholique et sociale.

Une société de secours mutuels fonctionne depuis 1863. Elle réalise chaque année des bénéfices qui lui ont permis de créer une caisse de retraite dont le capital actuel s'élève à 16.000 fr. Dix de ses membres jouissent déjà d'une pension annuelle de 60 fr.

Une succursale de la Caisse d'épargne de Charleville existe également. Elle reçoit les versements au taux de 3,50 0/0. Une caisse d'épargne postale fonctionne au bureau des Postes et Télégraphes.

En attendant la réunion du Congrès, nous avons l'honneur, Messieurs, de vous adresser le présent résumé en vous priant d'agréer nos sincères et cordiales salutations.
Le 28 avril 1893.

Les délégués au Congrès.

UN DERNIER MOT

Au moment où paraît ce compte-rendu — si impatiemment attendu — nous devons un mot d'explication à nos lecteurs.

Les organisateurs du Congrès auraient désiré faire vite et mieux, mais ils ont dû collationner ces nombreux travaux, rechercher et compléter des documents épars, écrire, attendre, attendre encore des réponses qui ne venaient pas, réclamer des rapports égarés, etc., c'est plus qu'il n'en faut pour justifier le retard que nous avons été les premiers à regretter.

Mais au lieu de nous plaindre de ces contre-temps, nous serions presque tentés de nous en réjouir, car toutes ces imperfections font mieux ressortir le caractère vraiment ouvrier du Congrès de Reims.

Tous ces défauts qu'on a pu remarquer ici dans la direction des débats, là dans la forme un peu confuse des vœux, ailleurs dans l'oubli de certaines précautions oratoires, ne sont à nos yeux que des qualités. Ils ont rendu sensible et palpable ce cachet populaire où le public est trop porté à voir les agissements secrets des lettrés se dissimulant derrière les travailleurs.

Ici rien de pareil. Le but à atteindre n'était pas de trouver une codification exacte et savante des doléances du travail, c'était de montrer la possibilité de faire des congrès purement ouvriers, la modération et le bon esprit des hommes qui ont été formés dans nos cercles chrétiens d'études sociales. Et pourtant que d'excuses n'aurions-nous pas pu trouver, si certaines exagérations de langage s'étaient produites ! Parmi les dignitaires du Congrès, nous avions un ouvrier qui a huit enfants au-dessous de 13 ans et qui gagne 3 fr. 50 par jour !

Après l'expérience qui vient d'être faite — quoi qu'en pensent certains esprits peu familiers avec cette initiative ouvrière — les cercles chrétiens d'études sociales et les congrès ouvriers sont le meilleur moyen de lutter contre la Franc-maçonnerie et le socialisme, qui travaillent avec tant d'acharnement à arracher le peuple à l'Eglise. Or c'est l'Eglise seule qui peut sauver le monde du travail.

Les ouvriers chrétiens de Reims le croient, et cette foi ils ont voulu l'affirmer à l'ouverture du Congrès en envoyant au Pape l'hommage de leur reconnaissance pour la publication de l'Encyclique *Rerum novarum*.

La réponse ne s'est pas fait attendre. Le lendemain arrivait une dépêche de Rome adressée aux organisateurs du Congrès pour dire une fois de plus aux ouvriers que le Pape était avec eux et bénissait leurs travaux.

Voici le texte de cette dépêche par laquelle nous ne saurions mieux finir ce travail.

Rome 23 Mai.

Robert, Renaut, Reims.

Le Saint-Père agrée l'hommage filial des ouvriers réunis en Congrès à Reims et les bénit avec effusion.

Cardinal RAMPOLLA.

Ouvriers chrétiens, courage et en avant !

TABLE DES MATIÈRES

Reims. — Imprimerie Dubois-Poplimont, rue de Vesle, 220.

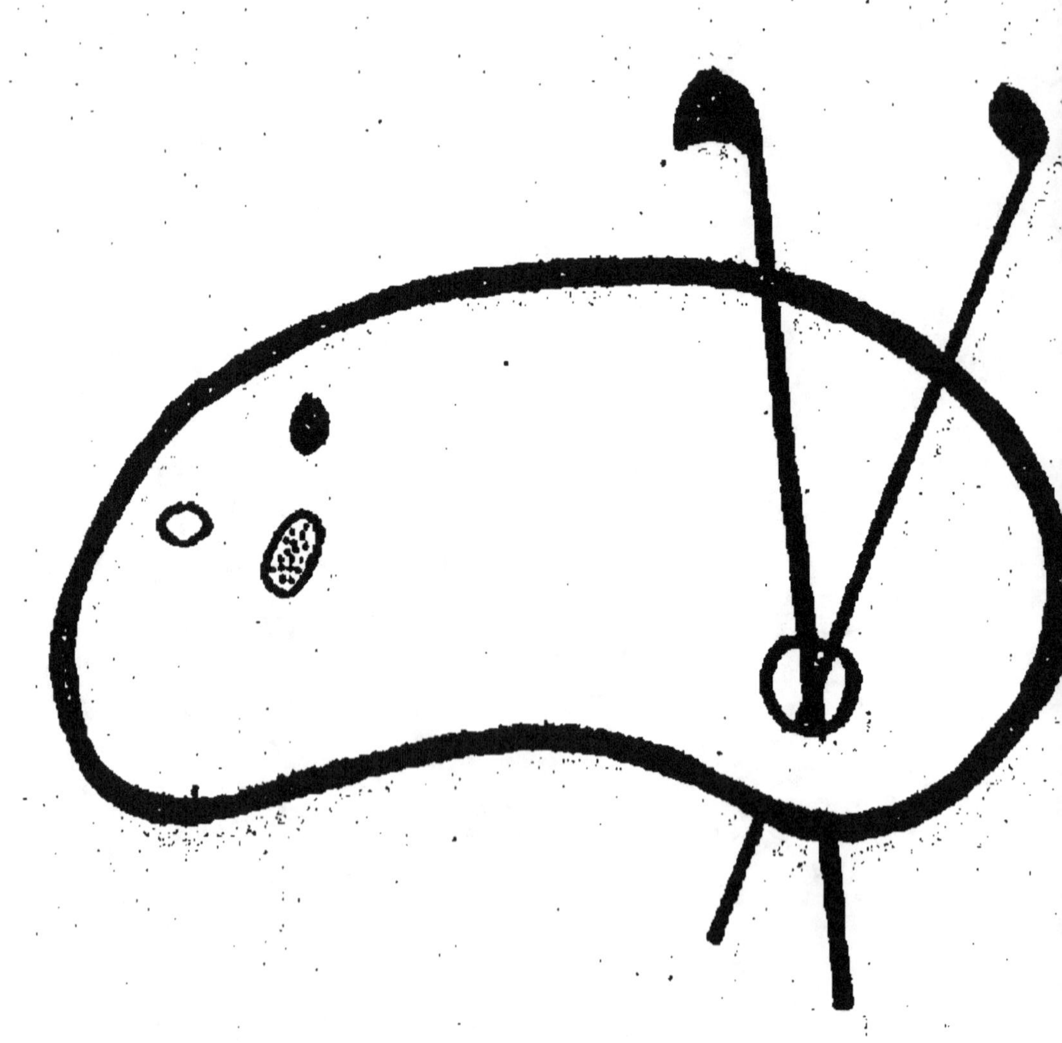

ORIGINAL EN COULEUR

NF Z 43-120-8

9 782013 385862